理論と実践

ス포ーツ栄養学

神奈川県立保健福祉大学教授
鈴木志保子 著

日本文芸社

はじめに

　本書は、大学を卒業し管理栄養士になってから30年、スポーツ栄養を仕事にするようになってから20年が経ったことをきっかけに、執筆することを決めた。

　この30年間を振り返ってみた。

　管理栄養士になって最初の10年は、生涯「スポーツ栄養」で生きていくことを決めた10年だった。高校生のときにアスリートの栄養のことをやりたいと思い、管理栄養士養成校の大学に行き管理栄養士になったものの、アトピー性皮膚炎のため厨房業務に不向きということで、管理栄養士として勤めることができず、一般就職した。けれども当初の思いを捨てきれずに8カ月で退職し、管理栄養士として健診業務に就いた。そこでは、健康増進や生活習慣病の予防に興味を持ち、精力的に仕事をするものの、ここでも当初の思いを捨てきれず、またまた退職し、大学院に進学することにした。このころから「スポーツ栄養」という言葉が一般的に使われるようになってきた。

　大学院生をしながら、京都産業大学の陸上競技部で栄養サポートに挑戦したが、何の役にも立たないどころか、悪影響を生んでいることに気づき、アスリートと一緒に暮らし、同じ生活をすることしかできなかった。一緒に生活することでいろいろ感じた。感じたことを一つ一つ解決するために「勉強して、その内容を解決策として具体化してアスリートに試してみる」をくり返した。解決できない問題や課題もたくさんあり、それが私のスポーツ栄養への原動力となった。京都産業大学陸上競技部監督の伊東輝雄先生は、未熟な私にチャンスと勇気をくださり、勝利の喜びを教えてくれた。また、一緒にいてくれたアスリートたちは私の先生であり、とても感謝している。サポートをしながら大学院の修士課程、博士課程を修了し、博士（医学）を取得した。

　次の10年は、鹿屋体育大学の教員になることから始まった。ここで初めて、スポーツ栄養で給料をもらえることになった。鹿屋体育大学にいた3年間で、全部活のアスリートに栄養調査をして、練習を見て、個別指導を行った。競技種目別の身体やトレーニングの特徴、競技に関するアス

リートや指導者の考え方がわかった。多くのアスリートの栄養サポートをすることができてとても幸せだったが、私と同じマインドを持った管理栄養士を育てなくてはならないという思いも強くなっていき、管理栄養士養成校である神奈川県立保健福祉大学に着任することにした。

　それまでは、自分がサポートしているアスリートにしか興味がなかったが、スポーツ栄養の仲間が増え、スポーツ栄養学の普及啓発、アスリートへの栄養管理システムの構築、人材育成としてスポーツ栄養士の資格制度の確立にも力を入れるようになった。この10年間で、日本スポーツ栄養研究会（現、日本スポーツ栄養学会）を設立し、公認スポーツ栄養士資格制度を施行したほか、スポーツ栄養の一般の方への普及啓発のために『基礎から学ぶ！スポーツ栄養学』（ベースボール・マガジン社）を出版した。栄養管理システムについては「スポーツ栄養マネジメント」を構築するとともに、このシステムを使って栄養管理をしたソフトボールの日本代表チームが北京オリンピックで金メダルをとることにより、有効性を示すことができた。

　ここ最近の10年間は「質の高い栄養サポート」を実施することを目的に過ごした。私のサポートをする姿勢というか、考え方というか、アスリートの身体から感じるものの受け止め方というか、課題や問題に対する解決法の根本的な概念というか、そういうものが「そもそもなぜ、身体はそのような状態にならなくてはいけなかったのか」を追究することだった。追究するためにエビデンスを確認し、エビデンスを参考に問題・課題の原因と対策を明確にしたうえで栄養サポートを進めた。アスリートの身体は、一人一人全く違う。身体だけではなく、すべてが一人一人違うのだ。そのため、栄養サポートは、理論を一人一人に合ったものにアレンジして実践する必要がある。この10年間で試みたアレンジが、系統立てて確立されてきたので、この本にまとめることにした。手がけること1年以上、私のサポートもこの期間に更新をし、何度となく書き換えをすることになったが、現時点におけるスポーツ現場で活用できるスポーツ栄養学としてまとめることができた。

この本の特徴は、タイトルに「理論と実践」とあるように、理論として「なぜ」を解決するための根拠をできるだけ明確にした。わかりづらいところはイラストや事例を活用して理解を促したうえで、実践できるように解説した。また、用語などについて理解を深め、実践的に活用するために本書の中で関連することが記載されているページを（→**P000**）としてつなげるようにした。

　各章について説明しよう。
　第1章は、アスリートの栄養摂取の考え方と栄養サポートの必要性、糖質、脂質、タンパク質、ビタミン、ミネラルの摂取について解説した。この章を理解するには、栄養学の基礎知識が必要となるため、必要に応じて第2章と第8章も読みながら理解を深め「そういうことか！」とうなずいてほしい。
　第2章は、エネルギーの補給と消費、エネルギー代謝について解説した。スポーツ栄養学は、アスリートのように一般の人に比べてエネルギーをたくさん使う人のための栄養学ともいえることから、エネルギーについて理解しなければスポーツ栄養学を理解したことにならない。そのため、難しく無視されがちなエネルギー代謝をできるだけやさしい表現やイラストで解説した。しかし、この章を受けつけない人がいるかもしれない。そのような方は、ここは飛ばして、第3章を読んでほしい。最後に戻ってきて読んでほしいが………「我慢して読んだらわかってきた！」と納得してほしい。
　第3章は、アスリートの食事やサプリメントについて解説した。レシピは1つもないが、どうして食べなくてはいけないのか、どのように食べればよいのか、栄養素と食事の関係、サプリメントの活用をまさに理論を実践できるように書いた。「よし、やってみるぞ！」とこの章を読んだあとの食事が楽しみになってほしい。
　第4章は、試合期・遠征中の栄養管理と食生活について解説した。この章は、私が今までサポートしたチームやアスリートにしか見せたことがない試合期の栄養サポートの詳細を書いた。「公認スポーツ栄養士はこうい

うことをやってくれるのか！自分もサポートを受けたくなる！」と思ってほしい。

　第5章は、目的別の栄養管理として、増量、エネルギー不足、貧血、疲労骨折、減量をあげて解説した。この章は、理論と私の経験をエビデンスとして、目的を達成するため、改善するために必要な栄養管理について実践できるように書いた。「そうだったのか！」と読みながらつぶやいてほしい。

　第6章は、コンディションを良好に保つために、日々のセルフマネジメントの方法から栄養サポートの活用、休養のとり方を解説した。また、対象者別に栄養管理に必要な考え方や知識、実際に栄養管理をするうえでの問題や課題、その解決法などについても解説した。「今日から始めてみよう！」とすぐにとり組んでほしい。

　第7章は、体温を調節するためになぜ汗をかくのか、脱水するとどうなるのか、なぜ水分補給しなくてはいけないのか、どのように飲めばよいのかを解説した。「一生、熱中症にはならないぞ！」と確実に実践してほしい。

　第8章は、この本を理解するために必要な栄養学の基礎をまとめた。第1章から第7章を読んでいるときに何度かこの章を読まなくてはいけないこともあると思う。しっかりと理解するために必須の章だ。「なんだかんだ、8章全部読んでいた」と最後に感想を漏らしてほしい。

　私は、スポーツ栄養のプロフェッショナルだ。スポーツ栄養を愛している。私の愛するスポーツ栄養を私と出会ったアスリートだけではなく、この本と出合ったアスリートにも体感してほしい。アスリートだけではない、アスリートを支える指導者やスタッフ、家族にもスポーツ栄養のすばらしさを実感してほしい。

　この本から私の愛するスポーツ栄養の世界を楽しんでください。

鈴木志保子

目　次

はじめに ……………………………………………………………………………… 002

第1章
アスリートの栄養摂取

栄養管理や栄養サポートが必要な理由は？
1 アスリートにおける栄養摂取の基本的考え方 …………………… 012
エネルギーや栄養素の必要量が多いとバランスのよい食事だけでは不足する

最も重要なエネルギー源
2 糖質の摂取 ………………………………………………………… 015
基本的考え方／アスリートにとっての糖質摂取／糖質を含む食品の種類／糖質摂取のタイミング／リカバリーのための糖質補給

アスリートにとって油をとる意義とは？
3 脂質の摂取 ………………………………………………………… 020
基本的考え方／アスリートにとっての脂質摂取／脂質の種類とその活用

摂取に関する新常識とは？
4 タンパク質の摂取 ………………………………………………… 023
基本的考え方／アスリートにとってのタンパク質摂取／タンパク質の過剰摂取

多岐にわたるビタミン・ミネラルの役割
5 ビタミン・ミネラルの摂取 ……………………………………… 030
アスリートにとってのビタミン摂取／アスリートにとってのミネラル摂取

第2章
エネルギーの補給と消費

必要量を正確に知ることは可能か？
1 エネルギー補給 …………………………………………………… 034
エネルギー消費量は結果としてしか評価できない

エネルギーを消費するのは運動だけではない
2 エネルギー消費とは？ …………………………………………… 036
エネルギー消費の種類／エネルギー消費量の測定／エネルギー消費量の算出方法

糖質やビタミンの重要性がわかる
3 エネルギー代謝 …………………………………………………… 044
安静時と身体活動時のエネルギー代謝／エネルギー源としてのタンパク質の代謝／エネルギー代謝に必要なビタミン

第3章 アスリートの食事・サプリメント

欠食や偏食が与える影響がわかる
1 バランスよく食べなくてはいけない理由 ……… 052
細胞を作りかえるにはエネルギーや栄養素が必要／欠食を続けると直接筋肉に影響する／バランスが偏った食事が身体作りに及ぼす影響とは？／筋肉・骨への刺激によって身体作りも変化する／筋肉・骨の刺激と栄養状態の関係／

食事内容と自分にとっての適正量が決め手
2 バランスのよい食事とは？ ……… 056
食事構成と補食・間食／食材の選び方／適正量を食べる

アスリートが誤解しやすいタンパク質と糖質のとり方
3 注意が必要な栄養素と食事の関係 ……… 061
タンパク質と主菜の関係／糖質と主食の関係／糖質とタンパク質の食べ方の関係／エネルギーや栄養摂取量を調整できる「調理」について

食事量が多いアスリートだからこそ気をつけたい
4 食塩の摂取 ……… 068
食べる量が増えれば食塩量も増える

目的や注意点を知ってから使おう
5 サプリメントの活用 ……… 071
栄養素以外のサプリメントは安易に使用しないこと／タンパク質のサプリメント利用は過剰摂取に注意／ビタミン・ミネラルのサプリメントで注意したい点とは？

COLUMN
なぜ朝から食べないといけないのか
生活リズムと朝食の関係 ……… 076

第4章 試合期・遠征中の栄養管理・食生活

確実に勝つための条件とは？
1 試合期の栄養管理 ……… 078
緊張や興奮からくる栄養状態への影響と対策／試合に備えて糖質を体内に貯蔵する「グリコーゲンローディング法」／試合中は脱水のリスクが高くなる／試合期における栄養管理の留意点とは？

試合前、試合当日、試合後の食事の内容・量・タイミング
2 試合期の食生活 ……… 086
試合期に守りたい食事の基本ルール／試合前日までの食生活／試合当日の食生活／試合後の食生活／軽食・補食・サプリメントの活用／試合期の下痢と便秘対策

事前の計画・準備がカギ
3 試合期・遠征中の環境整備 ……… 098
試合会場に合わせた管理のポイント／海外での試合の食環境整備／衛生管理

陥りやすいポイントとは？
4 合宿中の栄養管理・食生活 ……… 106
練習量の増加に合わせた栄養管理が必要／指導者に見直してほしい昼食と午後練の開始時刻

COLUMN
無自覚のまま禁止薬物を摂取していることも
ドーピングに対する対策・注意 ……… 108

第5章 目的別の栄養管理

1 増量 …………………………………………………… 110
ただ食べるだけでは達成できない
体重の増加による増量／体重を増加させるための考え方／筋肉量の増加による増量

2 エネルギー不足 ………………………………………… 116
身体の組織や機能に支障をきたす
エネルギー不足の状態とは？／エネルギー不足になったときに出てくる症状／エネルギー不足を評価する／エネルギー不足の治し方／エネルギー不足の予防

3 貧血 …………………………………………………… 125
持久力の低下や疲労を引き起こす
パフォーマンスを左右するヘモグロビン値／アスリートの貧血の原因と対策／貧血を回復する方法／貧血の予防／陸上長距離選手の貧血改善プロセス

4 疲労骨折 ……………………………………………… 134
栄養面に問題があることもある
エネルギー不足が原因の疲労骨折とは？

5 減量 …………………………………………………… 136
体調を維持しつつ確実に結果を出すには？
急速減量によって身体に起きることとは？／階級別競技種目における試合前の減量方法／パフォーマンス向上のための減量方法／減量がうまくいかないときに考えられること

第6章 コンディショニング

1 セルフマネジメント …………………………………… 142
段階を経て導入していくことがポイント
セルフマネジメントの3段階導入方法とは？

2 栄養サポートの活用 …………………………………… 148
目的達成のために導入したい
目的をもって期間を決めたら計画を立てて実施する

3 休養 …………………………………………………… 150
栄養とともに意識したい
25歳以降の体力を左右する完全休養の必要性／パフォーマンスに直結する！質のよい睡眠のススメ

4 女性アスリート ………………………………………… 153
今後の人生のために不可欠な月経管理
月経に伴う「食」管理／選手生命に影響を及ぼすこともある"女性アスリートの三主徴"とは？

5 ジュニアアスリート …………………………………… 156
成長に影響を及ぼすエネルギー不足に注意
しっかり食べているつもりでも栄養状態が悪くなることがある／ジュニアアスリートのエネルギー・栄養素摂取の問題と課題／ジュニアアスリートの利用可能エネルギー不足とは／利用可能エネルギー不足の原因と改善方法／ジュニアアスリートの食事・食生活の留意点／ジュニア期の食教育

6 シニアアスリート ……………………………………… 163
生涯現役を目指すには？
加齢に伴う身体の変化を受け入れ、対応する／個人の状態に合わせて疾病を予防・改善しよう

7 障がい者アスリート …………………………………… 166
栄養管理は障がいの部位や状態によって異なる
現場での経験から見えてきた留意点や注意点

第7章 熱中症の予防と水分補給

体重の約2/3を占める水分の働きとは？
1 体内の水分の役割と体温調節 ･････････ 170
体液には身体にとって大事な3つの作用がある／皮膚からの体温調節の方法とは？／機能が未熟だからこそ要注意！子どもの脱水／発汗の種類には精神性発汗もある／汗だけで水分が失われるのではない！1日の水分出納／シニア期の水分補給の留意点

水分補給以外の対策とは？
2 熱中症とその予防 ･････････ 176
熱中症は4つの病型に分類される／覚えておきたい熱中症予防8ヶ条／体温を下げて発汗を少なくする努力も必要／暑いところだけではない寒冷環境での脱水に注意

アスリートが必ず身につけておきたい知識
3 水分補給法 ･････････ 183
汗をかくと水とともに電解質が失われる／糖質の適した濃度は4～8％程度／運動時の具体的な水分補給法／スポーツドリンクと経口補水液の違いは？／水分のとり過ぎによる水中毒とは？

第8章 栄養素・エネルギー・消化吸収の基礎

知っておきたい栄養素の基礎知識
1 栄養素の種類 ･････････ 190
身体にとって必要な五大栄養素／糖質／脂質／タンパク質／ビタミン／ミネラル／食物繊維

各食品のエネルギー量を算出する方法
2 食品のエネルギーとは？ ･････････ 206
三大栄養素のエネルギー／エネルギー換算係数

1つの食品にはさまざまな栄養素が含まれている
3 食品の特徴と分類 ･････････ 208
18のグループに分けられる食品群

口腔から肛門までの食物の通り道
4 消化管の働き ･････････ 212
消化管と消化腺からなる消化器系／口腔の働き／胃の働き／小腸の働き／大腸の働き／膵臓の働き／腎臓の働き／肝臓と胆のうの働き

COLUMN
メリットとデメリットを知って上手に付き合おう！
アルコールとパフォーマンスの関係 ･････････ 216

さくいん ･････････ 217
参考文献 ･････････ 220
おわりに ･････････ 222

⚠ 注意
この本の内容を実行する際には、自己責任で行ってください。
この本に記載されている内容の精度には、細心の注意を払っていますが、著者、編集者、出版社は、本書の内容を活用することで生じた結果や事故等に対する責任はなく、活用後の結果や成果を保証するものでもありません。

装丁・本文デザイン
引間俊之
中島杏菜
高階寛司
(株式会社 アイム)

企画
戸島正浩
(株式会社 ブレインズ・ネットワーク)

編集
坂　裕治
(株式会社 日本文芸社)
石坂卓也
(株式会社 ブレインズ・ネットワーク)

編集協力
中寺暁子
光成耕司

イラスト
山田奈穂

第1章

アスリートの栄養摂取

アスリートに栄養管理が必要なことは、
広く知られるようになった。
その一方で誤解されていることも多い。
特有の栄養管理が必要な理由や
五大栄養素を摂取する際のアスリートならではの
目的について理解を深めよう。

栄養管理や栄養サポートが必要な理由は？

アスリートにおける栄養摂取の基本的考え方

そもそもなぜアスリートには、栄養管理や栄養サポートが必要なのか。栄養摂取の基本的考え方を知ることで、アスリート自身の栄養・食事に対する意識が変わっていくはずだ。

エネルギーや栄養素の必要量が多いとバランスのよい食事だけでは不足する

　食事の基本は、バランスよく食べることだ。しかしアスリートが1日に必要なエネルギーや栄養素を摂取するためには、それだけでは難しいことがある。アスリートならではのその理由は3つだ。

理由1　エネルギーや栄養素の必要量が多くなるのに食べる量には限界がある

　身体活動量の増加に伴って、エネルギーや栄養素の必要量が多くなるため、食べる量を増やさなければならないが、食べられる量には限界がある。身体活動量に合わせて胃の大きさが変化することはない。

理由2　運動中は効率よく消化・吸収ができない

　運動中は自律神経の交感神経が優位になるため、消化・吸収が抑制され、効率よく消化・吸収が進められない。自律神経は交感神経と副交感神経からなり、消化・吸収は副交感神経が優位の時に促進され、運動中には抑制されるのだ。

理由3　運動時間が長くなると消化・吸収を効率よく行う時間が短くなる

　運動時間が長くなると、1日24時間の中で消化・吸収を効率よくできる時間が短くなる。

　イラスト1-1に示したとおり、**身体活動量が多くなり、エネルギーや栄養素の摂取量を多くしなくてはならないにもかかわらず、通常の食事と補食をとるだけでは十分にそれらを補うことができない。**

栄養管理なし / 栄養管理あり

その差は？

アスリートの食事

エネルギーや栄養素の
必要量は多いのに
食べる量には限界があり
食べきれないことがある

食後の状況

アスリートではない場合

安静時

アスリートの場合

運動中

運動中は消化・吸収が
抑制され、効率よく
消化・吸収ができない

1日の生活時間

アスリートではない場合
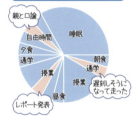

アスリートの場合

■ 消化・吸収が抑制されている
■ 消化・吸収が効率よく行われている

運動時間が長くなると
消化・吸収を効率よく
行う時間が短くなる

イラスト 1-1
アスリートに栄養管理が必要な理由

このような場合には、その**エネルギーや栄養素の摂取量と必要量のギャップを埋めるために栄養サポートを積極的に導入し、適切な栄養状態にする**ことが必要となる。また、栄養状態を維持するためには、サプリメントの活用が必要となる場合もある。

アスリートが食べきれないときに優先してとりたい栄養素とは？

ギャップを埋めるための栄養管理は、食べられる量に限界があるとき、何を優先して摂取するのかを考えることがポイントとなる。**食べられる量の限界は、食べ物の嵩と考えればよい。**

エネルギーや栄養素の摂取と食べ物の嵩について考えてみよう。嵩が少なくても栄養素が多く入っている食品は、栄養素密度の高い食品となる。例えば、いくら効率よく摂取したくても、100g（あるいは100mℓ）で2000kcalを摂取できるような高エネルギーの食品はない。

また、ビタミンCだけを考えた場合には、野菜はビタミン密度の高い食品となるが、エネルギーの摂取は期待できない。

食べられる量に限界がある場合、優先したいのがエネルギーの摂取だ。必要なエネルギー量をとることができるように、まずエネルギー源となる糖質、脂質、タンパク質の摂取を考える。そのうえで残っている胃の容量分でビタミンとミネラルの摂取を考える。

もしも、容量が少なくて、**ビタミンとミネラル源となる食品を十分に食べられない場合には、嵩が少ないサプリメントを用いて補うことになる。**

具体的に食事でいうと、主食と主菜でエネルギーの必要量をとり、野菜や海藻のようにビタミンやミネラルを多く含むが、嵩が多くて低エネルギーの食品は、食べられる分だけ食べる。野菜や海藻などの量が少ないことにより生じるビタミンやミネラルの摂取不足分については、サプリメントで補う。

ただし、**中学生までは、食事だけでは補えないほどの運動量（サプリメントが必要となるほどの運動量）は、オーバーユース症候群や貧血、低身長、やせなど、発育や発達に支障をきたす危険性がある。**このため、食事のみでエネルギーや栄養素を補える程度の運動量にとどめるよう、注意したい（→P156）。

食べる必要がある量と食べられる量のギャップを解決できないときに生じる課題が、「low energy availability（利用可能エネルギー不足）」ということになる。女性アスリートでは、「女性アスリートの三主徴（利用可能エネルギー不足、視床下部性無月経、骨粗しょう症）」として問題提起されているが（→P153）、男性アスリートも同様に、利用可能エネルギー不足による疲労骨折や貧血などの問題が起きる可能性がある。

最も重要なエネルギー源

2 糖質の摂取

生命維持や身体活動時のエネルギー源となる糖質。糖質制限などがブームになっている中、アスリートにとっての糖質摂取の意義について、理解を深めておきたい。

基本的考え方

体内での糖質の利用は、ロウソクで表現することができる（**イラスト1-2**）。芯の部分が糖質、ロウが体内脂肪。安静にしているときには芯は細くて短くてもよいが、身体活動が多くなると芯を太く長くすることで脂肪を多く利用してエネルギーをまかなうことができる。したがって、エネルギーの消費量が多くなると、芯を太く長くしなくてはならず、糖質がたくさん必要となる。

芯の太さと長さがどのくらい必要かは、身体活動の質・量・強度・時間によって変わる。

最近は、世間の人たちの意識の中に糖質の摂取量を抑える風潮が見受けられる。しかし糖質の摂取を減らすにも限度の量がある。

なぜならば、芯がなければ、ロウが燃焼できないのと同じように、**糖質がなければ、体内の脂肪もエネルギーにすることができない**からだ。たとえ糖質があっても少なければ、芯は細く短くなるため、脂肪の利用も減る。

また、脳、神経組織、赤血球、腎尿細管、精巣などの組織については、通常、

イラスト 1-2
安静時と身体活動時のロウソクの状況
（芯が糖質、ロウが脂肪）

ブドウ糖(芯)しかエネルギー源として利用できない。つまり糖質の供給が少なくなると、身体は通常のシステムで活動することができなくなる。

　さらに**極端に糖質の摂取が少ない、あるいは「ない」場合には、芯を得るために体内に蓄えられているタンパク質（体タンパク質）を利用して「糖新生(注)」を行う。**このため、体タンパク質の量が減少する。

　このように糖質の摂取量は、身体作りとパフォーマンスに直結する。糖質の必要量を満たすように摂取することが、重要となる。

　ちなみに、糖質制限の臨床研究をまとめた結果から、糖質制限による体重減少の効果は少しだけか、あるいはないと結論づけているのだ。

アスリートにとっての糖質摂取

　アスリートにとって糖質を考えて摂取しなくてはいけない理由は、3つある。**1つ目は練習や試合で使う前にためておくこと、2つ目は練習や試合中に補給すること、3つ目は練習やトレーニング後に、使った分を補うこと（リカバリー）である。**糖質は、体内に貯蔵することができる量が限られているため、貯蔵しているグリコーゲン（→P82）が枯渇してしまったら、動きや集中力の低下、疲労感の高まりにより、パフォーマンスを維持することができなくなる。このため、糖質補給の量やタイミングをはかることが大切だ。

　どのようなときに、どのくらい糖質を摂取するかについて、**表1-1**にまとめた。

　この表に書かれている摂取量は目安量として活用することになる。なぜなら、体重1kgあたり3～5gといったように、幅があるからだ。この幅を摂取量として示すと、体重50kgの人であったら、150～250gとなり、100gの差は、エネルギーでは約400kcalと大きい。個人のトレーニングの状況に応じて調整しなくてはいけないことがわかってもらえるだろう。

　また、エネルギー源となる栄養素は、糖質だけではない（→**P190**）ことから、1日のエネルギー消費量を考えて、糖質をいつ、どのような種類の食品から、どのくらい摂取するか計画を立てることになる。

注：「糖新生」とは、タンパク質や脂質などを分解して、その一部分を使ってブドウ糖を作ること。

表1-1　トレーニング量とシーン別の糖質の摂取目安量

トレーニング量	状況	糖質摂取の目安量
軽い　少ない	低強度運動や技術練習	1日体重1kgあたり3〜5g
適度	1日1時間程度の適度な運動	1日体重1kgあたり5〜7g
多い	1日に1〜3時間程度の中〜高強度の持久的な運動	1日体重1kgあたり6〜10g
とても多い	1日に少なくとも4〜5時間かそれ以上の中〜高強度の過度な運動	1日体重1kgあたり8〜12g

シーン	状況	糖質摂取の目安量
一般的なエネルギー補給	90分未満の試合の準備	日常の必要量として24時間で体重1kgあたり7〜12g
グリコーゲンローディング	少なくとも90分かそれ以上の持続的にあるいは断続的に動き続ける試合の準備	試合の36〜48時間前に24時間で体重1kgあたり10〜12g
迅速な補給	エネルギー要求量の多い試合の間隔が8時間未満のリカバリー	試合終了後から最初の4時間で体重1kg 1時間あたり1〜1.2g、その後は日常の必要量をとるための摂取を実施
試合前の補給	試合前に動く少なくとも60分かそれ以上前	運動1〜4時間前に体重1kgあたり1〜4g
短い運動中	45分未満	必要なし
持続的な高強度運動中	45〜75分	マウスリンス(注)を含む少量
動いたり止まったりをくり返すスポーツを含む持久性運動中	1〜2.5時間	1時間あたり30〜60g
超持久性運動中	少なくとも2.5〜3時間かそれ以上	1時間あたり90gが上限

注：マウスリンス (mouth rinse) は、スポーツドリンクなどの糖質の入った飲料で口をゆすぐことであり、これにより中枢性疲労の軽減（疲労感の軽減など）につながるという報告がある。
出典：Burke LM, Hawley JA, Wong SH, Jeukendrup AE. Carbohydrates for training and competition. J Sports Scis. 2011;29(suppl 1):S20　より作表

糖質を含む食品の種類

　糖質だけを含有している食品には、砂糖がある。しかし現実的には、1日の糖質摂取量をすべて砂糖だけで補うことはない。そこで、さまざまな食品から糖質を摂取する。まず、穀類を食べることによって多糖類を摂取することができる。穀類以外ではイモ類などからも摂取できる。そのほか、穀類のように多くは摂取できないが、さまざまな食品中に糖質は含まれている。

　糖質を含む食品を選ぶときにアスリートも一般の人と変わらない選択ができる。できるだけ多くの種類や栄養価を考えたうえで(精白米に玄米を混ぜるなど)選択することによって、糖質以外の栄養素の摂取が充実する。

　また、エネルギー必要量の多いアスリートは、低エネルギーで嵩が多い食物繊維を多く含む食品を大量に食べることは避けたい。これで満腹になってしまうと、糖質やエネルギーの不足に陥ることになるからだ。エネルギーの必要量が多く、食事ではとりきれないときには、甘いドリンクやエネルギーバーなどを食べることで、エネルギー不足を防ぐことができる。

糖質摂取のタイミング

　食事をすると食べたものは、消化・吸収される。消化は、とても時間がかかる作業のため、通常の量を食べた3時間後の胃の中は、まだまだ消化しなくてはいけない食塊がある状態である。その状態で、運動中に糖質の補給のために砂糖などを摂取しても、胃の中にある食べ物が邪魔をして、思ったように吸収されない。ただし、運動鍛練者の場合には、運動中もある程度の消化と吸収が可能であることから、食後、胃の中の食塊がある限り、効率が悪い状態とはいえ、ダラダラと糖質をはじめさまざまな栄養素が吸収され、供給されることになる。

　たとえ運動時間が長く、エネルギーの必要量が多くても、運動中の糖質の摂取は制限される。その理由は、運動中に補給できる質と量には限界があること、糖質の摂取量が多すぎた場合には水分の吸収などに支障が生じること(→P185)、運動中、血糖値が上がることによりエネルギー代謝過程に影響を与え、パフォーマンスが低下する可能性があることがあげられる。

　最近の研究では、持久系の競技のように運動時間が2時間半以上の場合に、複数の種類の糖質を摂取することによって糖質の酸化効率(エネルギー産生性)を高め、疲労の軽減やパフォーマンスの向上につながるという報告がある。また、イソマルツロース(→P85)のような特徴のある糖質も開発されており、現場で活用する価値があると考える。

摂取タイミングを考えるときには、次の6項目を確認したい。
❶ 練習や試合の開始時刻が、朝・昼・夕食の3回の食事開始時刻に影響するか
❷ 3回の食事でエネルギー必要量を摂取することができるか
❸ 3回の食事でエネルギー必要量を摂取できない場合は、補食を利用する時間とそのタイミングで胃に余裕があるか
❹ 練習や試合時間はどのくらいか
❺ 練習や試合中、どのくらい飲むこと（食べること）ができるか
❻ 食後、どのくらい時間をおいてから運動するのか

以上の項目を整理してから、3食の糖質、脂質、タンパク質のエネルギー配分、補食ありの場合や運動中の補給の質・量・嗜好などを考慮して補給計画を立て実施する。

具体的には、3食でバランスのとれた食事をし、エネルギー必要量の3/4を摂取し、残りの1/4を補食と練習時の糖質補給（スポーツドリンクからの糖質を含む）で補う。タイミングとしては、運動開始時刻の2時間半前までには食べ終えて、血糖値を空腹の状態まで落としてから練習を始めるようにする。

糖質の摂取は「**いかなる身体活動にも必須なものであること**」「**パフォーマンスに直結すること**」「**摂取タイミングや糖質の質や量の調整が必要であること**」を覚えておいてほしい。

リカバリーのための糖質補給

筋グリコーゲン(注)は、運動直後の糖質の摂取により、リカバリー効果が高まるとされる。このタイミングでのタンパク質の同時摂取は、グリコーゲンの回復に影響がないとの報告もある。

表1-1にあるように、**運動後の回復期間中早期の4時間までは、糖質の摂取を約1～1.2g/kg/時にすることでリカバリー効果を最大限にすることができ、その後の糖質摂取が適切であれば、24時間で回復するとしている。**

しかし、回復中（24時間以内）にトレーニングや練習をした場合には、十分な回復ができない。例えば、毎日、同じ時刻に練習をする場合には、練習の質や量にもよるが、完全な回復ができていない状態でトレーニングをすることになるかもしれない。休日の次の日は練習の質が高いが、練習日が続くことによってパフォーマンスが落ちてくるような課題があった場合には、筋グリコーゲンのリカバリーの状態を確認したい。併せて休日の重要性についても考えたい（→**P150**）。

注：「筋グリコーゲン」とは筋肉に蓄えられる糖質の一種で、筋肉が収縮するためのエネルギー源となる。

アスリートにとって油をとる意義とは？
3 脂質の摂取

「糖質やタンパク質は十分にとるべきだが、脂質は控えるべき」というイメージを持っているアスリートは少なくない。しかし脂質には生きるために必要な栄養素としての役割があるだけではなく、とり入れ方によっては、アスリートにとって有効活用できる栄養素でもあるのだ。

基本的考え方

　脂質は、1gで9kcalとなり、アスリートにとっては効率よくエネルギーを摂取することができるすぐれものである。また、細胞膜の構成成分であるなど、脂質の役割は多岐にわたり（→**P193**）、アスリートの身体には欠かせない栄養素の1つだ。
　「**第1章-2　糖質の摂取**」（→**P15**）で説明したように高脂質食や断食などの糖質の少ない食事を続けたからといって、その分、脂質がエネルギー源として利用されるわけではない。運動強度が低・中強度の場合には、運動量に比例してエネルギー源として脂質が使われることになる。高強度になると、酸素の摂取が妨げられるため、糖質を使ったエネルギー代謝になり（→**P48**）、脂質の利用は抑制される。このため、糖質が少ない高脂肪食はパフォーマンスを損なうことになる。そこで、**食事は糖質の必要量を摂取できるようにしたうえで、脂質を活用した無理なく食べきることのできる献立**にしたい。

アスリートにとっての脂質摂取

　では、脂質摂取の意義をどのように考えればよいか。エネルギーの必要量が多くなったときには通常、ご飯の量を多くしたり、補食でおにぎりを食べたり、エネルギーゼリーやバーを食べたりする。1食1000kcalを示した**イラスト1-3**のうち、**A**を見て、これを食べることを想像してほしい。しかも、「毎日3回ずつ」「練習している合間に」だ。さらに食べきれないとやせてしまうので、食べなくてはいけないという強制力が加わった状態で食べることをイメージしてほしい。「食べるのがつらい。食べるのが苦痛だ」というアスリートがいるが、その気持ちが少しわかってもらえるのではないだろうか。
　そこで活躍するのが脂質だ。**B**を見ると、メインの料理に揚げ物を入れたり、スープに油をたらしたりすることで、同じエネルギー摂取量なのに**A**と比べて嵩が少なく

イラスト 1-3
1食分1000kcalの食事イメージ

なっているのがわかるだろう。また、運動前や運動中以外の補食に油の入った食品を選ぶのもよい。このように、エネルギーを不足なく摂取するために脂質は万能なのだ。

　また、**長期間にわたって脂質の摂取量が総エネルギー摂取量の20%以下になると、脂溶性ビタミンの減少や必須脂肪酸の摂取不足に陥る可能性がある**。私の経験上では、脂質の摂取量が少ないアスリートは、骨膜炎や筋膜炎・肉離れなどの筋肉や膜の損傷などの故障が多く、さらに、故障がなかなか治らず再発に苦しむことが多い。

　私の考察だが、ヒレ肉と霜降り肉を引っ張ったり、叩いたり、ねじったりしたときに、肉（筋肉）にダメージが少ないのは霜降り肉のほうだ。人間も、あまりに脂肪が少なくなってしまうと、刺激や衝撃が筋肉にダイレクトに伝わってしまう。このため、皮下脂肪だけではなく、筋膜と筋肉の間、筋肉内に脂肪があることは、故障を予防するためによいことだと考えている。実際に私は皮下脂肪量が少ないアスリートには、積極的に油の摂取をすすめている。すると確かに故障が少なくなるのだ。

脂質の種類とその活用

　油の質にも注目してほしい。以前から、飽和脂肪酸を少なくし、必須脂肪酸を中心とする不飽和脂肪酸の割合を多くして摂取するほうがよいといわれている。生活習慣病の予防の観点からも、これは変わらない。

しかし分類上は不飽和脂肪酸になるが、トランス脂肪酸の摂取には注意したい。一定量以上摂取することで、虚血性心疾患のリスクを高めるとして、2003年にWHO（世界保健機関）とFAO（国連食糧農業機関）が共同で「集団としてのトランス脂肪酸の摂取量として「総摂取エネルギー量の1％未満」との勧告を発表している。この勧告以降、日本でも菓子メーカーやファストフード店などがトランス脂肪酸を減らす努力をしている。アスリートは一般の人よりも食べる量が多くなることから、含有量が少量の食品であっても要注意だ。

　最近は、特別な機能を持ったオイルを料理やドリンクにかけてとることもトレンドだ。例えば、オリーブ油、亜麻仁油、ゴマ油、中鎖脂肪酸油などだ。**運動前の大量摂取やエネルギーの過剰を引き起こさないのであれば、アスリートのニーズに合わせて、これらの油を積極的に摂取するとよい。**私がサポートしているアスリートの中にも中鎖脂肪酸油や亜麻仁油を効果的に活用している。

4 タンパク質の摂取

摂取に関する新常識とは？

アスリートはタンパク質というと、「筋肉」をイメージしやすく積極的に摂取している傾向があるが、タンパク質については誤解も多い。過剰摂取はパフォーマンスにも影響を与えることを知っておきたい。

基本的考え方

　タンパク質は、筋肉の構成成分である以外に、酵素やホルモンの成分などにもなっている（→**P194**）。タンパク質について知識を深めよう。例えば、鶏肉のササミ100gの中にタンパク質は23g含まれている。アスリートは、筋肉＝タンパク質とイメージするかもしれないが、筋肉中にタンパク質は、20％程度しか含まれていない。また、筋肉中のタンパク質に含まれる必須アミノ酸の35％程度が、運動中にエネルギー源として利用されることが多い「分岐鎖アミノ酸（バリン、ロイシン、イソロイシン：BCAA）」である。食物タンパク質の中では、必須アミノ酸の約50％が分岐鎖アミノ酸だ。

　分岐鎖アミノ酸は、運動強度が高くなると分解促進の酵素が活性化され、エネルギー源としての利用量が増える。また、運動時間が長くなると、減少した糖質を補うためにアミノ酸の一部分を使って糖質を作る（糖新生）ことから利用量が増加すると考えられる。タンパク質の体内での活躍の幅は多岐にわたっているのだが、筋肉のように構成している体タンパク質以外に体内に蓄えておくことができる量は「アミノ酸プール（血液や各組織に存在する遊離アミノ酸）」にわずかにあるだけである。

　アスリートにとってタンパク質は、運動量の増加や運動時間の延長に伴い、摂取量を増やすべき栄養素である。

アスリートにとってのタンパク質摂取

　アスリートにとってのタンパク質摂取は、2つに分けて考えるとわかりやすい。
　1つは、「運動中にエネルギー源として使われたタンパク質のリカバリーのための摂取」。もう1つは「運動中の刺激に対して筋肉の合成（筋合成）をするために必要なタンパク質の摂取」である。この2つの考慮すべきことを研究結果に基づき整理して、体重1kgあたりに必要なタンパク質摂取量として示しているものが**表1-2**である。

表1-2　身体活動別体重1kgあたりのタンパク質摂取量

身体活動状況	体重1kgあたりのタンパク質摂取量 (g)
軽度の運動をしている人	0.8〜1.0
高齢期で軽度の運動をしている人	1.0〜1.2
中強度の運動をしている人	1.0〜1.5
高強度の運動をしている人	1.5〜2.0
持久系のトレーニングをしている人	1.2〜1.4
レジスタンストレーニングをしている人	1.6〜1.7

出典：Kreider RB, Wilborn CD, Taylor L, et al. ISSN exercise & sport nutrition review: research & recommendations. Int J Soc Sports Nutr. 2010;7:7 [homepage on the Internet]. と Sports, Cardiovascular and Wellness Nutrition DPG. Sports Nutrition: A Handbook for Professionals, 6th Ed. P52. 2017より作成

リカバリーのためのタンパク質の摂取

通常、私たちは、エネルギー源として、糖質と脂質を使っている。しかし、前述したが、運動強度が高くなったり、運動時間が長くなったりすると、タンパク質が分解される。つまりこの分解をしない運動（トレーニング）は、運動強度が低くて、時間も短いということになる。競技力向上を考えた場合には、分解なしにトレーニングすることは難しい。

タンパク質（分岐鎖アミノ酸）の分解には2つの影響がある。

1つは筋肉中の分岐鎖アミノ酸を利用するためには、骨格筋を分解しなければならないことだ。**イラスト1-4**は高強度や長時間の運動によって、骨格筋内のタンパク質が分解される状況をイメージしているが、骨格筋内の分岐鎖アミノ酸だけを抜きとることはできず、骨格筋のダメージが大きくなることがわかる。これは、骨格筋の「末梢性疲労」の原因の1つと考えることができる。

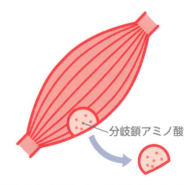

筋肉から分岐鎖アミノ酸だけを抜きとることはできない。このため分解する筋肉は分岐鎖アミノ酸の必要量よりも大きくなる。

イラスト1-4
骨格筋内のタンパク質が分解されるイメージ

筋肉中の分岐鎖アミノ酸の分解によるもう1つの影響は、分解されたそのほかのアミノ酸の行方に関わる。多くのアミノ酸は、遊離アミノ酸になるか、肝臓でさらに分解されて、さまざまな組織で使われる。しかし、必須アミノ酸の1つであるトリプトファンは、神経系の疲労である「中枢性疲労」の原因になると考えられている（→P27の囲み）。

　こうした影響があるために分岐鎖アミノ酸の分解は避けたいが、競技力向上を考えた場合には、全く分解なしにトレーニングすることは難しい。しかし、できるだけ筋肉中の分岐鎖アミノ酸の分解をしないようにすることは可能だ。

　1つの方法は、エネルギー源としての糖質の減少によっておこる分岐鎖アミノ酸からの糖新生を軽減させることだ。その具体的な方法は、**運動前から筋グリコーゲン量を多くしておくこと、運動中に糖の摂取を続けること**がある。

　それでも、糖新生で分岐鎖アミノ酸を分解してエネルギー源として使うことになった場合には、血中の分岐鎖アミノ酸濃度を運動前に高めておき、運動中にも補給して下げないようにする。

　これにより、運動中は血中からの分岐鎖アミノ酸を使うことで筋肉中の分岐鎖アミノ酸は使わず、骨格筋を分解しなくてもすむか、あるいは分解量が少なくてすむことになる。そこで、運動前、運動中の糖質と分岐鎖アミノ酸の補給が重要となるのだ。

　ただし長時間継続して運動する場合は、筋肉中の分岐鎖アミノ酸を使用する可能性が高い。このため運動後は、分岐鎖アミノ酸を中心に補給することが必要となる。また、運動時間が長くなれば、分岐鎖アミノ酸以外のアミノ酸も、さまざまな組織で使われたり、分解されたりするため、運動の強度と時間に合わせて、タンパク質の摂取量を多くしなければならない。

　研究結果から、タンパク質とともに糖質を補給することがダメージを受けた骨格筋の合成とグリコーゲンの再補充に効果的であり、できるだけ運動直後に補給することで回復が効果的に行われるとする報告もある。そこで、練習や試合直後に糖質とともに分岐鎖アミノ酸を中心としたタンパク質を補給する。

　運動前・中・後のタンパク質やアミノ酸の補給を考える際に、運動を始める前までに食事として食べた食物の消化・吸収は、すべて終わっていないことを頭に入れておかなければいけない。運動中には、消化・吸収途中の食べ物が胃腸に存在するわけだ。運動が終われば、消化・吸収がまた始まる。

　つまり、運動前・中・後にはタンパク質のとり過ぎにならないように、その分も考慮に入れて補給を考える必要がある。食事の量、内容、時間、運動を開始する時刻、運動時間など、さまざまな状況に応じて、糖質やタンパク質をはじめ、エネルギーや栄養素の摂取を考えたい。

筋合成のためのタンパク質摂取

筋合成を**イラスト1-5**のように考えてみた。これは、大胸筋を5階建てビルの集合体に例えて、トレーニングによって大胸筋に強い刺激を加えられたときに何が起こるのかをイメージしている。強い刺激によってビルの屋根が壊される（→筋肉痛になる）。しかし雨漏りすると困るので、タンパク質が入ったペンキを塗って修復。乾くまでに2～3日かかる（→筋肉痛が治る）。

そして再び刺激を与えるとまた屋根が壊れるので、ペンキを塗って修復、乾いたらまた刺激を与えるという流れを1年くらいくり返すと、ペンキの厚みが増し、5階建てだったビルは6階建てになる。この現象が「筋肥大」だ。また、ビルの屋根を壊した経験が少ない人のほうが、破壊が大きくなるとされているので、初心者が練習を始めると筋肉のつき具合が鍛錬者に比べてよいと感じることがあるはずだ。

このイメージがわかってくると、**タンパク質をたくさん摂取しても、その分、筋肉が大きくなるわけではない、つまり必要以上にタンパク質を摂取しても意味がない**ことがわかるだろう。また、屋根が壊れたらすぐにペンキを塗る状況になっていた方が早く修復する。つまり、特にレジスタンストレーニング（筋トレ）をしている人はリカバリーに必要な栄養素を運動直後にとることで、運動後の筋合成が高まることもわかってくるはずだ。

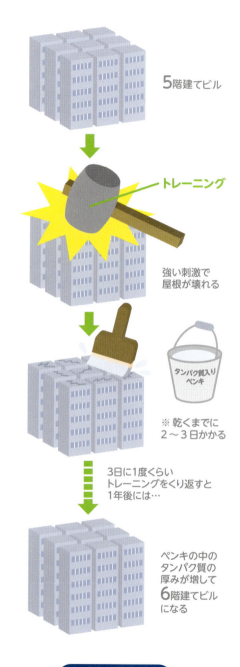

イラスト1-5
大胸筋を5階建てのビルに見立てた修復過程イメージ

さらに、レジスタンストレーニング後、ペンキを塗って乾く時間を考えると、48時間以降もタンパク質代謝が亢進することも理解できる。
　そこで、トレーニング後のタンパク質の摂取は、トレーニング直後に限定するのではなく、1日を通して体内のタンパク質の利用に応じて行う必要がある。また、インスリンの作用により、糖質の分解が軽減されることから、タンパク質だけではなく、筋肉のために糖質を摂取することも考える必要があるのだ。どのように、どのくらい食べるべきなのかについては**第3章**(→**P52**～)で示す。

脳内にセロトニンが増えると勝負へのこだわりが薄れる!?

　運動中は、必須アミノ酸の1つであるトリプトファンが神経系の疲労である「中枢性疲労」の原因になると考えられている。

　骨格筋を分解して、分岐鎖アミノ酸を使うと、そのほかの分解されたアミノ酸は血中に放出される。このため、分岐鎖アミノ酸以外のアミノ酸の血中濃度が通常よりも高くなる。これにともなって、トリプトファンの濃度も高くなる。

　脳には、「血液脳関門」といって血液と脳の組織液との間の物質の移動に、選択的な制限を設ける機能がある。分岐鎖アミノ酸とトリプトファンの血液脳関門は同じで、分岐鎖アミノ酸とトリプトファンの濃度が変化することによって、脳の組織液に入ってくる分岐鎖アミノ酸とトリプトファンの量が変化する。この場合、血中のトリプトファンの濃度が高くなることにより、脳の組織液にトリプトファンが通常よりも多く入ってくることになる。これにより、トリプトファンを構成材料とするセロトニンなどの神経伝達物質も多く作られる。

　セロトニンは、脳内における機能として感情の安定化を調節する作用があるといわれている。このため、運動中にセロトニンが脳内に増加した場合には、攻撃性が抑制される(中枢性疲労)という仮説を立てることができる。

　これは勝負の世界ではネガティブな作用だ。ただし、この現象を立証するエビデンスレベルの高い論文には、まだ出合ったことがない。

タンパク質の過剰摂取

過剰摂取については、国際オリンピック委員会（IOC）が、**「タンパク質の摂取量について、2～3g/日を超えて摂取しても筋合成などによい影響を与えるという明確なエビデンスはない」**といっている。そこで、過剰摂取の目安は体重1kgあたり2g/日以上としている。「日本人の食事摂取基準（2020年版）」では過剰摂取による健康障害の明確な根拠はないので、数値では示していない(注)。しかし目標量などの適正量は示しているので、適正量以上とることには注意が必要であると理解できる。

では、過剰にタンパク質を摂取するとどのようなことが起こるかを考えてみよう。

❶タンパク質は、アミノ酸が、80以上複雑に結合してできている。このため、多く食べると消化や吸収に時間がかかる。例えば夕食で焼き肉を食べた翌朝、起きたときに胃にまだ焼き肉が残っていると感じたことはないだろうか？これはげっぷなどでも確認できる。

❷タンパク質は消化され、アミノ酸として吸収されたのち、門脈を通って肝臓に運ばれる。そして、アミノ酸プールが少なくなっているようであれば、血液中の濃度を維持するための補充に使われ、同時に酵素やホルモンなどを作るためにも使われる。しかし必要以上に吸収された場合には、分解する。アミノ酸プールを大きくしてアミノ酸の貯蔵量を増やすわけではない。

❸アミノ酸の分解は、肝臓内で炭素（C）、水素（H）、酸素（O）でできている部分（炭素骨格）と、窒素（N）を含んでいる部分（アミノ基）の大きく2つに分けて行う。炭素骨格は、食後の糖質の摂取が充実していれば脂肪酸を作る。その脂肪酸3分子がグリセロールという糖質と結合して中性脂肪になる。つまり、タンパク質のとり過ぎは太る。

❹アミノ酸から切り離されたアミノ基はアンモニアになる。アンモニアは、毒性が強く、血中アンモニア濃度が高くなると、昏睡状態となり死亡することもある。そこで、肝臓では、アンモニアを無毒の尿素に分解する回路を持っている（尿素回路）。ということは、タンパク質をとり過ぎると肝臓の仕事が増える。

❺尿素回路によって生成された尿素は、血中に流される。そして血中の尿素濃度が高くなり過ぎないように、腎臓で排泄することで調節している。ということはタンパク質をとり過ぎると腎臓の仕事が増える。

❻❶～❺に加えて、動物性タンパク質（肉、魚など）には、含硫アミノ酸（メチオニン、システインなど）が多く含まれている。動物性タンパク質を大量に摂取すると、アミノ酸の分解により、尿中のリン酸塩、硫酸塩が増加し、尿が酸性化する。このため、カルシウムの再吸収が抑制され、尿中カルシウムが増加し、尿路結石や骨粗しょう症などのリスクが高まる。

このように過剰に摂取すると、肝臓と腎臓に余計な仕事をさせなくてはいけないことがわかる。では、アスリートにはどのように影響するのだろうか。**イラスト1-6**は、私がアスリートを見ていて感じるイメージだ。肝臓や腎臓に負担をかけるだけでなく、パフォーマンスにも影響があることがわかるだろう。最近、ジュニアの指導者たちが、「今どきの子どもは、1時間半くらい動くとすぐに疲れてしまうんだよね。昔は3時間くらい動いていても平気だったのに」と話をされることが多い。ジュニアに限った話ではないが、長時間のトレーニングが難しかったり、後半に動きが悪かったりしたときには、タンパク質の摂取量を見直す必要があるのかもしれない。

イラスト 1-6
タンパク質の過剰摂取によって試合後半にバテているアスリート

注：「現時点では、タンパク質の耐容上限量を設定し得る明確な根拠となる報告は十分ではない。以上により、耐容上限量は設定しないこととした」（厚生労働省「日本人の食事摂取基準（2020年版）」より）

多岐にわたるビタミン・ミネラルの役割
ビタミン・ミネラルの摂取

アスリートは糖質やタンパク質の摂取ばかりに意識がいきがちだが、運動量が多くなるほどビタミンやミネラルも多く必要になる。野菜や果物だけではなく、さまざまな食材からのビタミン・ミネラルの摂取を意識したい。

アスリートにとってのビタミン摂取

ビタミンの役割は多岐にわたる（→P197）。ビタミンとパフォーマンスを考えるうえで、3つの柱がある。1つは、エネルギー代謝に必要なビタミンB群、2つ目は抗酸化作用について、3つ目が最近注目されているビタミンDについてだ。

ビタミンB群の摂取

ビタミンB群は、図2-1（→P45）を見てもわかるようにエネルギー代謝の過程で起こる化学反応時の補酵素として、なくてはならないものである。エネルギー消費量が増加し、その分エネルギーの必要量が多くなれば、比例してビタミンB群の必要量も多くなる。ビタミンB群は、水溶性ビタミンなので、摂取して必要量が満たされると、余剰分は尿中に排泄される。

このため、必要以上にビタミンB群のサプリメントを摂取したときには、尿が通常より黄色くなり、ビタミンの匂いがすることがある。

抗酸化作用

運動によって体内への酸素摂取量が増加するに従って、活性酸素の生成も増加する。運動で酸素の必要量が増すと、エネルギー代謝が多くなった分、化学反応の道を外れてしまう酸素が出てくる。この酸素は、通常の酸素よりも不安定で、いろいろな物質を酸化していくことから、活性酸素という名がつけられている。

また、活性酸素は運動以外にも、大気汚染、食品添加物、医薬品、電磁波、放射線、紫外線、ストレスなどでも生成される。活性酸素は、免疫機能を発揮するよい面もあるが、細胞内のDNAの損傷を引き起こしたり、過酸化脂質を生成したりして、細胞の機能を低下させることもある。

このため身体は、活性酸素を速やかに除去する機能を持っている。この機能が、酸化を抑制するための抗酸化作用であり、この働きを担っているのが、抗酸化酵素と抗酸化物質である。抗酸化酵素には、スーパーオキシドジスムターゼ(SOD)、カタラー

ゼ、グルタチオンペルオキシダーゼ（GP$_X$）、キサンチン酸化酵素などがある。抗酸化物質は、ビタミンC、カロテノイド、ビタミンE、グルタチオン（GSH）、尿酸、リポ酸などがあげられる。

アスリートは、活性酸素を発生させないように、酸素の摂取量を減らしてトレーニングすることができない。このため、抗酸化物質を積極的にとること、運動以外では活性酸素の発生を極力少なくすることで、できるだけ影響を小さくすることができる。

抗酸化物質を摂取するためには、バランスのよい食事をし、種実（ナッツ）類や果物、野菜の摂取量を意識するとよい。ただし抗酸化物質の補給がパフォーマンスを高めるという報告はほとんどないので、抗酸化作用を目的にサプリメントを摂取することは考えず、食事からの積極的な摂取を進めるべきである。

特に日本人は、魚介類の摂取量が欧米人に比べて多いため、多価不飽和脂肪酸の摂取量が多くなる傾向にある。多価不飽和脂肪酸は、不安定な構造のため、酸化しやすい。このことからカロテノイドやビタミンEなどの脂溶性ビタミンを食事でしっかりと摂取できるように、バランスを崩さず食べることが重要である（**ビタミンについては→P197**）。

ビタミンDの摂取

ビタミンDは、カルシウムとリンの吸収と代謝を調節している脂溶性ビタミンであり、骨代謝に強く関係する（**→P197**）。最近では、ビタミンDとパフォーマンスに関する研究成果も多く目にするようになった。

ビタミンDは紫外線B波（UVB）により活性型ビタミンDとなり、代謝に影響を与えることから、北欧など冬の間、日光に当たることができない地域や室内種目のアスリートへの影響は大きくなる。ビタミンDの摂取が満たされていても、UVBの照射時間が少ない場合には、ビタミンDの欠乏状態となり、骨などに影響を与えることを知っておきたい。さらに最近は、UVカットの化粧品や衣類によって、日光の照射下にありながら、UVBの照射量が満たされず、骨などへのリスクの増加につながる可能性が示唆されている。

ビタミンDは、摂取量に関する論文がたくさん出ているが、考慮すべき要因も多く、食事摂取基準においても必要量を提示せず、目安量と耐容上限摂取量を示すにとどまっている。

ではどうすればよいのか。私は食事摂取基準である目安量の8.5μg/日を少なくとも摂取し、併せて、UVBの照射量を意識して生活することが大切だと考える。今後、研究成果がまとまった場合には、必要量を明確にできるときがくると考えられるので、これからも注目し続けたい。

アスリートにとってのミネラル摂取

　ミネラルの働きは多岐にわたり（→P200）、身体活動の増加に伴いミネラルの必要量も高まる。また、減食や偏った食事によってミネラルの摂取量が少ない場合や消化・吸収の効率が下がった場合には、欠乏状態（必要量が満たされない状態）となり、パフォーマンスに影響を与えることもある。

　例えば鉄は、体内の貯蔵鉄の量によって吸収率を変化させたり、カルシウム、マンガン、マグネシウムなどは「受動拡散」と「能動輸送」(注)という2つの方法を使ったりと、食事からしっかりと摂取することで、身体は必要量を吸収できるようなシステムを持っていると考えられる。

　ミネラルの摂取量は、食事摂取基準の推奨量、目安量を参考にして、食事からの摂取を基本に組み立てる必要がある。

　パフォーマンスと関係の深い鉄は**第5章**（→**P125**）で示す。

注：「受動拡散」とは物質が自然と高濃度側から低濃度側へと移動することで吸収されていく過程のこと。「能動輸送」とはエネルギーを使って、物質が能動的に吸収されていく過程のこと。

ビタミンDが多く含まれている食材とは？

　ビタミンDは、魚と魚卵、卵に多く含まれる。きくらげや干ししいたけにも多く含まれるが、水で戻してから食べる量には限界があるため、期待は薄くなる。例えば、卵1個で約1.5μg、やや大きめの紅ザケの切り身（100g）で約33μgなので、1日1個は卵を食べて、サケの切り身の1/5くらいを使っておにぎりを作ると、1日の目安量の8.5μgは摂取できる。しかし、魚をしっかりと食べる習慣がない場合には、8.5μgの摂取は難しくなる。ツナの油漬けフレーク（缶詰）では100gで4μg、シラス干し（微乾燥）は100gで46μgとなり、魚の種類や加工状態で含有量が大きく違ってくる。できるだけ毎日魚をしっかり食べることを意識して、食事を組み立てたい。

朝食で目玉焼き、昼食でサケおにぎりを食べると、ビタミンDの1日の目安量を摂取できる。

第2章

エネルギーの補給と消費

アスリートはなぜ、そうではない人に比べて
エネルギーや栄養素を多く必要とし、
たくさん食べなくてはならないのか？
エネルギー補給や消費、代謝について知ることで
その理由に納得がいくはずだ。

必要量を正確に知ることは可能か？

エネルギー補給

スポーツ栄養学は、一般的な毎日を過ごしている人よりも、きわめてエネルギーをたくさん使う人のための栄養学であるといえる。エネルギー補給について知ることで、セルフマネジメントの重要性を理解できるはずだ。

エネルギー消費量は結果としてしか評価できない

エネルギー補給は、消費したエネルギー量を補うことである。エネルギー消費量（→P36）は、毎日、違う。例えば次のようなことができるだろうか？
- 昨日と同じ行動をして過ごす。
- 昨日と同じものを同じ量、同じ食べ方（噛む回数やあごを動かす回数、舌の動かし方などが同じ）で、同じ時刻に食べる。
- 昨日と同じ興奮、あるいは、精神的安定をもって過ごす。
- 昨日と全く同じ環境（気温・湿度・風速・陽の光など）で過ごす。

こうしたことは不可能で、全く同じ日を過ごすことはできない。つまり**毎日、エネルギー消費量は異なる。**

特にアスリートは、トレーニング内容や練習量によってエネルギー消費量が大きく変動する。ということは、エネルギー摂取量もエネルギー消費量に合わせて変動させることになるのだ。

しかしここで問題となるのが、「エネルギー消費量を正確に把握することはできるのか？」ということだ。確実に知りたい場合は、「エネルギー消費量を測定できる部屋にいる」または「マスクをつけて吐いた息をすべて集めて酸素の減った量からエネルギー消費量を算出する」などしなければならず、通常の生活で測定することはできないのが現状だ。このため、**エネ**

エネルギー消費量と摂取量が一致しているかどうかは、結果としてしか評価できない

イラスト 2-1
ぴったり食べようと苦労している選手

ギー摂取量は、「結果として」評価することになる。

「結果として」評価するとは、朝起きて排尿をすませたあとに体重を量り、昨日の朝の体重と比較して、増減を確認して評価することである。ただし、体重の変動が何によるものなのかわからないので、例えば「100g前後の変動をよしとする」などルールを決めて評価していくことになる（→**P142**）。

したがって、エネルギー摂取量を正確に提示することはできない。朝起きて排尿後の体重の変動がほぼなければ、エネルギー摂取量はエネルギー消費量と見合った状態だったと考えられる。

必要なエネルギー摂取量を正確に知ることはできない

「どのくらいのエネルギーをとればよいですか？」という質問をよくされるが、答えは、「毎日、使うエネルギー量が違うからわからない」となる。ただし、そのヒントは、2つある。どちらにしても正確には出ないが、ある程度の目安にはなるだろう。

- 通常の日々を過ごしている7日間の食事調査をして、それを解析し、エネルギー摂取量を算出する。調査した7日間、ほぼ体重の変動がなく過ごせたら、エネルギー摂取量と消費量が見合った状態だったということになり、ある程度の目安がわかる。
- 基礎代謝基準値（**表2-1**）に自分の体重をかけて推定基礎代謝量を算出し、その値をさらに1.2倍したものが、安静に24時間過ごしたときのエネルギー量の推定値だ。そのエネルギー量に、食べたり、動いたりしたときに消費したエネルギー量を加算するとおおよそのエネルギー消費量が推定でき、それが推定のエネルギー摂取量ということになる。このように**必要なエネルギーや栄養素の摂取量は、結果としてしか評価できず、それも目安でしかない。**だからこそ毎日、体重測定を行い、経験からのデータを蓄積し、体調やパフォーマンスなど、自分の身体に耳を傾け、食事によってセルフマネジメントしていくことが重要なのだ。

表2-1 基礎代謝基準値

(kcal/kg/日)

年齢区分	男性	女性
1～2（歳）	61.0	59.7
3～5（歳）	54.8	52.2
6～7（歳）	44.3	41.9
8～9（歳）	40.8	38.3
10～11（歳）	37.4	34.8
12～14（歳）	31.0	29.6
15～17（歳）	27.0	25.3
18～29（歳）	23.7	22.1
30～49（歳）	22.5	21.9
50～64（歳）	21.8	20.7
65～74（歳）	21.6	20.7
75以上（歳）	21.5	20.7

出典：厚生労働省「日本人の食事摂取基準（2020年度版）」

2 エネルギー消費とは？
エネルギーを消費するのは運動だけではない

エネルギー消費は「基礎代謝量（安静時代謝量）」「特異動的作用」「活動代謝量」などで構成され、その総和がエネルギー消費量となる。エネルギー消費量は日々変化し、特にアスリートは、練習の有無、練習量、そのときの身体組成、体調による変化が大きい。

エネルギー消費の種類

基礎代謝量

　基礎代謝量とは、身体的・精神的に安静にしている状態でのエネルギー代謝量であり、生命維持のためだけに必要なエネルギー（生きるために最低限必要なエネルギー）である。

　基礎代謝量を実測することはとても難しく、実際には、**表2-1**（→**P35**）にあるように年齢別、性別の体重1kgあたり1日あたりのエネルギー量として示している基礎代謝基準値をもとに概量を算出する。

　例えば、22歳、体重50kgの女性の基礎代謝量は、［基礎代謝基準値 22.1kcal/kg/日 × 50kg = 1105 kcal/日］となる。

　筋肉量の多いアスリートに関しては、国立スポーツ科学センター（JISS）により、基礎代謝量を推定する式が開発されている。

> ▶ **アスリートの基礎代謝量**
>
> 基礎代謝量＝除脂肪体重(kg) × 28.5kcal

　例えば、体重60kg、体脂肪率15%のアスリートの場合、
　　脂肪量 = 60kg × 15% = 9kg
　　除脂肪体重 = 60kg － 9kg = 51kg
　　基礎代謝量 = 51kg × 28.5kcal = 1453.5kcal
となる。
　基礎代謝量は、性別、年齢、体格、体温、ホルモンなど、さまざまな因子の影響を

受ける（**表2-2**）。このため、基礎代謝量の実測値は、年齢、性別、身長、体重が同じであっても異なった値を示し、同一人においても測定時の身体の状態によって異なる。

表2-2　基礎代謝量に影響する因子

体表面積	体表面積が広いと、それに比例して放熱量が多くなるため、年齢・性別・体重が同じである場合、身長が高い人のほうが基礎代謝量が大きい。
年齢	若年者は成長などにより体内代謝が活発なため、体重1kgあたりの基礎代謝量は年齢の低いほうが大きい。
性別	一般的に、筋肉などの代謝が活発な組織の量が多い男性のほうが、女性よりも基礎代謝量が大きい。
体格	筋肉質の人は、基礎代謝量が大きいため、若干の補正をする必要がある。身長と体重が同じであっても、体脂肪率の高い（体脂肪量の多い）人に比べて低い（少ない）人のほうが、基礎代謝量が大きい。
体温	体温が高ければ基礎代謝量が大きい。平熱が低い人よりも高い人のほうが、基礎代謝量が大きい。体温を1℃上昇させるためには、代謝量は13%増加する必要があるとされる。
ホルモン	甲状腺ホルモン・副腎髄質ホルモンの分泌量が多い人は、体内代謝が活発になるため、基礎代謝量が大きい。
季節	基礎代謝量は一般に気温の高い夏に低く、冬に高い。
月経	女性はエストロゲンなどの女性ホルモン分泌量に変化があり、基礎代謝量は月経開始2～3日目に最高に達し、月経中に最低になる。

表2-3　安静時における全身・主な臓器・組織のエネルギー消費量

臓器・組織	重量(kg)	エネルギー消費量 (kcal/kg/日)	エネルギー消費量 (kcal/日)	比率(%)
全身	70	24	1700	100
骨格筋	28	13	370	22
脂肪組織	15	4.5	70	4
肝臓	1.8	200	360	21
脳	1.4	240	340	20
心臓	0.33	440	145	9
腎臓	0.31	440	137	8
その他	23.16	12	277	16

※体重70kgで体脂肪率が約20%の男性を想定　※Gallagher,D.et al.:1998をもとに作成

臓器・組織別エネルギー代謝量

　安静時における全身・主な臓器・組織のエネルギー消費量を**表2-3**に示した。全体のエネルギー消費量から見た場合には、骨格筋のエネルギー消費量が最も大きいが、単位重量あたりでは、心臓と腎臓におけるエネルギー消費量が最も大きくなる。脂肪組織は、単位重量あたりではエネルギー消費量がとても低く、たくさん体内に蓄積してもエネルギーをかけずにおいておくことができ、重量も軽く、エネルギー源としては優れたものだ。骨格筋におけるエネルギー消費量は、運動時など、活動量が増えることにより安静時に比べて数倍になる。

安静時代謝量

　安静時代謝とは、基礎代謝量の測定のように姿勢や食事・室温などの測定条件を規定しないで、仰向けに寝た状態、あるいは座位で、安静にしている状態で消費されるエネルギーのことである。通常、安静時代謝量は、基礎代謝量の10〜20％増しとする。基礎代謝量に比べ、安静時代謝量は測定することが簡単で、イメージも容易にできることから、最近では、生きるために消費するエネルギー量として安静時代謝量を中心に議論することが多い。

睡眠時代謝量

　睡眠時代謝は、睡眠中、つまり副交感神経が優位で、心拍数が低く、骨格筋が弛緩しており、身体の動きが少ない状態でのエネルギー代謝である。エネルギー消費量は、基礎代謝と同じであるとされている。

特異動的作用

　特異動的作用は、食物を食べることによりエネルギー代謝が亢進することをいい「食事誘発性熱産生」ともいう。一般的に特異動的作用は、エネルギー消費量の10％程度といわれている。食物の経口摂取だけではなく、静脈栄養のような非経口摂取の場合においても食後、一時的にエネルギー消費量が増加する。特異動的作用によって得られた熱は、寒いときには体温の維持に利用されるが、気温が適温の場合には、熱は単に放散される。

　この代謝量は、食物中に含まれている糖質、脂質、タンパク質のエネルギー比率によって異なり、タンパク質だけを摂取した場合にはエネルギー摂取量の約30％に達し、糖質のみでは約6％、脂質のみでは約4％といわれている。高タンパク質食は、高糖質食や高脂肪食に比べ、特異動的作用によるエネルギーの消費が高い。また、唐辛子の成分であるカプサイシンやカフェインなどの刺激物でも特異動的作用が亢進さ

れる。食事をすると身体が温かくなるのは、この特異動的作用の効果ともいえる。

活動代謝量

　仕事、通学や通勤のための歩行、家事、身支度、スポーツなど日常生活におけるさまざまな身体活動によって亢進するエネルギー代謝を活動代謝という。活動代謝量を知ることは、個人のエネルギー必要量と各種栄養素の摂取量を決定するうえで重要なことである。また、活動代謝量から労働やスポーツにおける強度の判定を行うことができる。

エネルギー消費量の測定

直接的測定法

　外気と熱の交流を遮断した部屋の中に人が入り、身体から発散する熱量を室内に循環する水に吸収させて、その温度の上昇から発散した熱量を測定する方法である。この部屋は、睡眠、食事、軽い運動など、被検者が自由に動き普通の日常生活ができるほどの大きさを持ち、24時間以上にわたってエネルギー消費量を正確に測定することができる。しかし、測定は、その部屋の中でのみ有効であることから、例えば、サッカーの練習中のエネルギー消費量を測定することはできない。

間接的測定法

　一定時間内に消費した酸素量と発生した二酸化炭素量、尿中に排泄された窒素量から、体内で燃焼した糖質、脂質、タンパク質の量を算出し、さらにこの値から発生した熱量を求める方法である。この測定は、ガス分析器が必要であったり、呼気ガスを採取するためにマスクを着用しなくてはならなかったり、そのため活動が制限されたりと、練習やトレーニングのたびに簡単に測定できるものではない。

二重標識水法（DLW）

　酸素の安定同位体である^{18}Oおよび水素の安定同位体である^{2}H（重水素）で二重にラベルした水を一定量摂取し、安定同位体の自然存在比よりも高い状態にし、これが再び自然存在比に戻るまでに体外へ排出された安定同位体の時間の経過による変化から、エネルギー消費量を推定する方法である。この方法で使用される安定同位体は、通常の飲料水中にも微量含まれているものであり、人体に有害なものではないとされる。

　エネルギー消費量の測定には1〜2週間必要であり、その間の総エネルギー消費量を平均して1日のエネルギー消費量として表す。この方法では、活動中の個々の動きに対するエネルギー消費量は明らかにすることができない。この方法は、精度が高く、

しかも無拘束で長時間のエネルギー消費量を測定できることから、「日本人の食事摂取基準2005年版」より、この方法を用いて全国レベルでの測定が行われ、そのエネルギー消費量の結果をもとにエネルギー必要量を算定している。しかし、この方法で用いる二重標識水と分析装置は高価であり、手軽に利用することはできない。

時間調査法（タイムスタディ）

1日のエネルギー消費量を算定するために身支度、学校、家庭、職場などの諸活動や余暇活動などの1日の生活活動の全てを時間的に追跡する方法をタイムスタディという。タイムスタディでは行動別の消費時間とその行動を実施するにあたり必要なエネルギー消費量より、1日の総エネルギー消費量を求めることができる。

加速度計法

加速度計法は、身体の動き（加速度）を感知する装置を身につけ、そのデータを基に身体活動量の測定やエネルギー消費量の推定を行うものである。加速度計法は、装置を装着するだけで測定できることから被検者への負担が少なく、身体活動量だけではなく、運動強度の測定も可能であるという利点がある。最近では、坂道など傾斜についても3次元で強度をとることができる加速度計もあり、広く普及してきている。

エネルギー消費量の算出方法

このようにエネルギー消費量の測定には専門的な施設や技術が必要だが、その環境がなくても、推定することは可能だ。最近では、メッツ（METs）を用いて算出することが多い。

メッツは、さまざまな身体活動時のエネルギー消費量が、安静時エネルギー消費量の何倍にあたるかを指数化したもので、すなわち、その活動の強度を示す指数である。数値が大きくなるほど強度が高いことを示す。**表2-4**には、主だった活動のメッツを示した。そのほかのさまざまな身体活動については、国立健康・栄養研究所の『改訂版「身体活動のメッツ（METs）表」（2012年4月11日改訂）』を活用するとよい。

エネルギー消費量の算出には、メッツ・時を使うとよい。メッツ・時は、身体活動（運動）量を示すことができ、身体活動強度の指数であるメッツ値にその身体活動をした時間（時）を掛けたものである。例えば、4メッツの身体活動を1時間実施すると4メッツ・時、2時間実施すると8メッツ・時、30分実施すると2メッツ・時となる。

例えば、3メッツの普通歩行を1時間行った場合には、3メッツ・時となる。この1時間の普通歩行中に使ったエネルギー消費量は、体重50kgの人で1.05×3メッツ・時×50kg＝157.5kcalとなる。

▶ エネルギー消費量　簡易換算式

エネルギー消費(kcal) ＝ 1.05kcal×メッツ・時×体重(kg)

※1.05kcalとは、体重1kgあたりの1メッツ・時に必要なエネルギー量のこと

　この算出したエネルギー消費量は、この人が1時間普通歩行している間の全身で消費されるエネルギー量（歩行によるエネルギーだけではなく、生きるため＝安静時に必要なエネルギー消費量を含んでいる）を推定している。

表2-4　さまざまな身体活動におけるメッツ

活動内容	メッツ
立位（会話、電話、読書）、皿洗い	1.8
ゆっくりした歩行（平地、非常に遅い＝53m/分未満、散歩または家の中）、料理や食材の準備（立位、座位）、洗濯、子どもを抱えながら立つ	2
ゆっくりした歩行（平地、遅い＝53m/分）、子ども・動物と遊ぶ（立位、軽度）	2.8
普通の歩行（平地、67m/分、犬を連れて）、電動アシスト付き自転車に乗る、家財道具の片づけ、子どもの世話（立位）、台所の手伝い、ボウリング、社交ダンス（ゆっくりのワルツなど）、ピラティス、太極拳	3
歩行（平地、75～85m/分、ほどほどの速さ、散歩など）、楽に自転車に乗る（8.9km/時）、階段を下りる、軽い荷物運び、車の荷物の積み下ろし、荷づくり、風呂掃除、子どもと遊ぶ（歩く/走る、中強度）、車いすを押す、釣り（全般）、自体重を使った軽い筋力トレーニング（軽・中等度）、体操（家で、軽・中等度）、ゴルフ（手引きカートを使って）、カヌー	3.5
自転車に乗る（16km/時未満、通勤）、階段を上る（ゆっくり）、動物と遊ぶ（歩く/走る、中強度）、高齢者や障がい者の介護（身支度、風呂、ベッドの乗り降り）、卓球、パワーヨガ、ラジオ体操第1	4
やや速歩（平地、やや速めに93m/分）、ゴルフ（クラブを担いで運ぶ）	4.3
テニス（ダブルス、試合の場合）、水中歩行（中等度）、ラジオ体操第2	4.5
水泳（ゆっくりとした背泳）	4.8
かなり速歩（平地、速く＝107m/分）、動物と遊ぶ（歩く/走る、活発に）、野球、ソフトボール、サーフィン、バレエ（モダン、ジャズ）	5
ゆっくりとしたジョギング、ウエイトトレーニング（高強度、パワーリフティング、ボディビル）、バスケットボール、水泳（のんびり泳ぐ）	6
ジョギング、サッカー、スキー、スケート、ハンドボール（試合の場合）	7
サイクリング（約20km/時）	8
ランニング（134m/分）、水泳（クロール、普通の速さ、46m/分未満）、ラグビー（試合の場合）	8.3
ランニング（139m/分）	9
ランニング（161m/分）	9.8
ランニング（188m/分）、自転車エルゴメーター（161～200ワット）	11

※厚生労働省『健康づくりのための身体活動基準2013』をもとに作成

このため、「その身体活動によるエネルギー消費量」は、全身で消費したエネルギー量から、同時間安静にしていた場合のエネルギー消費量を引かなければならない。この例だと、1時間安静にしていると1メッツ・時なので、1.05×1メッツ・時×50kg＝52.5kcalが安静にしているときのエネルギー消費量になり、1時間歩行することによって消費するエネルギーは、157.5kcal－52.5kcal＝105kcalとなる。

表2-5には、体重・身体活動強度（メッツ）別エネルギー消費量早わかり表を載せた。表は、10分あたりのエネルギー消費量を示している。例えば、体重80kgで5時間安静にしていたら14kcal×5時間×60分÷10分＝420kcal、体重66kgの人が30分間ジョギング（7メッツ）したことによるエネルギー消費量は69kcal×30分÷10分＝207kcalと計算できる。あくまで推定値だが、目安にはなるだろう。

この計算式は、標準的な体格の人に対して使われるものなので、体脂肪が少なく筋量が多い人や、その種目の動作に関して身体の使い方が効率よくなっている場合には、誤差が大きくなることもある。

体重と体脂肪率の測定がカギ

推定エネルギー必要量

推定エネルギー必要量は、基礎代謝量と安静、睡眠、特異動的作用、活動によるエネルギー消費量から算出することができる。エネルギー消費量は、身体組成の変化（同じ動作であっても重いものを動かすほうが、エネルギーが必要となり、エネルギー消費量が高くなる）、身体の使い方（効率よく動くかどうか）、体調（例えば、熱がある場合にはエネルギー消費量が高くなる）、練習の有無、練習の質や量などの活動量の変化によって、日々変動する。さらに、エネルギー消費量が変動すればエネルギー必要量も日々変動する。このため、計算によって得られたエネルギー必要量は日々のエネルギー必要量を示しているわけではなく、調査した日のエネルギー必要量を推定したに過ぎない。

また、エネルギー消費量の算出は1日が終わってからしか確認することができないため、エネルギー必要量も結果として算出することになる。エネルギーのバランスの評価は、結果としてしかできないのだ。したがって、経験から、このくらい動いたのならこのくらい食べればエネルギーのバランスがとれるというように調整していくしかない。そのために必要なことは体重の測定となる（→**P142**）。日々の体重の変動を見ることで、エネルギー必要量を把握できる。

表2-5　体重・身体活動強度別エネルギー消費量

小数点以下第1位は四捨五入

体重 (kg)	安静時 1メッツ	身体活動10分あたりのエネルギー消費量 (kcal)								
		2メッツ	3メッツ	4メッツ	5メッツ	6メッツ	7メッツ	8メッツ	9メッツ	10メッツ
▶40	7	7	14	21	28	35	42	49	56	63
41	7	7	14	22	29	36	43	50	57	65
42	7	7	15	22	29	37	44	51	59	66
43	8	8	15	23	30	38	45	53	60	68
44	8	8	15	23	31	39	46	54	62	69
▶45	8	8	16	24	32	39	47	55	63	71
46	8	8	16	24	32	40	48	56	64	72
47	8	8	16	25	33	41	49	58	66	74
48	8	8	17	25	34	42	50	59	67	76
49	9	9	17	26	34	43	51	60	69	77
▶50	9	9	18	26	35	44	53	61	70	79
51	9	9	18	27	36	45	54	62	71	80
52	9	9	18	27	36	46	55	64	73	82
53	9	9	19	28	37	46	56	65	74	83
54	9	9	19	28	38	47	57	66	76	85
▶55	10	10	19	29	39	48	58	67	77	87
56	10	10	20	29	39	49	59	69	78	88
57	10	10	20	30	40	50	60	70	80	90
58	10	10	20	30	41	51	61	71	81	91
59	10	10	21	31	41	52	62	72	83	93
▶60	11	11	21	32	42	53	63	74	84	95
61	11	11	21	32	43	53	64	75	85	96
62	11	11	22	33	43	54	65	76	87	98
63	11	11	22	33	44	55	66	77	88	99
64	11	11	22	34	45	56	67	78	90	101
▶65	11	11	23	34	46	57	68	80	91	102
66	12	12	23	35	46	58	69	81	92	104
67	12	12	23	35	47	59	70	82	94	106
68	12	12	24	36	48	60	71	83	95	107
69	12	12	24	36	48	60	72	85	97	109
▶70	12	12	25	37	49	61	74	86	98	110
71	12	12	25	37	50	62	75	87	99	112
72	13	13	25	38	50	63	76	88	101	113
73	13	13	26	38	51	64	77	89	102	115
74	13	13	26	39	52	65	78	91	104	117
▶75	13	13	26	39	53	66	79	92	105	118
76	13	13	27	40	53	67	80	93	106	120
77	13	13	27	40	54	67	81	94	108	121
78	14	14	27	41	55	68	82	96	109	123
79	14	14	28	41	55	69	83	97	111	124
▶80	14	14	28	42	56	70	84	98	112	126
81	14	14	28	43	57	71	85	99	113	128
82	14	14	29	43	57	72	86	100	115	129
83	15	15	29	44	58	73	87	102	116	131
84	15	15	29	44	59	74	88	103	118	132
▶85	15	15	30	45	60	74	89	104	119	134
86	15	15	30	45	60	75	90	105	120	135
87	15	15	30	46	61	76	91	107	122	137
88	15	15	31	46	62	77	92	108	123	139
89	16	16	31	47	62	78	93	109	125	140
▶90	16	16	32	47	63	79	95	110	126	142
91	16	16	32	48	64	80	96	111	127	143
92	16	16	32	48	64	81	97	113	129	145
93	16	16	33	49	65	81	98	114	130	146
94	16	16	33	49	66	82	99	115	132	148
▶95	17	17	33	50	67	83	100	116	133	150
96	17	17	34	50	67	84	101	118	134	151
97	17	17	34	51	68	85	102	119	136	153
98	17	17	34	51	69	86	103	120	137	154
99	17	17	35	52	69	87	104	121	139	156
▶100	18	18	35	53	70	88	105	123	140	158

※安静時のエネルギー消費量に身体活動時のエネルギー消費量を加えたものが、10分間の総エネルギー消費量である

著者オリジナル

3 エネルギー代謝

糖質やビタミンの重要性がわかる

エネルギー代謝は、糖質、脂質、タンパク質から体内のエネルギー源であるATP（アデノシン三リン酸）を産生し、利用する過程である。エネルギー代謝は「解糖系」「TCA回路」「電子伝達系」の3つの過程からなる。

安静時と身体活動時のエネルギー代謝

❶エネルギー代謝とは

　エネルギー代謝を簡潔に図式化すると**図2-1**のようになる。見ただけで、拒絶反応が起こる人もいるかもしれないが、体内ではこのような複雑な化学反応をしてエネルギーを産生しているのだ。この図は、糖質が中心に描かれていて、脂質、タンパク質、ビタミンは出番だけ示している。この流れを文章で説明する。また、酸素のある状況下での糖質を中心としたエネルギー代謝は、**イラスト2-2**（→**P46**）にした。このイラストは、安静時を示している。拒絶反応により文章を読むのがつらい人は、イラストを見てほしい。

　糖質（グルコース）がいくつかの過程を経て「ピルビン酸」あるいは「乳酸」に分解されるまでの過程を「解糖系」という。解糖系では酸素を必要としない。グルコース1分子で2ATP（アデノシン三リン酸＝エネルギー源）が合成され、この過程で生じた水素（H）の一部は補酵素（ナイアシン）によって「電子伝達系」に運ばれる。

　解糖系によって生じたピルビン酸は「アセチルCoA」を経て、「TCA回路」において二酸化炭素（CO_2）にまで分解される。この過程では、解糖系と異なり、代謝に酸素が必要だ。TCA回路では2ATPが合成され、ここでも大量の水素が補酵素（ナイアシンとビタミンB_2）によって電子伝達系へ運ばれる。

　「電子伝達系」では、解糖系とTCA回路から運ばれた水素を利用して、電子の伝達が行われ、大量のATPが合成される。この過程で酸素（O_2）とATP合成において利用された水素とが結びついて代謝水（H_2O）が生じる。

　水分を全く摂取していなくても尿が出るのは、主にこの代謝水で、体内でエネルギー代謝が行われている証拠である。

　このような3つの過程で合成されたATPが私たちの生命活動に利用される。

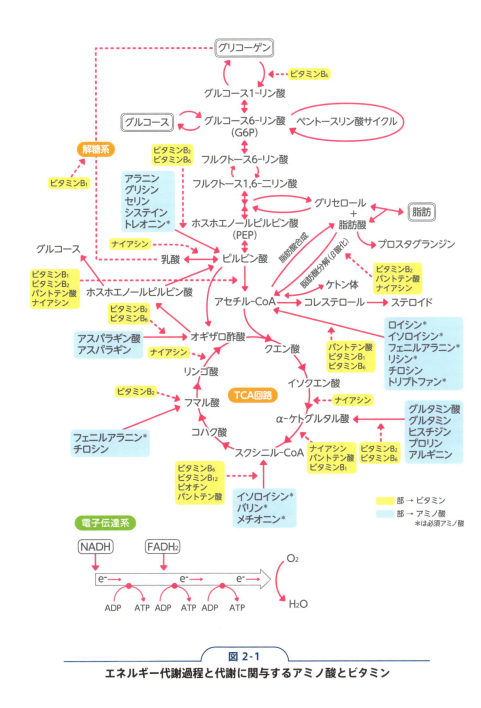

図 2-1
エネルギー代謝過程と代謝に関与するアミノ酸とビタミン

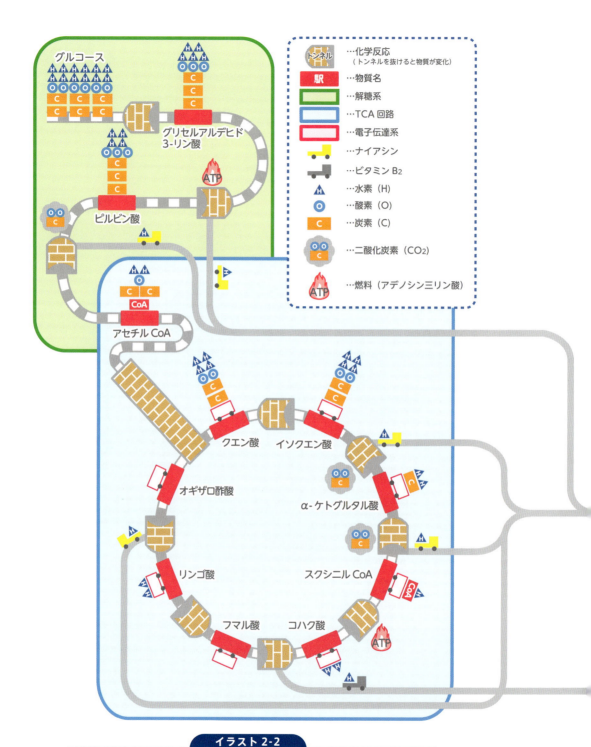

イラスト 2-2
エネルギー代謝（イメージ）

1. エネルギー代謝の始まりは、グルコース（$C_6H_{12}O_6$）だ（左ページのイラスト）。グリーンゾーン（解糖系）では、2つ目のトンネルで、水素が放出され、その水素が黄色トラック（ナイアシン）に乗せられてピンクゾーン（電子伝達系）に運ばれる。また、ここで燃料（ATP）が作られる。
2. 「ピルビン酸」駅を過ぎたところのトンネルでは、水素が放出され黄色トラックに乗せられてピンクゾーンへ。トンネルからは煙（二酸化炭素）も出る。トンネルを出ると「アセチルCoA」駅に到着。
3. ブルーゾーン（TCA回路）から来た荷物を積んでいない貨物列車とアセチルCoAがトンネル内で合流。荷台に荷物を載せられクエン酸となる。トンネルを抜けると「イソクエン酸」駅に到着し、次のトンネルへ。そこでは、水素が放出され、黄色トラックに乗せられてピンクゾーンへ。煙（二酸化炭素）も出る。
4. 「α-ケトグルタル酸」駅の次のトンネルでも水素が放出され、黄色トラックに乗せられてピンクゾーンへ、煙（二酸化炭素）も出る。
5. 「スクシニルCoA」駅を出たところのトンネルでは、燃料（ATP）が作られる。
6. 「コハク酸」駅と「フマル酸」駅の間のトンネルでは、水素が放出され、黒色トラック（ビタミンB_2）に乗せられてピンクゾーンへ。その後、トンネルを抜けて「リンゴ酸」駅へと進む。
7. 「オギザロ酢酸」駅に到着すると、荷台には荷物が何もなくなり、合流地点で新たに荷物を乗せて進んでいく。
8. トラックによってピンクゾーンに運ばれた水素は、燃料産生のためにボールとして使われる（右ページのイラスト）。黄色トラックに乗せられた水素は、A選手に渡り、A選手はボール（水素）を思いっきりB選手へと投げる。投げたときのエネルギーを利用して燃料（ATP）を作る。B選手からC選手に投げられたときにも燃料（ATP）ができる。C選手は、地面に向かってボールを投げることによって燃料（ATP）ができる。つまり、黄色トラックに乗った水素1つで3つの燃料（ATP）を作ることができる。地面に投げられたボール（水素）は、酸素とくっついて水（代謝水）になる。黒色トラックは、A選手ではなくB選手に水素を届けるため、黒トラックに乗せられた水素1つでは燃料（ATP）を2つ作ることになる。

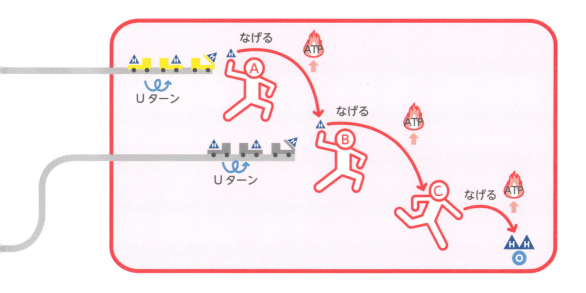

❷ 筋肉中のエネルギー代謝〜高強度(瞬発系)の身体活動時

　息を止めるような高強度(瞬発系)の身体活動時におけるエネルギー代謝は、酸素が供給されなくても進むことができる代謝で行うこととなる。すなわち、解糖系だ。**「乳酸性機構」といって、解糖系においてピルビン酸が生じたのち、酸素の供給がない場合には、TCA回路に入ることができず乳酸が生じる。** この代謝は、40秒程度の全力運動の際に用いられる。乳酸は酸性物質のため、筋肉がアシドーシス(血液が酸性に傾いた状態)となり、動きが止まる。

　一方「非乳酸性機構」といって、筋線維内にもともと含まれている「クレアチンリン酸(CP)」を利用して、クレアチンとリン酸に分解するときに発生するエネルギーにより、ATPを合成する方法もある。ただし筋肉中にクレアチンリン酸はごくわずかしか含まれていないため、この代謝は10秒程度しか使えない。

　非乳酸性機構と乳酸性機構を合わせて「無酸素性機構」と呼ぶ。

❸ 筋肉中のエネルギー代謝〜持久的な身体活動時

　イラスト2-3には、持久的な活動時のエネルギー代謝が示されている。**イラスト2-2**は安静時のイメージだが、持久的な活動時に変化する部分に焦点をあてて、描かれている。注目したいのは、解糖系で得られたピルビン酸の使い方だ。ATPの必要量が多くなれば、電子伝達系へ運ぶ水素量を多くしなくてはならない。このため、解糖系でできたピルビン酸は、アセチルCoAではなく「オギザロ酢酸」の合成に使われ、アセチルCoAは、脂肪酸から「β酸化」によって合成され、TCA回路の回転数を多くする。これにより、電子伝達系に運ぶ水素量が確保され、電子伝達系でATPを大量に合成することができる。このように持久的な身体活動時のエネルギー代謝も、解糖系なしには進まない。ということは糖質なしの脂質100%のエネルギー代謝はないということがわかるだろう。

　呼吸がしっかりとできている状況下で運動によってエネルギーの必要量が多くなった場合、多くのエネルギーを産生するには、**「呼吸によって酸素が提供されること」「電子伝達系への運び役となるナイアシンやビタミンB$_2$をはじめ補酵素となるビタミンB群がしっかりとあること」「糖質が十分にあること(オギザロ酢酸を作ることができる)」** が条件となる。

　有酸素性運動は「脂肪の燃焼」という言い方をされることもある。私の場合は歩いたり走ったりして、呼吸数が多くなり(酸素の必要量が多くなる)、体温が上がって汗がじんわりと出てくると(代謝水の活用)、TCA回路と電子伝達系が活発に動いている実感がわき、脂肪酸がエネルギー源として利用されている喜びを感じる。

イラスト 2-2

イラストの見方は、**2-2**と同じだ。

持久的な身体活動量が多くなったときには、合流トンネル地点の付近が変化する。

1. 「ピルビン酸」駅から本線に向かうトンネルが小さくなり、側線のトンネルが大きくなる。トンネルでは、ブルーゾーン（TCA回路）で使う貨物列車を作るようになる。作られた貨物列車は「オギザロ酢酸」駅に運ばれる。
2. 本線のトンネルが小さくなることで、本線からの「アセチルCoA」駅で扱う荷物が少なくなる。そこで、脂肪酸から「アセチルCoA」駅で使う荷物を作るようになる。
3. 脂肪酸は、β酸化トンネルによって荷物を作る。
4. ピルビン酸から貨物列車を、脂肪酸から荷物を作ることによって、ブルーゾーン（TCA回路）での作業がどんどん進んでいく。これにより、ピンクゾーン（電子伝達系）に運ばれる水素が多くなる。するとピンクゾーンでの作業も多くなり、結果として燃料（ATP）を大量に産生することができる。

イラスト 2-3
持久的な身体活動時のエネルギー代謝（イメージ）

エネルギー源としてのタンパク質の代謝

　タンパク質をエネルギー源として利用するのは、飢餓状態のときや長時間運動を継続したときに限られる。なぜ、こうした条件があるのか。それはタンパク質を分解してアミノ酸にするためには化学反応を利用しなくてはならないことに加え、アミノ酸をエネルギー代謝に使える物質にするためにも、数多くの化学反応が必要になるからだ。化学反応後は、生成物として、体内で有害なアンモニアが発生してしまう。このため、さらに化学反応で無毒の尿素に作り替えなくてはならないのだ。こうしたさまざまな化学反応が必要になるため、タンパク質は特定の条件のもとでしか、エネルギー源として使用されない。

　タンパク質をエネルギー源として利用する場合には、それを分解して得られるアミノ酸の種類によってさまざまな経路をたどる（**図2-1**）。アミノ酸はピルビン酸やアセチルCoA、またTCA回路におけるオギザロ酢酸などに合成されて、ATPの生成に用いられる。

エネルギー代謝に必要なビタミン

　糖質、脂質、タンパク質は分解されてはじめて、ATPを作り出す材料となるが、分解される際には、ビタミンB_1、B_2、B_6、B_{12}、パントテン酸、ナイアシン、ビオチンをはじめとする水溶性ビタミンのビタミンB群が補酵素として必要となる。このため、エネルギー消費量が多いほど、これらのビタミンを多く摂取しなければならないことも、しっかり頭に入れておきたい（**図2-1**）。

第 ③ 章

アスリートの食事・サプリメント

何をどのように、どれくらい食べればいいのか。
アスリートが毎食整えたい食事の基本から
注意が必要な栄養素や食塩、サプリメントの
摂取について、できるだけ具体的に
記したので日々の食事に活用してほしい。

欠食や偏食が与える影響がわかる

バランスよく食べなくてはいけない理由

私たちは生きるために食べているが、1食分を抜いたり、偏食したりしても生きていける。それでも毎食バランスよく食べなければならない理由を説明しよう。

細胞を作りかえるにはエネルギーや栄養素が必要

　バランスのよい食事が必要なのは、「生命維持と生活のため」、そして「新陳代謝のため」だ。さらに子どもの場合には、「成長するため」が加わる。

　ここでは"毎食"バランスよく食べなくてはならない理由として、知られていない新陳代謝について説明したい。

　まず、新陳代謝の仕組みから考えてみよう。爪や毛、歯などを除いて、人の身体を構成する細胞はおおよそ3カ月以内に作りかえられる。細胞を作りかえる際に必要になるのが、エネルギーや栄養素だ。いつどこの細胞が作りかえるかをとらえることができれば、「これから○○を作りかえるからこれを食べよう」と行動できる。例えば、「今日の午後に右目の眼球の作りかえが行われる」とわかっていたら昼食をバランスよく食べるかもしれないが、実際に私たちはこのように作りかえを知って食べることはできない。このため、**いつ、どこの部分で、作りかえが起こってもいいように、3食でまんべんなくエネルギーや栄養素を摂取しなくてはならないのだ。**

　さらに詳しく説明しよう。例えば上腕二頭筋（力こぶの筋肉）が、10階建てのビル100棟でできているとする（**イラスト3-1**）。そのうちの1棟が古くなったので、建て直すことになった（新陳代謝）と考えてみよう。

❶解体工事をして更地にする→壊すのにエネルギー（糖質と脂質はエネルギー源、ビタミンはエネルギー代謝に必須）が必要。

❷新たにビルを建てる→鉄骨や釘、ネジなどの材料はミネラルとビタミン、コンクリートはタンパク質と考えることができ、建てるにはエネルギー（糖質と脂質はエネルギー源、ビタミンはエネルギー代謝に必須）が必要。コンクリート（タンパク質）は、70％を作りかえる前のビルからリサイクルし、30％を摂取したタンパク質から新しくする。

❸食事を食べて、五大栄養素がすべて揃っていて、必要量があれば、同じビルを建てることができる。

上腕二頭筋が10階建てのビル、100棟からできているとする。そのうちの1棟が古くなったために建て直すことに（新陳代謝）。

1 ▶
古くなった1棟を解体する。解体するためには、エネルギー源となる糖質と脂質、エネルギー代謝に必要なビタミンを使う。コンクリート（タンパク質）は70％をリサイクル。

◀ 2
更地に新しいビルを建てる。鉄骨や釘、ネジなどの材料はミネラルやビタミン、コンクリートはタンパク質と考えることができる。ここで使用するコンクリート（タンパク質）は、70％が古いビルからのリサイクルで30％が新たなタンパク質だ。建てかえには解体時と同様にエネルギー（糖質、脂質）とビタミンが必要だ。

3 ▶
解体や建てかえに必要な五大栄養素が揃っていれば、10階建ての新ビルが完成する。

イラスト 3-1
上腕二頭筋の新陳代謝のイメージ

欠食を続けると直接筋肉に影響する

　朝食を抜いた場合（昼食も夕食も考え方は同じ）、❶と❷で使うエネルギー源（糖質と脂質）やミネラルはある程度体内に保存でき、ビタミンも半減期が半日なので、前日の夕食をバランスよく食べていれば、何とかなる。しかし、タンパク質は、朝食を食べていなければアミノ酸プール（遊離アミノ酸）の分しかなく、30％分を補いきれない。

　例えば、**イラスト3-1**では、アミノ酸プールから10％を補ったとして、リサイクルの70％と合わせても80％なので、10階建てではなく8階建てのビルになってしまう。朝食を食べないということは、直接、筋肉に影響するのだ。

　100棟あるうちの99棟が10階建てであれば、1棟だけが8階建てだったとしても、パフォーマンスに大きく影響したり、筋肉を触っても陥没していたりしないので、食べなくても問題ないと思いがちだ。しかし**朝の欠食が長期間続けば、午前中の新陳代謝が影響を受け続け、それがその人の身体の特徴となる。**

バランスが偏った食事が身体作りに及ぼす影響とは？

　食事が偏る理由はさまざまだ。好き嫌いがあり、日常的に特定の食品や食品群（例えば肉類全般）が食べられなかったり、たまたま忙しくて1食だけ偏ったりすることが考えられる。

　このように日常的に偏る場合と単発的に偏る場合とがあるが、単発的に起こる場合には、前の食事（例えば昼食であったら朝食）が充実していれば、先に述べたように影響は少ない。

　日常的に偏る場合には、ある特定の栄養素が必要量を満たしていない状態が続くことになるため、ビルのたとえで言うと、そもそも構造上欠陥ビルになる。しかし、身体は欠陥ビルとならないように回避しようとする。

　その方法の1つは、欠陥ビルにならないように、**栄養素の必要量が満たされていなくても、摂取できる量を基準に構造を決めて身体を作る**ことだ。肉を食べることができない人のタンパク質を例にして説明すると、そのほかの食品から得られるタンパク質の摂取量を基準として身体作りをすることになる。偏食の人でやせていて筋肉量が少ない人がいる。このような人は、運動したらタンパク質の必要量が増えてしまうから運動はしたくない、あるいはできない。こうして少ない筋肉量を維持している。食べる量に従った身体作りといえよう。

　もう1つは、**ある特定の栄養素が必要量を満たさないときに、食べることができるものから、その特定の栄養素を補おうとする**方法だ。例えば、肉を食べることができ

ない人でタンパク質の摂取量が必要量に満たないときには、食べることができる（好きな）菓子でタンパク質を補おうとする。しかし、菓子は脂質と糖質は多いが、タンパク質は少ないことから、欠けている分のタンパク質を補うためには、大量に菓子を食べることになる。これでタンパク質は満たされるが、エネルギーが過剰となり太る。偏食で太っている人は、このパターンに当てはまる。

筋肉・骨への刺激によって身体作りも変化する

　新陳代謝を行ううえでのもう1つの要素が刺激だ。骨や筋肉は、刺激を受けることで、新陳代謝量を決めると考えられる。先ほどのビルでイメージしてみよう。

　日々、ほぼ変わりなく上腕二頭筋を使っている場合、栄養状態がよければ、10階建てを壊して、10階建てを建てる。しかし、上腕骨を骨折してギプスをはめることになったら、いつも通りの刺激はなくなる。

　刺激がなければ（使わないなら）、栄養状態がよくても、身体は10階建てを壊して10階建てを作る意味がないと判断する。そこで刺激が入るまでの期間、例えば7階建てで建てかえることになる。ぴったりのサイズで作ったはずのギプスが、日を追うごとにゆるくなるのは、建てかえのたびに10階建てを7階建てにしていったからだと考えることができる。

　故障をしてトレーニングができない状態が続いたり、部活を引退してトレーニング量が減少したりすると、3カ月後にはすっかり筋肉が落ちてしまった、などという経験談を聞くことがあるだろうが、それが理解できるだろう。

筋肉・骨の刺激と栄養状態の関係

　アスリートの減量時は、練習を続けながらエネルギー摂取量を減らす。あまりにエネルギー摂取量が少なくなった場合には、建物の階数を低くして対応するが、体脂肪を使いながらうまく調整すると、建物の階数を低くせずに減量ができる（→**P136**）。

　また、サルコペニア（→**P164**）の原因が、筋肉と骨への刺激（身体活動量）の減少とタンパク質を中心とした栄養状態が悪いことであるのも、この考え方から理解できるだろう。

食事内容と自分にとっての適正量が決め手

2 バランスのよい食事とは？

バランスのよい食事は、「食事の内容が整っていること」「自分にとっての適正量をとること」の両方を成立させる必要がある。食事の内容を整えるには「食事構成」と「食材選び」を考えなくてはならない。もし、食べて得られたエネルギーや栄養素の量が、適正量以下であるならば低栄養状態になり、逆に適正量以上の場合には過栄養状態となるため注意が必要だ。

食事構成と補食・間食

1日を通してバランスを整える

　バランスのよい食事を考えるときには、1食ごとに整えるべき部分である「食事構成」と1日で整える部分である「食材選び」がある。

　まず栄養素と食品の関係について知っておきたいのは、1つの栄養素しか持っていない食品はないということ。食品は、さまざまな栄養素の集合体であり、多くの種類の食品を食べることで、自然とさまざまな種類の栄養素が身体に吸収される。食品の選び方がわかれば、身体に過不足なく栄養素を補給することができるのだ。

　毎食整えたいポイントは、**イラスト3-2**に示したような食事構成だ。この食事構成は（公財）日本スポーツ協会の「スポーツ食育プロジェクト」で考案されたものである。**主食、主菜、副菜2皿、牛乳・乳製品、果物という6つをそろえることが食事の基本**となる。とはいえ、必ずしも6皿必要なわけではなく、料理によって例えば肉野菜炒めや酢豚は主菜と副菜を、カレーライスは主食、主菜、副菜を、クリームシチューは主菜、副菜、牛乳・乳製品を兼ねると考えることができる。重要なのは品数ではなく、主食、主菜、副菜、牛乳・乳製品、果物が入っていることなのだ（**イラスト3-3**）。

　例えば、鍋は最後にごはんを入れて雑炊などにした場合、主食、主菜、副菜がすべて入っている。食後にフルーツ入りヨーグルトを食べれば、それだけでバランスのよい食事になる。コンビニでも例えば卵とツナのサンドイッチ（主食と主菜）、ポテトサラダとレタスのサンドイッチ（主食と副菜）、野菜ジュース（副菜）、ヨーグルト、バナナ（果物）といった具合に整えられる。

　外食して、「唐揚げ定食を食べたら、野菜が少ないし、乳製品もない」場合、「食後にコンビニに寄って野菜ジュースを買って飲むか！　小腹がすいたら、ヨーグルトでも食べるかな」といった具合に、1回の食事で整えられなかったら、あとから足して

整えるのもありだ。堅苦しく考えずに、これは主食、これは主菜と副菜、というように整え方、「バランス感」を養って実行していくことが大切だ。

イラスト 3-2
毎食整えたい食事構成

イラスト 3-3
複数のグループに属するメニューもある

主食

　ごはん、パン、めん類、パスタなどを主材料とする料理のこと。身体の主たるエネルギーとなる炭水化物（糖質）が豊富で、タンパク質も含まれている。

　主食の量が少な過ぎると、生きていくうえで重要なエネルギー源となる糖質の摂取が少なくなるため、身体は本能的に甘いもので不足分を補おうとする。菓子を食べる量が多く、やめられない人は、主食をしっかり食べているかどうか、見直そう。ただし、食べ過ぎると脂肪となって蓄えられるので、適正量を食べることが大切だ。

主菜

　肉類、魚類、卵類、大豆製品が使われているメインのおかずのこと。身体を作るもとになる良質のタンパク質が含まれている。

　主菜を食べることにより、タンパク質だけでなく、さまざまなビタミンやミネラルをとることができる。ただし、主菜として、メイン料理を2品食べる必要はない。タンパク質は身体作りや発育・発達に欠かせない栄養素の1つだが、たくさんとったからといって筋肉が多くつくられるわけではない。食べ過ぎるとタンパク質の分解と排泄のために肝臓と腎臓に負担がかかるうえに、一部分は脂肪として蓄えられてしまう。適正量を食べるように意識しよう（→**P61**）。

副菜

　野菜類、キノコ類、イモ類、海藻類などを主材料とする料理のこと。身体の調子を整えるビタミン、ミネラル、食物繊維が豊富に含まれている。

　野菜には、色の薄い淡色野菜と色の濃い緑黄色野菜があるが、毎食、淡色と緑黄色の両方を食べたい。キノコ類、イモ類、海藻類は、それぞれ毎日1種類以上は食べるようにしよう。

牛乳・乳製品

　カルシウム、タンパク質が豊富に含まれている。ヨーグルトやチーズなどの発酵食品もおすすめ。多く食べる必要はないが、毎食とりたい。

果物

　糖質、ビタミン、ミネラルが含まれている。ただし、エネルギー量が多いため、食べ過ぎには注意が必要だ。

補食・間食の考え方

　エネルギーや栄養素を3食でとりきれなかった場合には、補食を加える。また、練習の終了時刻の関係から夕食の時間が遅くなる場合には、間食を入れて、練習中にエネルギーや栄養素が不足した状態にならないようにする。通常、**間食とは、寝ているとき以外で食事と食事の間隔が6時間以上あく場合に、足りなくなると考えられる糖質を中心に摂取できるよう、先に補助的に食べること**をいう。あとの食事で、その分を差し引いて食べる。例えば、練習のために夕食が遅くなる場合、夕食の一部分（主に主食）を間食として練習前に食べ、夕食では、間食で食べた分を減らして食べる。つまり、1日の食べる総量は変えずに間で食べる食事である。

　しかし成長期のアスリートの間食は、夕食の時間が遅くなるために食べるだけではなく、3食ではとりきれない分のエネルギーや栄養素を補う補食の意味も持つ。この場合、夕食では、間食分を減らさずに食べる。

食材の選び方

同じ栄養素であってもさまざまな食品からとりたい

　食事構成の内容を決める過程に、食材選びがある。食材選びの基本的な考え方は、下記の❶～❻にまとめた。

❶タンパク質源となる食品は、「肉類（ソーセージやハムなどの加工食品も含む）」「魚類（かまぼこやツナ缶などの加工食品も含む）」「豆・豆製品（納豆、豆腐など）」「卵類」「牛乳・乳製品」の大きく5つに分類することができる。

　朝・昼・晩、それぞれ1食に、これらの分類から3つ以上選び、さらに、3食（1日）ですべての分類から少なくとも1度は食品が摂取できるようにする。アスリートの食事構成として、毎食、牛乳・乳製品をとることとしているので（→**P56**）、そのほかの4分類から、毎食2つ以上とれるようにするとよい。

　タンパク質を多く含む食品には、タンパク質以外のビタミンやミネラルが豊富に含まれていることから、いろいろな種類の食品を食べると、タンパク質以外の栄養素も充足する。ただし、食べ過ぎには注意が必要である。食べる量については次項（→**P61**）を参照してほしい。

❷脂肪（油）は、体重減少などの課題がない場合、適量を食べているのであれば問題ないが、疲れているときに油を大量に摂取すると、消化に時間がかかり、内臓も疲れてしまうので注意したい。調理に使う油については、**P67**を参照してほしい。

❸炭水化物は、穀類（米、小麦、そば）に多く入っている。エネルギー源の中で最も

必要とされる栄養素であるため、毎食必ず食べる。食べる量については次項を参照。
❹野菜は、色の淡い野菜（キャベツ、レタス、キュウリなど）と色の濃い野菜（ホウレンソウ、ニンジン、ピーマンなど）に分類できる。1日で食べる目安量は、色の淡い野菜の場合、生の状態で5種類以上を両手に1杯以上、色の濃い野菜の場合は火の通った状態で3種類以上を片手に1杯以上食べる。
❺海藻類・キノコ類・イモ類は、1日それぞれ1種類以上は食べる必要がある。
❻アスリートの場合、果物は毎食食べることをすすめる。しかし、食べ過ぎには注意が必要である。競技引退後や一般の人は、食後エネルギーを使うと予想される朝食や昼食では食べてもよいが、夕食後のような活動量が低くなる前には食べない方が肥満を防止できる。

適正量を食べる

経験をもとにしたバランス感を身につけよう

　バランスのよい食事の2つ目の柱である**「自分にとっての適正量をとること」**は、計算通りにいくものではない。
　例えば、昼食の時間までに朝食で食べたものをぴったりと使い切れるように、朝食の量を調整できるだろうか？
　答えは、「No」である。なぜなら、新陳代謝や消化・吸収の状況など身体の状態を把握することができないうえに、これから起こることも予期できず、心理状況や環境面から変化するエネルギーや栄養素の使い方はわからないからだ。また、どのくらい動く（身体活動）かを明確にできないため、ぴったり食べることはできないことに気づかされる。
　そこで、**適正量を食べているかどうかは、結果として評価することになる。**エネルギーであれば、毎朝、排尿後に体重を測定して、その推移から昨日のエネルギー（糖質、脂質、タンパク質）の出納を評価する（→**P35**）。そのほかの栄養素については、日々の体調のよしあしで判断するとともに、健康診断の結果から判断することになる。
　適正量を食べるためには、前述した「食事構成」と「食材選び」の知識を実践することに加え、毎日の体重（体脂肪含む）測定や体調の判断などの経験からくる「このくらい動いたらこのくらい食べる」「今日は動かないからこのくらいにしておく」などの「バランス感」が必要となる。バランス感を養うためにあるのが「食育」だ。すなわち、この**バランス感とは、自分にとって適切な食べ方と食べる量を判断して実行できる能力で、アスリートの場合には、1食でバランスをとりきれなかった場合に、補食や間食、次の食事で補う能力もバランス感に入る。**

アスリートが誤解しやすいタンパク質と糖質のとり方

注意が必要な栄養素と食事の関係

食品には、多くの栄養素が含まれるため、特定の栄養素だけを食べることはできない。だからこそ、食事や食品の選択やとり方には注意が必要なことがある。キーワードは、「1つの食品に偏らない」「ほどほどに食べる」だ。

タンパク質と主菜の関係

タンパク質が含まれているのは肉・魚・卵だけではない

　身体活動量に伴うエネルギー消費量の増加によって、タンパク質の必要量も増加する。タンパク質の摂取は、**「第1章-4　タンパク質の摂取」**（→**P23**）で記した通り、活発に動いていない人で体重1kgあたり0.8〜1g/日、持久的なトレーニングをしている人で1.2〜1.4g/日、断続的な高強度トレーニングを行っている人や筋肥大をさせている人では、1.4〜1.7g/日が目安といわれている。タンパク質の摂取量をエネルギー摂取量の割合から考えることもあるが、エネルギー摂取量が多いアスリートの場合には、**イラスト3-4**のように体重あたりから考えるべきだ。**エネルギー摂取量が**

タンパク質って1日でどれくらい必要なの？

活発に活動していない人	持久性トレーニングを行っている人	断続的な高強度トレーニングを行っている人
体重1kgあたり0.8〜1g	体重1kgあたり1.2〜1.4g	体重1kgあたり1.4〜1.7g

体重1kgあたり2g以上とっても意味ナシ！

イラスト3-4
体重あたりから考えるタンパク質の摂取量

多いからといって、それだけタンパク質の摂取量を多くするという考え方は間違っている。

イラスト3-5に示すように、良質なタンパク質源（→P195）である肉は、脂身のない部分の約20%がタンパク質であると考えるとよい。肉のすべてがタンパク質であると考えるアスリートも多いが、それほど多く含まれているわけではないのだ。また、タンパク質は、肉、魚、卵などを多く食べなければ必要量を摂取できないと考えられがちだが、穀類の中にも含まれている。**穀類からの摂取量も含めて、タンパク質の摂取量を考えることが重要だ。**

過剰摂取については、2g/kg/日を超えないことを目安にしている（→P28）。タンパク質が穀類の中にも含まれていることを考えると、良質なタンパク質源だけで、必要量分のタンパク質を摂取した場合には、過剰摂取になる可能性が高くなる。身体活動量の増加に伴い、主食の量を多くすれば、おのずとタンパク質の摂取量も増加する。

タンパク質源の選び方も、肉類だけに偏ることなく、魚類や豆・豆製品、牛乳・乳製品などからも摂取できるようにすることは、カルシウムなどのミネラルの欠乏を招

イラスト 3-5
食品に含まれるタンパク質の量

かないためにも必要な考え方だ。だからといって、肉類を食べないで魚類だけにすれば、鉄などの栄養素がとりにくくなる。**「1つの食品（食品群）に偏らず、いろいろ、ほどほどに食べる」ことが必要なのだ。**

　脂質の摂取と合わせて、タンパク質の摂取量についてもエネルギー過剰にならないようにしつつ、脂質とタンパク質以外の栄養素の摂取を充実させるように、質と量を考えて食べたい。

糖質と主食の関係

身体活動量が多くなる分、糖質の摂取量も増える

　「第1章-2　糖質の摂取」（→P15）でも記したように、糖質の摂取量は身体作りとパフォーマンスに直結することから、必要量を満たすように摂取することが重要だ。
　糖質を多く含む食材は、穀類から作られたもの（めし〈米を炊いたもの〉、パン、うどん、そば、パスタ）だ。毎食必ず食べるようにしよう。
　では、どのくらい食べるべきなのか。1日中、安静にしているときのエネルギー摂取量は、体重×24時間×1.05kcalで推定できる（→P40）。例えば体重60kgの人だと約1500kcal、そのうち60％（一般的に目安とされている比率）の900kcalを糖質から摂取するためには、225g（900kcal÷4kcal）の糖質が必要となる（糖質は体内で1gあたり4kcalのエネルギー源となる（→**P190**））。めし100gで糖質を37.1g摂取できるので、225gの糖質をめしからとるには約600g必要で、めし1膳（150g）だと、1日で4膳になる。
　この体重60kgの人が、毎日、通勤やオフィス内で90分程度歩いていて、睡眠時間が6時間程度、デスクワークを中心に働いているとする。安静にしている以外で700kcal程度のエネルギーがさらに必要だとしたら、約105gの糖質を摂取するために、めしだと2膳程度を追加する必要がある。
　ここでは、めしだけで糖質をとることを考えたが、ほかの穀類をとったり、いろいろな食材に入っていたり、ジュースを飲んだり、菓子を食べたり、ジャムを塗ったり、砂糖が使われた煮物を食べたりと、食事や間食・補食から糖質をとることになる。
　そこで、体重60kgくらいで運動をたくさんしていない人であれば、概ね毎食めしを1膳強（150〜200g）しっかり食べて、その他、バランスのよい食事をすることで適正量摂取できると考えられる。
　糖質は生きるために必要だが、多すぎても少なすぎてもダメだ。どのくらいを目安にすればよいかを考えられるようにしてほしい。

糖質とタンパク質の食べ方の関係

めしとおかずのバランスのよい食べ方

　では、タンパク質と糖質の摂取を食事として考えるにはどうすればよいか。例えば、糖質のところでモデルにした体重60kgの人では、安静時のエネルギー摂取量が約1500kcal、めし約600gは糖質225g、タンパク質約15gとなる。身体活動にともなう約700kcalの追加のために、めし２膳を食べると、糖質約105g、タンパク質約2.6gをさらに摂取することとなる。

　タンパク質摂取は、体重１kgあたり１gとして、60g必要なので、現在めしから17.6g摂取したとして、残りの42.4gを良質のタンパク質源からとればよいということになる。

　42.4gのタンパク質を３食で均等に割ると約14gで、**イラスト3-5**（→**P62**）で考えたら、肉や魚は、思っていたほどは食べなくてもよいと感じるだろう。

　具体的な食べ方としては、おかず（主菜）として肉１口（10g、タンパク質２g）に対して、めし１口（15g、糖質5.6g、タンパク質0.4g）を食べると、タンパク質は、2.4gとなる。おかず１口に対してめし１口という食べ方だと、糖質の必要量を中心に考えた場合、タンパク質の摂取が多くなり、タンパク質の摂取量を中心に考えると糖質の摂取が少なくなる。つまりおかず（主菜）１口に対して、めし１口は、正しい食べ方ではないということだ。

　さらに、おかず１口に対して、めし２口でも、まだ、糖質（11.2g）とタンパク質（2.8g）のバランスは悪い。そこで、主菜だけではなく、副菜をおかずにしてめしを食べなければならないことに気づくだろう。例えば、野菜炒めの野菜を１口、めし２口のように。

　糖質とタンパク質のバランスのいい食べ方とはずばり、イラスト3-6のように「主菜のおかず１口にめし２口（糖質11.2g、タンパク質2.8g）」→「副菜のおかず１口にめし１口（糖質5.6g、タンパク質0.4g）」→「副菜のおかず１口にめし１口（糖質5.6g、タンパク質0.4g）」のサイクルをくり返すことだ。

　この１サイクルで、タンパク質3.6g、めしからの糖質が約22gとなる。タンパク質20gを摂取するためには、このサイクルを約５〜６回繰り返せばよい。ただしこれは、オフの日のアスリートのイメージである。

　身体活動量が多くなった場合には、例えば、「主菜のおかず１口にめし３口」→「副菜のおかず１口にめし２口」→「副菜のおかず１口にめし２口」のようなサイクル（糖質39.2g、タンパク質4.8g）を繰り返す（**イラスト3-6**）。

　身体活動量の増加に伴う糖質とタンパク質の摂取量の増加には、主菜を増やすので

主菜のおかず1口にめし2口。
トレーニングをした日はめし3口に。

副菜のおかず1口にめし1口。
トレーニングをした日はめし2口に。

副菜のおかず1口にめし1口。
トレーニングをした日はめし2口に。

イラスト 3-6
糖質とタンパク質のバランスのよい食べ方

はなく、主食を利用する。これにより、タンパク質を過剰摂取することなく、バランスを保ったまま、エネルギー量を多くすることができる。

ただし、食べられる限界を超えてしまったときには、油の摂取を加えて必要量を食べることができるようにする。

上記の例は、食事構成にある牛乳・乳製品からとれるタンパク質を無視して考えた。**牛乳・乳製品からのタンパク質を考えた場合にはサイクルの繰り返す回数を調整するとよい。**

ここでわかってほしいことは、**主菜を中心に食べるのではなく、主食を中心に食事を食べることの重要性だ。**

ちなみに生活習慣病の予防のために、めしや主菜の量を少なくしたいときには、「主菜のおかず1口にめし1口」、「副菜（野菜中心）のおかず2口にめし1口」というように考えるとよい。

エネルギーや栄養摂取量を調整できる「調理」について

調理とは、食材を物理的、科学的に操作することにより、料理とする一連の作業をいう。調理の意義としては、「安全性を確保すること」「栄養素の消化・吸収の補助」「見た目や香りなどをよくすることによる食欲の増進」などがあげられる。**表3-1**におもな調理法とその特徴をあげた。

使用する食材は同じであっても、調理法を変えることにより、エネルギーや栄養素の摂取量をコントロールすることができる。体調や病気など、身体の状況に合わせて調理法を選択すると、健康の維持・増進につながる。

例えば同じ「揚げる」調理法でも、素揚げ、から揚げ、フライ、てんぷらなどの種類があり、その種類によって吸油率や増加するエネルギー量は異なる。吸油率は、食材の表面積、もともと食材に含まれる水分・脂質量、衣の種類とつけ方、揚げ油の鮮度によって変わる（**表3-2**）。

揚げ物は、食材の持つエネルギー量にプラスして、油のエネルギー量が加わるため、食べる量に注意しなくてはいけない。特に中華料理などでは、食材を素揚げしてから炒めたり、煮たりすることがあるので、減量などでエネルギー摂取量を低減しなくてはいけない場合には、注意が必要だ。逆に、エネルギー摂取量を多くしたい場合には、揚げ物を活用するとよい。

表3-1　おもな調理法とその特徴

調理方法	特徴
ゆでる・煮る	多量の水や湯、だし汁などに入れて加熱する。ほぼすべての食材に用いられる。水溶性の栄養素が流出しやすい
蒸す	湯気や水蒸気で加熱する。温度管理がしやすく形の崩れが少ない。加熱に比較的時間を要し、加熱の途中で味付けできない
焼く	150〜300℃程度の高温で加熱する。食材の持つ味に加え、焦げることなどによって複雑な味を作り出すことができる。直火焼き、串焼き、網焼き、鉄板焼き、オーブン焼きなどがある
揚げる	180℃前後の多量の油の中で加熱する。温度管理がむずかしい。衣をつける場合とつけない場合があるが、食材や衣が油を吸収するため、エネルギー量が大きくなる
炒める（ソテー）	鍋などに油をひいて、高温で短時間に加熱する。焼き物と揚げ物の両方の特性をもつ。水を使わないため、水溶性の栄養素の損失が少ない
あえる	おもに加熱調理した食材に、別個に用意した調味材料を組み合わせて混ぜる。比較的短時間で調理できる

出典：『系統看護学講座　栄養学』P107（医学書院2018）

表3-2　揚げものの種類によるエネルギーと吸油率の違い

食材（生の重量/g・カロリー/kcal）	調理後のエネルギー/kcal（吸油率/％）			
	素揚げ	から揚げ	天ぷら	フライ
鶏肉1枚（70g・134kcal）	―	163（1）	―	301（14）
エビ1尾（24g・20kcal）	―	―	62（12）	66（13）
アジ1枚（65g・79kcal）	―	119（6）	191（14）	277（22）
カボチャ[スライス]3枚（60g・54kcal）	93（7）	―	200（18）	―
ナス[輪切り]6枚（60g・12kcal）	90（14）	―	196（18）	―

松本仲子監修『調理のためのベーシックデータ第4版』（女子栄養大学出版部2012）をもとに作表

4 食事量が多いアスリートだからこそ気をつけたい
食塩の摂取

食塩の摂取については、高血圧になった人だけが気をつければいいと思っていないだろうか？　高血圧はさまざまな病気を引き起こす原因となる。食事量が増えることで食塩摂取量が増えるアスリートは特に注意が必要なのだ。

食べる量が増えれば食塩量も増える

　アスリートは、「汗をたくさんかくから食塩はたくさんとってもよい」と考える人も多いかもしれないが、そう簡単には考えられない。**汗をかいたときにはスポーツドリンクで補うので、食事からの食塩摂取量を多くするという考え方は成り立たない**のだ。

　食事からの摂取量は、**表3-3**にもあるように、WHOでは成人で1日5gを推奨している。日本では、調査結果から5gの摂取にすることは難しいと判断し、実際の結果とWHOの推奨摂取量の間をとることになったのだ。

　アスリートの食事を考えてみると、**薄味であっても、たくさん食べれば、食塩はその分摂取することになる**。例えば、ラーメンを大盛にして麺が2倍になったとしよう。中華麺には茹でた状態で0.3gの食塩が含まれる。2倍にすれば、食塩は0.6gとなる。炊き込みご飯も同じように、2膳食べれば、1膳の倍の食塩を摂取することになる。

　そこで、「薄味が美味しいと感じるように育つこと」と「習慣となっている無駄な食塩の摂取をやめること」が対策として挙げられる。

　「薄味が美味しい」と思うようになるためには、幼いときから味を薄くして育てることが必要になる。味覚は、後天的に定まるものなので、育て方が重要だ。そもそも、赤ちゃんは、ミルクを飲んでいるときには、塩味なしで生きているのだ。「美味しい味」は、その人固有の経験に基づく評価となる。普段から味が濃いものを食べていれば、濃い味がその人のスタンダードとなり、"美味しい味"になる。薄味がスタンダードになっている人にとっては、濃い味は、"美味しくない味"になるのだ。ただし濃い味が美味しいという人も、スタンダードを徐々に修正することはできる。厚生労働省が提示する減塩のコツ(**表3-4**)を参考にしてほしい。

行動変容によって生活習慣病を予防しよう

　「習慣となっている無駄な食塩の摂取をやめること」については、行動の習慣化について知ってほしい。最初に**イラスト3-7**(→**P70**)を参考に、テストをしてみよう。

　テスト結果から、無駄が多い習慣かどうかを判断してほしい。塩味は、舌で感じる

表3-3　ナトリウムの目標量(食塩相当量：g/日)を算定した方法

性別	男性				女性			
年齢(歳)	A	B	C	D	A	B	C	D
1〜2	1.5	4.1	2.8	3.0	1.4	4.2	2.8	3.0
3〜5	1.9	5.2	3.6	3.5	1.9	5.4	3.7	3.5
6〜7	2.4	6.7	4.6	4.5	2.4	6.7	4.5	4.5
8〜9	2.9	7.5	5.2	5.0	2.8	7.6	5.2	5.0
10〜11	3.4	8.7	6.1	6.0	3.5	8.4	6.0	6.0
12〜14	4.4	9.8	7.1	7.0	4.3	8.5	6.4	6.5
15〜17	5.1	10.1	7.6	7.5	4.6	8.2	6.4	6.5
18〜29	5.0	9.6	7.3	7.5	5.0	8.2	6.6	6.5
30〜49	5.0	10.0	7.5	7.5	5.0	8.3	6.7	6.5
50〜64	5.0	10.5	7.8	7.5	5.0	8.9	7.0	7.0↓
65〜74	5.0	10.7	7.9	8.0↓	5.0	9.2	7.1	7.0↓
75以上	5.0	10.1	7.6	7.5	5.0	8.8	6.9	7.0↓

(A) 2012年のWHOのガイドラインが推奨している摂取量(この値未満)。
小児(1〜17歳)は参照体重を用いて外挿した。
(B) 平成28年国民健康・栄養調査における摂取量の中央値。
(C) (A)と(B)の中間値。
(D) (C)を小数第一位の数字を0又は5に丸めた値。
↓はその後、下方に(8.0を7.5に、又は7.0を6.5に)平滑化を施したことを示す。これを目標量とした。

出典：厚生労働省「日本人の食事摂取基準(2020年版)」

表3-4　塩分を控えるための12ヵ条(厚生労働省の見解を一部改変)

❶ **薄味に慣れる**
調味料の味になるべく頼らない。塩分計などを用いて、自分の味覚を確認するのもよい。

❷ **漬け物・汁物の量に気をつけて**
漬け物や汁物は食べる回数と量を減らし、麺類を食べるときは、汁は残すようにする。

❸ **効果的に塩味を**
献立にはいろいろな味つけを利用し、塩は食品の表面にさっとふりかける。

❹ **「かけて食べる」より「つけて食べる」**
醤油やソースなどは、かけて食べるより、つけて食べる。

❺ **酸味を上手に使う**
レモン、すだち、かぼすなどの柑橘類や酢など酸味を上手に使う。

❻ **香辛料をふんだんに**
トウガラシやコショウ、カレー粉などの香辛料は、塩分調節の強い味方となる。

❼ **香りを利用して**
ユズ、シソ、ミョウガ、ハーブなどの香りのある野菜、海苔、カツオ節などを加える。

❽ **香ばしさも味方**
焼き物にする、炒った胡麻やクルミなどで和えるなど、香ばしさが出るように調理する。

❾ **油の味を利用して**
揚げ物、油炒めなど、油の味を利用して食べる。胡麻油やオリーブオイルなどを使う。

❿ **酒の肴に注意**
酒の肴に合う料理は意外に塩分が多く含まれているので、少量にする。

⓫ **練り製品・加工食品には気をつけて**
かまぼこ、薩摩揚げなど魚の練り製品や、ハムやベーコンなどの肉の加工食品も塩分が多い。

⓬ **食べ過ぎないように**
せっかくの薄味の料理でも、たくさん食べれば塩分の量もカロリーも多くなる。

「普段、どんなふうに醤油をつけている？」（イラストは例）

冷ややっこの場合

刺身の場合

醤油をつけないのがベストだが、醤油はなるべく直接かけずに冷ややっこなら薬味にたらす、刺身ならわさびにたらす、といった工夫で量を減らすことができる。

イラスト 3-7
行動の習慣化テスト

ときに必要なのであって、身体の必要量を反映しているものではない。カットできるところはカットして、必要以上の食塩摂取は避けたい。**習慣化した行動を変えるためには、意識の変化が必要だ**。そこで、醤油さしにシールを貼るなど目印をつけると、醤油さしを見るたびに、「醤油は舌につくところだけについていればよい」と確認できる。そして「醤油をつける」たびに、「ちょっとつける」ことを意識して行うことで、「ちょっとつける」が習慣化される。これをよい行動への「行動変容」という。**表3-4**の12ヵ条について、それぞれ「行動変容」を実行すると、食塩摂取量は、かなり減ることになる。

　私はよく講演で、減塩を勧める意味について、「塩壺」を例に挙げて話をする。私たちは、身体の大きさに関係なく全員同じ空の塩壺をもって生まれてくる。赤ちゃんのときにはミルク（母乳など）、食べることができるようになると、その他の食品から食塩を摂取するようになる。摂取した食塩は、塩壺に入れられ、塩壺から食塩が溢れたときに高血圧が始まる。以前は、高血圧になると溢れる量を少なくするために減塩を勧めてきた。しかし、現在は、幼いときから食塩の摂取を意識して薄味にすることで、塩壺への食塩の貯えを少なくし、一生、溢れさせないようにすることを目指すようになった。**さまざまな病気の引き金になる高血圧は、幼いころから「味」を調整することで、発症リスクを下げることができ、全般的な生活習慣病の予防にも結びつく。**

　一般の人だけではなく、アスリートにとっても減塩は、将来にわたる健康のために必須であることを理解して、日々、過ごしてほしい。

　ナトリウムと食塩は一緒ではない。「ナトリウム摂取量(mg)×2.54÷1000」で食塩量(g)に換算できる。栄養表示には、ナトリウムで記載されている場合もあるので、知っておくと便利だ。また、表示を見て、どのくらいの食塩が含まれているのか、確認することも重要だ。

目的や注意点を知ってから使おう

サプリメントの活用

活動量が多いために、食事からだけでは必要なエネルギーや栄養素を摂取しにくいアスリートにとって、役立つのがサプリメントだ。ただし目的や注意点をよく知ってから、利用したい。

栄養素以外のサプリメントは安易に使用しないこと

　アスリートは、バランスのよい食事を食べることだけでは、1日に必要なエネルギーや栄養素を摂取することが難しい場合がある（→**P12**）。そこで必要となるのが、サプリメントの活用だ。

　成人アスリートのサプリメントの利用を判断する条件と具体例を**表3-5**に示した。アスリートがサプリメントを利用する目的として、**不足している栄養素を補う場合と**

表3-5　サプリメントの利用を判断する条件と具体例

判断の条件	具体的な例
身体活動量が多くなり、食事からとりきれない場合	身体活動量が多くなるのにともない、エネルギー・栄養素の必要量が多くなり食事量が増加するのに、必要量を食べきれないとき
消化・吸収の時間が短い場合	食事時間や食後の休憩時間が十分にとれないなど、エネルギーや栄養素の必要量を摂取できないとき
食事に偏りがある場合	好き嫌い、食物アレルギー、合宿・遠征などで食環境が悪いとき
食事の制限により摂取量が少なくなる場合	減量中や病気のとき
食欲がない場合	緊張していたり、疲労していたりして、予定している食事をすべて食べることができないとき
胃腸が弱っていて、消化・吸収の能力が低下している場合	胃腸の状態が悪いとき
特定の栄養素を摂取しなくてはいけない場合	増量・トレーニングの状況によって、増やさなければならない栄養素があるとき

競技力向上のために「エルゴジェニックエイド」と呼ばれる栄養素以外の成分をサプリメントとして摂取する場合がある。栄養素補充のためのサプリメントを選ぶ場合には、食事からの摂取量が必要量を充足しているかを調べ、不足している栄養素があれば、サプリメントを利用して補充するとよい。

一方エルゴジェニックエイドを利用する場合には、その成分の作用が科学的な根拠に基づいているか、そのエビデンスを導いている研究の実験条件が妥当であるか、どのような評価指標によって効果があると認めているのかを確認することが重要である。また、アスリートは、**ドーピングにあたる禁止物質を摂取することがないように、エルゴジェニックエイドの利用に対して慎重に判断しなくてはならない**（→P108）。

成長期にあたる小・中・高校生は、サプリメントの利用を控えたい。サプリメントを利用しなくては動くことができないような運動量が、発育発達に支障（オーバーユース症候群、貧血、やせ、疲労骨折など）をきたすからだ。すなわち、**サプリメントには頼らず、食事と補食からエネルギーや栄養素を必要量摂取することのできる運動量にとどめるべきである**（→P156）。

しかし現状、東京都のスポーツ少年団に所属する小・中学生140名を対象とした調査結果では、男子31.2％、女子36.5％がサプリメントを摂取していると回答した。また、高校生トップレベル陸上競技選手738名を対象に行った調査では、サプリメントを摂取しているアスリートが62.2％であった。2010年シンガポールユースオリンピック出場日本選手71名では、62.7％がサプリメントを使用しており、その目的は疲労回復のためで、サプリメントの種類はアミノ酸やプロテインが多かったと報告している。この現状を踏まえ、ジュニアアスリートにおけるサプリメントの必要性、運動量の適正化について議論し、規制を設けるなどの対策を立てるべき時期が来たと考える。

タンパク質のサプリメント利用は過剰摂取に注意

タンパク質のサプリメントには、アミノ酸、ペプチド、プロテインがある。これらの違いは、**アミノ酸単独での摂取か、アミノ酸とアミノ酸が結合した状態で摂取するか、あるいは、結合しているアミノ酸の数が多いか少ないか、つまり消化しやすいかどうかの違いである**（→P194）。結果的には、どれを選択してもアミノ酸を摂取していることになる。利用する場合には、目的により、アミノ酸、ペプチド、プロテインのどの形状で摂取するか選択しなければならない。最も吸収が早いのはアミノ酸で、次にペプチド、プロテインの順となる。早く吸収させたいときには、アミノ酸を選ぶべきであろう。また、サプリメントのアミノ酸は、サプリメントのコンセプトによっていくつかの種類に絞って配合していることもある。プロテインとペプチドは、必須

アミノ酸が中心となるが、20種類のアミノ酸すべてが配合されていることが多い。

タンパク質のサプリメントを利用する際の原則は、食事から得られるタンパク質量を把握し、必要量が満たされない場合にのみサプリメントで不足分を補充するようにして、過剰摂取を防ぐことだ。例えば、食事で良質のタンパク質（アミノ酸スコア100の食品）が少ない場合に、プロテインを利用する。あるいは、海外遠征時や、胃腸の調子が悪いなどで肉を食べることができないときに、ペプチドやアミノ酸のサプリメントを利用することは有効である。サプリメントを安全に有効に利用するためには、食事や食品から摂取することができるタンパク質量の知識を持つことが重要だ（→**P62**）。

プロテイン剤を牛乳などに溶かして摂取する場合には、牛乳に含まれるタンパク質だけでなく、脂質の摂取量についても注目すべきである。例えば、300mlの牛乳でプロテイン剤を摂取したときの牛乳から得られるエネルギー量は約200kcal、タンパク質は約10g摂取できる。これにプロテイン剤のエネルギーとタンパク質が加わる。牛乳からのタンパク質摂取だけでも十分だと考えるだけでなく、エネルギーの過剰摂取という心配もある。

サプリメントは薬ではないので、摂取量として示されている量は目安量として受け止め、タンパク質とエネルギーの過剰摂取にならないために摂取量をコントロールすべきだ。例えば、推奨の摂取方法には、「牛乳300mlにプロテイン剤3スプーン」と書いてあっても、食事をとっているので、そんなに必要ないのであれば「牛乳100mlにプロテイン剤1スプーン」でもよいのだ。

運動中は、分岐鎖アミノ酸であるロイシンの酸化が高まることから分岐鎖アミノ酸のサプリメントを利用することの有効性に関して、研究が行われている。しかし、その結果はさまざまである。そこで、分岐鎖アミノ酸の利用について考えてみたい。食物中の必須アミノ酸の中で分岐鎖アミノ酸が占める割合は、50％と高い。このため、食事からのタンパク質摂取量が十分であれば、アミノ酸のサプリメントとして分岐鎖アミノ酸を摂取する必要性は低い。

さらにアミノ酸の吸収は早いが、胃の中に消化中の食べ物があった場合には、胃から十二指腸へ送られるまでに時間がかかる。運動後に、活発に胃腸が動き出し、消化・吸収が効果的に行われれば、運動前に食べたものからアミノ酸は供給されることになる。このことから、アミノ酸のサプリメントの効果は、摂取前の食事の影響を受けることを覚えておきたい。

タンパク質のサプリメントは、アスリートが考えているよりも有効性の低いものかもしれない。もしタンパク質のサプリメントの有効性を体感できる場合には、食事からのタンパク質摂取量が少ないのかもしれない、あるいは、消化管の状態がよくないのかもしれないと考えることもできるのだ。

ビタミン・ミネラルのサプリメントで注意したい点とは？

　ビタミンやミネラルを含むサプリメントにも、さまざまなものが市販されている。これらは、食事だけでは摂取できない分を補充する役割のほかに、試合などを目前にして食事制限によるウエイトコントロールが必要なときに、体調を維持する役割がある。

ビタミンのサプリメント

　ビタミンには、水溶性ビタミンと脂溶性ビタミンがある。水溶性ビタミンについては、サプリメントとして大量に摂取すると、過剰分が尿中に排泄される。ビタミンB群が入っている栄養ドリンクを飲んで30分後くらいに排尿したら、黄色い、ビタミンの匂いのする尿が出たという経験も多いだろう。このため、過剰症が明確ではない場合もある（「日本人の食事摂取基準（2020年版）」では、ナイアシン、ビタミンB_6、葉酸には耐容上限量が設定されている）。しかし、尿中に排泄されるといっても、過剰分がそのまま排泄されるわけではない。吸収され、血液中をめぐり、腎臓にたどり着いたときに必要以上あった場合に、ろ過して排泄する過程を通る。ただ排泄されるわけではないことを知ると、過剰に摂取することは避けるべきということがわかるだろう。水溶性ビタミンのビタミンB群の役割を知り（→**P30**）、必要以上の摂取にならないように、サプリメントを活用しよう。オフの日など、運動量が少ないときには、食事からの摂取だけで必要量を満たせるように食の充実を図りたい。

　水溶性ビタミンのビタミンCに関しては、食事では補いきれないとき以外の活用として、ストレスが高まったときに必要量が増加することから、サプリメントで補う場合もある。試合の前などのストレス下では、摂取量を増加させることが必要だ。ただしビタミンCの過剰摂取による影響には、下痢や腹痛があるので、慎重に摂取量を決めて利用するべきである。

　脂溶性ビタミンのビタミンA、D、E、Kについては、過剰摂取になっても尿中に排泄されることはない。「日本人の食事摂取基準（2020年版）」では、過剰摂取による健康障害があることから、ビタミンA、D、Eに耐容上限量を示している。ビタミンAは胎児奇形や骨折、Dは高カルシウム血症、腎障害、軟組織の石灰化障害、Eは出血作用などが確認されている。サプリメントとして摂取する際には、ほんとうに必要かを確認したうえで、摂取量を決めて利用すべきである。マルチビタミンの中には、脂溶性ビタミンが含まれており、食事の状況を考えずに習慣的に摂取することは避けたい。

　ビタミンのサプリメントの摂取量については、薬ではないので、摂取目安量に記載されている摂取量以下の摂取でもよい（ただし記載されている以上に用いることはし

てはいけない）。例えば、1回3錠とあっても、食事からある程度摂取できているのであれば、1回1錠でもよい。また、摂取タイミングは、1日1回3錠とあるなら、1日、朝、昼、夕、それぞれの食後に1錠としてもよいのだ。サプリメントを選ぶ際には、このようなバリエーションをつけられるように、できる限り摂取量のサイズが小さいものがよい。1日1錠では、食事を考慮して摂取することはできないからだ。

ミネラルのサプリメント

ミネラルは、体内で多すぎても、少なすぎても問題となる。そもそも身体は、サプリメントのようにある1種類の栄養素だけを大量に吸収することを想定しないで作られている。個人的には特にミネラルに関して、想定していなかったのだろうと考えている。なぜなら、食べたものの中に含まれる量が少ない場合には、吸収率を上げたり、受動輸送だけではなく能動輸送（→**P32**）も使って吸収したり、と少ないときの対策が身体に備わっているからだ。しかし、大量に摂取したときの対処法は万全ではなく、例えば過剰分のカルシウムで骨を太くしたり、腎臓のろ過を経て調整しながら排泄したりすることはできない。

ミネラルは、食事から摂取することにより、身体の状況にあった吸収を促すことが最善となることから、明確な理由（食事がとれないなど）がない限り、サプリメントの利用を避けるべきであると考える。

いずれにしてもサプリメントの利用に関しては、公認スポーツ栄養士、管理栄養士のアドバイスを受けることを勧めたい。

試合前で緊張すると、ビタミンCの消耗が激しくなる

COLUMN

なぜ朝から食べないといけないのか
生活リズムと朝食の関係

朝食を食べることによる効果は、次の5つが挙げられる。

❶体温を上昇させる

寝ている間、体温は低く保たれ、脈拍も安静時より減少する。身体の準備を整えるために必要なことは、体温や脈拍を安静の状態まで上昇させることだ。私たちの身体は、口の中に物が入ってくると消化器系が準備を始め動き出す。朝食を食べるという行為により、消化器系すなわち筋肉でできている食道、胃、腸などが筋運動を開始し、その筋運動によって得られた熱が体温の上昇を助け、脳をはじめ身体中が準備を整える。朝食で食べたものから得られるエネルギーや栄養素は、その後の活動に使われる。

❷エネルギー源を補給する

私たちの身体は、寝ている間もエネルギーを使っている。睡眠中のエネルギー量は、基礎代謝量程度といわれている。例えば、20歳男性、体重60kgの標準的な体型の人の場合には、睡眠1時間当たり60kcal、8時間の睡眠では480kcalのエネルギーを消費している。つまり朝は、エネルギーやエネルギーを産生するために必要な栄養素が少なくなった状況といえる。さらに、寝ている間に行われた新陳代謝によって利用された栄養素も少なくなる。このため、朝食で午前中に使うエネルギーや栄養素を補充しなくてはならない。

❸便秘を予防する

胃の中に食べ物が入ってくるとその信号を受けて大腸が蠕動運動を起こし、便を大腸のS状結腸から直腸へ送り出し、排便を促す。朝食を食べることにより、排便のリズムが作られることから、朝食を抜く習慣があると便秘の原因となることがある。

❹日中の体温を維持する

1日の体温リズムは、朝食をとったあとから顕著に上昇を始め、昼間に最高値となる。朝食を食べることによって、午前中、体温が上昇した状態を維持できる。朝食を欠食した場合、通勤の歩行などによる筋運動から得られる熱で一時的に体温は上昇するが、午前中はその体温を維持するエネルギーや栄養素が不足しているため体温を維持できない。身体のリズムを崩さないという理由だけではなく、午前中の時間を充実して活動するためにも朝食をしっかり食べることが重要だ。

❺夜の睡眠の質を高める

その日の夜の眠りは朝に決まるといっても過言ではない。朝ご飯を制する者は、質の良い睡眠を制するともいえる（→**P151**）。バランスのよい食事を朝からしっかりと食べることが睡眠にとっても重要だ。

第4章

試合期・遠征中の栄養管理・食生活

試合期でもいつも通りの食事ができれば、
いつも通りの力を発揮でき、勝利を手にできるはずだ。
しかし実際には緊張や興奮、環境などにより
いつも通りというわけにはいかない。
だからこそ確実に勝つために、試合期ならではの
栄養管理や食生活が必要になるのだ。

確実に勝つための条件とは？
試合期の栄養管理

よく「オリンピックには、魔物が棲んでいる」と言われるが、その魔物の1つが、「食の影響」だ。試合期の心身は、通常の練習時期とは明らかな違いがあり、決められた日・時刻に、最高のパフォーマンスが発揮できるように作りこむ。なんとなく勝つのではなく、確実に勝つために必要なのが栄養サポートだ。

緊張や興奮からくる栄養状態への影響と対策

試合に向けて、「最高のパフォーマンスを発揮するために必要な栄養管理」とは、「食」に関する不安材料を解消する栄養管理ともいえる。

試合期とは試合に向けた準備期間となる試合前、試合当日、試合後をいう。試合期の食に関する不安材料には、緊張・興奮による消化・吸収の抑制、食欲不振あるいは亢進、試合中のエネルギー不足（俗にいう「ガス欠」）、脱水がある。これらの不安材料を解消するための栄養管理が必要だ。

緊張や興奮は、試合当日や試合中だけではなく、試合前から始まることも多い。緊張や興奮をしないほうがよいかというとそうではないし、自分の意志でどうにかなるものでもない。だからといって対処しないでいるよりも、準備して対策を立て、実行したい。試合前・中は、「いつもだったら」という言葉が通用しない状態になるのだ。

緊張や興奮は、経験によって軽減される。「初めての県大会」から「2回目の県大会」になれば、どのくらい緊張や興奮をするかがわかるので、対策を考えてから試合に臨むようになる。「全国大会」「世界選手権」「オリンピック・パラリンピック」と試合の規模やレベルが上がると、そのたびに「初めて」は新たな緊張や興奮を引き起こす。どのくらい緊張や興奮をするかは、わからない。それが、どのように表出するかもわからない。その緊張や興奮をうまく利用してベストパフォーマンスができる場合もあるが、足を引っ張られることも多い。2回目以降は、経験をもとに対策を立てて臨むことによって、「自分のパフォーマンス」を発揮できるようになる。初めての試合を棒に振ることがないように、また、2回目以降もより高いパフォーマンスを生み出すために、試合期の栄養管理を実行する。

1 消化・吸収の抑制

第1章（→P12）で説明した通り、運動することによって交感神経が優位になり、消化・吸収が抑制される。**試合前や試合中は、緊張や興奮が加わり、さらに消化・吸**

収は抑制される。

　緊張や興奮によってどのくらい消化・吸収に影響があるかはわからない。わからないからこそ、今までの試合での状況・状態と経験から、推測して対策を立てることになる。

　消化が抑制されると、症状として、胃もたれや膨満感、吐き気、下痢などの消化管症状が起こる。消化されなければ、吸収されないので、消化の状態に応じて吸収量が決まる。そこで、試合前や試合当日の食事は、消化がよいものにするという対策を立てる。「第4章-2　試合期の食生活」(→P86)で具体的な食事について解説するが、バランスのよい食事を維持した状態で、消化をよくすることがポイントだ。

　また、消化の第一段階となる「よく噛んで」食べることも必要となる。このため、よく噛むことができない料理は避けたい。消化のよい食事にしてよく噛んで食べても、消化がうまくいかない場合には、消化剤を利用することもある。また、栄養状態を悪くしないためにサプリメントで補うこともある。

2 食欲不振あるいは亢進

　緊張や興奮によって、食欲不振あるいは亢進が起こることがある。食欲不振は、食べたくならないので、長時間食べないでいるタイプと、食事はするものの食べる量が少なくなるタイプがある。「テーパリング（試合前の調整期間に徐々に練習量を少なくしていくこと）」で練習量が落ちたことによって、消費エネルギーと摂取エネルギーのバランスがとれているのであればよいのだが、そのバランスが崩れると疲労が抜けなかったり、免疫力が低下して感染症のリスクが高くなったりする。また、エネルギー不足になった場合、体重減少（特に筋量の減少）が起こることが多い。

　対処法としては、食べる量を最初から設定しておいて、食べることができなければ、どうすれば食べることができるかを考えて実行する。「食べたくないから食べない」は試合を放棄しているのと同じことになる。

　私がサポートしていたなかに、「食欲がない、食べると吐く」という理由から、試合の2日前からちょっとしたご飯と水分だけしかとらないアスリートがいた。高校生のときの成功体験から、そのルールが決まったとのことだが、大学に入ってからは、自己記録の更新から縁遠くなっていた。高校のときの成功体験では、初めて全国大会に出場して、緊張で食べることができなかったという。それからは緊張がなく食べることができる状態でも、食欲がないという理由で、食べずに調整していた。「食べないで失敗するのであれば、吐いてもいいから食べて失敗してみたら？」というと、あっさりしっかりと食べて試合に出場し、自己新記録を出し、日本代表選手となった。経験は確かに大切だが、基本となる土台があってこそ経験が活かされることを忘れないでほしい。

緊張・興奮によって食欲が増す場合もある。興奮をどこにぶつけてよいかわからないときに、「動き回る」「おしゃべりになる」「人にちょっかいを出す」など、さまざまな人がいるが、それが「食」に出てくる人もいる。

この場合、口の中に常に何か入っていて、食べ続けているタイプと、いつもよりも食事をたくさん食べてしまうタイプ、試合前ぎりぎりまで食べているタイプがある。

食べ続けているタイプは、飴などをいつもなめていたり、甘い飲料を飲み続けていたりする。エネルギー過剰の状態になれば体重が増加する。あるいは甘いものをいつも食べているのでお腹がすかず、食事をうまく食べることができないため体重減少や体調不良を訴えることになる。

普段以上に食事をたくさん食べてしまうタイプは、テーパリングでエネルギー摂取量を少なくすべきだと理解しつつも、止まらなくなりたくさん食べてしまう。するとエネルギー過剰で太ったり、食べ過ぎて下痢をしたり、動きが重くなったりする。

試合直前まで食べているタイプは、興奮状態のときに「食べると落ち着く」という傾向がある。また、エネルギー不足の不安を解消する意味もあるらしい。

私のサポートしていたある中学生アスリートは、アップ後、試合開始まで10分しかないのに「大福を食べないと走れない」と言った。血糖が高い状態で試合に臨めば、身体の動きは悪くなり、パフォーマンスは落ちる。「お腹がすいて、倒れてもいいからアップ後は何も食べないで走ろう！」と半ば強引に食べないで走らせたら、その方が調子がよかったと本人も感じ、その後、直前まで食べることはなくなった。

「スタートラインに立つぎりぎりまで飴を食べると試合のラストによいパフォーマンスができる」など、現場ではいろいろな神話や伝説がささやかれているが、意味がないか、悪影響になることも多い。

3 試合中のエネルギー不足（ガス欠）

「試合中にガス欠になって後半のパフォーマンスが落ちた」ということをよく聞く。この体験がきっかけとなり、スポーツ栄養学についての知識を深めたいと考えるアスリートは多い。練習中よりも試合中のほうが、運動量は少ない傾向があるにもかかわらず、なぜ、試合中にガス欠が起こるのだろう。理由はいくつかある。

1つは試合時間の延長や試合開始時刻の遅延による糖質不足だ。栄養管理の計画は、試合時間を予想して試合中にエネルギー不足にならないように実施する。しかし、試合が長引いたり、延長戦になったりと予想以上に試合時間が長くなる場合には、グリコーゲンが枯渇状態となり、糖質を中心としたエネルギーが不足する。また、栄養管理の計画は試合開始時刻に合わせて立てるが、自分の試合の前に行われている試合が長時間に及んだり、あるいは悪天候の影響で開始時刻が遅延する場合には、同様にエネルギー不足になる。

このように試合では何が起こるかわからないため、事前に糖質の貯蔵量を多くしておき、ガス欠にならないように予防する**「グリコーゲンローディング法」**（→P82）という方法もある。また、試合前に補食を食べることも予防になる（→P89）。

　試合中にガス欠になるもう１つの理由が、**緊張・興奮によってエネルギーの必要量が増加する**ことだ。緊張・興奮すると、消化・吸収が抑制されるだけではなく、身体に力が入る。例えば、ランナーが試合中、何人かに抜かされたりすると興奮して、肩に力が入ることがある。走るという運動だけではなく、肩が緊張することによって、肩で使うエネルギー量が多くなる。考えるのに頭も使えば、糖質の必要量がさらに増加する。緊張や興奮による変化で呼吸数が多くなるのは、酸素の必要量が多くなっていることを示す。それを考えると、全身で使うエネルギー量が多くなったことがわかるだろう。計算することはできないが、試合中は想像以上にエネルギーを使っているのだ。私のサポートしているアスリートが、試合の序盤なのに、呼吸数が多くなり、汗をだらだらかいていると、「緊張・興奮による消耗が激しいから、ハーフタイム中のエネルギー補給を多めにしなくては！」となる（**イラスト4-1**）。

　試合中の緊張や興奮によって、エネルギー必要量は増加する。試合中、どのような状況になっても冷静に対処できるようにメンタルトレーニングをしておくことが必要だと思うが、栄養管理の観点からは、**何が起こっても糖質不足、エネルギー不足にならないように、対策を含めた栄養管理計画を立てたい**。これが試合期の栄養管理に、特別な配慮をしなくてはいけない理由の１つとなる。

イラスト 4-1
緊張・興奮で消耗する選手

試合に備えて糖質を体内に貯蔵する「グリコーゲンローディング法」

　試合中に何が起こってもよいように、体内に糖質を蓄える場合には、グリコーゲンとして貯蔵することになる。グリコーゲンは、主に筋肉と肝臓の中に貯蔵でき、筋肉が大きい方が貯蔵量も多くなる。通常よりも多く貯蔵するための方法として活用されているのが、「グリコーゲンローディング法」だ。

　導入当初の方法は、現在では「古典的な方法」と言われていて、運動や食事の条件が厳しく、試合前にコンディションを崩すことが多かった。そこで現在は、改良した方法がとられている。グリコーゲンローディング法を実施することにより、筋肉中のグリコーゲン量は標準を超えておよそ2〜3倍に増加し、肝臓グリコーゲン量はほとんど倍に増加すると報告されている。方法は、次の通りだ。

- 運動量を試合の1週間前から3日前まで少なくし、試合2日前からはさらに運動量を少なくする、あるいは、休息する。
- 食事は、試合の4日前までは、糖質を適度に含む混合食、試合3日前からは、「高糖質食（→**P86**）」にする。このときの糖質は、食事としてとるので、デンプン（多糖類）が中心となる。
- 注意として、試合前2〜3日は、高糖質食にするだけでは効果が低く、運動量を減らすか、休むことをしなければ期待するような効果は得られない。

　グリコーゲンローディング法を実施するうえでの注意点がある。グリコーゲンを筋肉中や肝臓中に蓄える際、蓄積されたグリコーゲン1gには約3gの水が結合される。例えば、普段より300〜400g多くグリコーゲンを蓄積すると、900〜1200gの水も増えるので、体重はおよそ1200〜1600g増加する。この増加量が、パフォーマンスにどのように影響するかを考えてからグリコーゲンローディング法を実施するかどうか決めなくてはならない。このため、練習試合などで、グリコーゲンローディング法を試してみることが必須だ。また、グリコーゲンローディング法の完璧な手順が絶対に必要かどうかなど、アスリート個人の経験から判断し、自分なりの方法にアレンジして実施するのもよい。

　グリコーゲンローディング法は、主としてマラソンや長距離ランナー、スイマー、自転車競技選手、トライアスロン選手、クロスカントリースキーヤーなどのような長時間、高いレベルで連続したエネルギー消費を維持するアスリートのために実施されてきた。さらに、サッカー、ラクロス、テニスやハンドボールのような長時間強度の異なる運動を組み合わせて行う競技のアスリートにも効果があるとされている。研究

では、さまざまな報告があるが、**アスリートは試合前の備えとして、ある程度グリコーゲンの貯蔵量が多い方が有利であり、不安材料の解消となる**。体重の調整など、総合的に考えてグリコーゲンローディング法をどのようにどの程度、実施するかを決めるとよい。**P88**で紹介している「プチ・グリコーゲンローディング」もおすすめだ。

試合中は脱水のリスクが高くなる

　長時間になりやすい練習のときと比べて、試合での脱水についてはあまり考えないかもしれない。しかし、**試合中は脱水のリスクがとても高い**。試合中に水分補給を有効にとり入れることにより、脱水のリスクを減らすだけではなく、メンタル面にも効果をもたらす。

　運動中は温熱性発汗によって汗が出る（→**P171**）。さらに**試合期の緊張や興奮が加わると、精神性発汗によっても汗をかく**。つまり通常の練習よりも汗の量は多くなるのだ。また、精神性発汗による汗は、エクリン腺だけではなく、アポクリン腺からも多く分泌される。アポクリン腺からの汗は、糖質や脂質を含み、汗の成分が濃くなる。通常の練習よりも発汗量が多くなるうえ、汗の成分も濃くなるため、脱水と熱中症のリスクが高くなるのだ。興奮や緊張の度合いが高ければ、リスクも上昇する。これも「オリンピックの魔物」の1つといえる。試合によっても、緊張や興奮の程度は変わる。消化・吸収同様に「初めて」の試合は特に注意をして、水分補給を実行したい。

　また、緊張や興奮によって口が乾いたり、ねばついたりすることを経験した人も多いだろう。食べ物（想像を含む）由来だと、梅干を想像したときのように、さらさらした唾液だが、緊張や興奮をした状態ではムチンという成分を多く含むねばついた唾液が分泌される。

　試合前から脱水の予防をしておくことと、緊張や興奮を加味したうえで試合中の水分の補給計画を立てて実行することが重要となる（→**P183**）。

　普段の練習中から試合を想定した飲み方にすることも重要だ。例えば、陸上の10000mの試合で、5000m以降に、「水」の提供があるとする。この場合、練習のときも、練習開始15分後くらいからスポーツドリンクではなく「水」の補給を始める。試合終了時間に近い練習開始35分経過後からは、スポーツドリンクの水分補給を始める。練習のときにはいつもスポーツドリンクで、試合のときだけ「水」になると、いつもと違う状況になり、不安材料となってしまうのだ（**イラスト4-2**）。

　また、第7章（→**P176**）の熱中症の予防で詳しく解説しているが、**普段生活している場所から気温が5℃以上高くなる試合場所に移動した際には、発汗量に対して水分補給量が足りなくなり便秘のリスクが高くなる**ので、注意が必要だ。

　さらに、試合中の水分補給は、脱水や熱中症対策以外の効果がある。肩に力を入れ

たまま、水を飲んでみてほしい。スムーズに飲めないことを感じるだろう。**つまり飲むという行為には、リラックス作用があるのだ**。飲むことで肩の力が抜けて、気持ちを切り替えられるというメンタル面の効果もある。

イラスト4-2
試合をイメージしながら水分補給をしている選手

試合期における栄養管理の留意点とは？

　試合期の栄養管理で最も大切なことは、いつも通りバランスよく食べることに加え**「緊張・興奮からくる症状」と「脱水」の対策を打つことである**。対策を考える際には、試合開始時刻や試合の間隔（1日の試合数、試合日程）を中心に組み立てなくてはならない。
　エネルギー不足については糖質の補給を中心に考えるとともに、エネルギー代謝で利用されるビタミンB群の摂取も増やす必要がある。また、ストレス状態となること

からビタミンCや脂溶性ビタミンも増やす。**第1章**（→**P15**）で解説したが、糖質は、「使ったらすぐ補充」という考えのもと、練習と同様に、試合後も管理する必要がある。

また、消化・吸収が抑制される点については、食材や調理法を工夫するほか、サプリメントを活用したタンパク質（アミノ酸）、ビタミンやミネラルの補充が必要な場合もある。

運動中、効果的に糖質を摂取するには？

運動中のガス欠を防止するためには、運動中に糖質を中心としたエネルギー補給をすることが必要だ。しかし、「運動しながら食べられない」「運動しているときに急激に血糖値を上昇させるとパフォーマンスが落ちる」という理由から、運動中には、熱中症予防のための水分補給を優先させ、糖質の補給は積極的にされてこなかった。このため、運動前にできる限りグリコーゲンを貯蓄させたり、運動後の就寝前にGIの低いもの（→**P97**）を食べて寝ている間も糖の供給を促したり（胃が弱い選手にこの方法はできない）して、対応してきた。

しかし2015年から活動している「一般社団法人スローカロリー研究会」で、運動中の補給にイソマルツロース（商品名パラチノース®）という糖が有効であることを発表した。この研究会は、急激な血糖の上昇をできるだけ避けた食生活を送ることにより、生活習慣病の予防や健康の維持・増進などを目指していくとり組みをしている。具体的には、GIの低いものの活用や食べ合わせによってGIを低くすることや、スローカロリーの実現に向けて開発されているさまざまな食品の活用について、研究や啓発を進めている。そのなかで、出合ったのが「パラチノース®」だ。

パラチノース®は、普通の砂糖と同じエネルギーで1gあたり4kcal、甘みはショ糖の半分程度の糖だ。特徴は唾液、胃酸、および膵液の消化作用を受けず、小腸に局在する「イソマルターゼ」という酵素により、ほとんど全てがグルコースとフルクトースに分解されることだ。このため、急激な血糖値の上昇を起こしにくい。また、普通の砂糖と同じで食物繊維のように働くことはないので、下痢を引き起こす可能性は極めて低い。

そこで運動中にパラチノース®をスポーツドリンクの中に追加して摂取したところ、「後半にパフォーマンスが落ちることがなくなる」「練習量の増加ができるようになる」「疲労の軽減につながる」といった効果があった。

パラチノース®は現在、練習中だけではなく、試合中やパラリンピックアスリートの血糖コントロールなどにも活用の幅を広げている。ただし、エネルギーの調整をしながら使わなくてはいけないため、効果的に活用するためには、公認スポーツ栄養士のような専門職のサポートを受けて使用することを勧める。

2 試合期の食生活

試合前、試合当日、試合後の食事の内容・量・タイミング

試合期でも、できる限り日常に近い状態で過ごすことができれば練習でのパフォーマンスは確保される。練習期に食生活のルールがあるように、試合期は試合期のルールを作る必要がある。ここでは、試合期の食生活について基本から試合前、試合当日（試合中も含む）、試合後に分けて解説する。

試合期に守りたい食事の基本ルール

　食生活は第一に「いつも通り」を実現するよう心がける。第二に**「第4章-1　試合期の栄養管理」**（→**P78**）で解説した内容を加えて、最大限の実力が発揮できるようにする。試合期では、試合会場により、食生活の状況がさまざまに変化する。そのなかにあって、守るべき基本がある。

　試合3日前から試合当日に向けては「高糖質・低脂肪・タンパク質そのままの食事」を基本とする。その理由は2つあり、1つは試合前にプチ・グリコーゲンローディング（→**P88**）をしてグリコーゲン量を高めにしておくためだ。もう1つは、緊張や興奮によって消化・吸収が抑制されるが、糖質は脂質に比べて消化しやすいためだ。「高糖質・低脂肪・タンパク質そのままの食事」とは、一般的にいう「高糖質食」を指す。「高糖質食」とは、1日の総エネルギー摂取量の70％以上を糖質（主にデンプン）からとり、脂質の摂取は15％以下、タンパク質は15％前後の比率を維持する食事のことをいう。「高糖質食」というと、穀類を大量に食べれば成り立つと考えられがちだが、より詳細に記載すると「高糖質・低脂肪・タンパク質そのままの食事」となる。

　この食事をさらに具体的に解説する（**イラスト4-3**）。食事の構成や必要量を食べるのは、「バランスよく食べる」の基本と同じだ（→**P52**）。

- 揚げ物（から揚げ、てんぷら、カツ、コロッケ、さつま揚げ、フライなど）、ルーを使った料理（カレーライス、ハヤシライス、グラタン、シチューなど）、マヨネーズ和え・焼き、あんかけ類（中華丼、マーボー豆腐など）などの油を多く使う料理や油を多く含む食品（ベーコンや肉の脂身など）は、極力なくす（→低脂肪）。
- 油の使用が少ない調理法にすることにより、油でとっていたエネルギーを主食（めし、麺、パスタ、パンなど）に替えて多めにとる（→高糖質）。
- 肉、魚、卵、豆・豆製品、乳・乳製品は、いつも通りしっかり食べる（タンパク質そのまま）。
- 副菜（野菜や海藻、キノコなど）と果物は、いつも通り食べる。

イラスト 4-3
「高糖質・低脂肪・タンパク質そのままの食事」の例

「高糖質・低脂肪・タンパク質そのままの食事」には、注意・留意点もある。これは、「第4章-1 試合期の栄養管理」で説明したことの具体的な対処となる。

❶テーパリングや調整によって、運動量が変われば必要となるエネルギー量も変わる。このため、運動量に合わせたエネルギーの摂取をすべきである。ただし、緊張や興奮によって消費されるエネルギー量も考慮しないと、試合前に体重が減少し、パフォーマンスに影響することになるので注意が必要だ。

❷試合前は興奮や緊張により、消化・吸収が抑制される。体内での消化の第一段階は、「よく噛む」ことだ。よく噛まなくても食べられる料理は避けなければならない。例えば、ルーを使ったカレーライスや麺類などだ。これらの料理は、早食いにもなるので避ける。

❸試合前に食欲不振になった場合には、香辛料を活用するとよい。ただし使い過ぎると、胃腸の状態を悪くするので注意が必要だ。例えば、カレーライスは油を多く使う料理であり、早食いになるので避けるべきなのだが、カレーの香辛料は食欲をそそる。そこで、できる限りルーはよけて具だけをめしにかけてよく噛んで食べれば、問題ないのだ。上手に活用すると、カレーは試合前に食べてよい料理になる。

❹食塩は、いつも通り食べていれば、だいたいいつもの量が摂取される。運動量が減ることにより、食事量が減れば減塩になる。食塩の摂取量が極端に少なくなると食欲が減退することもあるので、極端に減らさないようにする。また、食塩を普段よりもとり過ぎると、体内の水分量が増加し、体重が増えることがあるので、注意が必要だ。

❺食物繊維については、いつも食べている量に腸が適応している。このため、いつも以上に食べればガスの発生を促進することになり、いつもよりも少なくなれば便秘になることがある。そこで、いつもと変わらない量を食べることが基本だ。試合前だからとむやみに食物繊維の摂取量を少なくする必要はない。試合当日、下痢ぎみになるなどの不安がある場合には、摂取タイミングや量を調整するとよい（→**P96**）。

❻脂肪やタンパク質など、消化に時間のかかるものを大量に食べることは避ける。

❼補食を活用する。主食の量が増えることにより、食事の嵩も増える。食べきれない状況になったり、食欲が落ちて1食に食べられる量が少なくなったりした場合には、補食をとるとよい。

❽状況によっては、サプリメントを活用する。

❾普段食べ慣れていない食事や食品は食べない。例えば、自国では朝食にめしかパンを食べているが、海外遠征でオートミールを食べてみたら、すぐにお腹がすいてしまって午前中のパフォーマンスの質が悪くなるといったことが考えられる。このように、食べ慣れていないものは、何が起こるかわからないので、試合前には避ける。

「スタミナをつける」「試合に勝つ」といったげん担ぎの理由で、試合前に焼き肉やカツを食べさせる指導者がいると耳にするが、高糖質・低脂肪とはならず、肉を多く食べることで消化に時間と負担がかかり、競技力にマイナスの影響を及ぼす可能性があるので、避けるべきである。

試合前日までの食生活

　試合前とは、試合日からどのくらい前までを指すのか、競技種目、試合の規模によって変わってくるだろう。**試合前日までの食生活としてぜひ、実行してほしいのが試合3日前からの「プチ・グリコーゲンローディング」だ。**「プチ」とつけた理由は、グリコーゲンを大量に蓄えるというよりも、緊張や興奮などが起こっても、いつも通りを確保することが目的だからだ。緊張や興奮は、いつどのように起こるかわからない。だからこそ、どのような状況でも「食」の面からパフォーマンスに悪影響を及ぼさないようにしておきたい。

　食事の基本は、「高糖質・低脂肪・タンパク質そのままの食事」とし、運動量が減少した場合には、エネルギー量のコントロールをする。体重測定などを実施して、体重

が落ち（増え）ないように食べる量を調整していく。試合の規模が大きくなるのに従い、緊張や興奮も増すことから、試合ごとに、試合に対する思いなどメンタル面を客観的に整理してから栄養・食管理の計画を立てることが必要となる。

　試合開始時刻が早朝や夜など、通常の生活リズムでは対応できない場合には、1週間前くらいから試合当日に合わせた生活をしておく。**試合当日を制したいのであれば、試合前、どのように準備を整えるかがポイントとなる。**

試合当日の食生活

　試合当日は、試合開始時刻、試合時間、試合間隔など考慮しなくてはいけない項目が増え、食生活からのアプローチが必要となる。試合で最大限の実力を発揮するための**「試合当日食生活ルール」を作っておく**ことを勧めたい。このルールは、選手自身が自分の状況を把握して作っていかなくてはならないため、どの選手にも当てはまるものを作ることはできない。以下に基本的なルールとさまざまなケースでの対応についても解説するので、ルール作りの参考にしてほしい。

1 試合当日の食事・補食のタイミング

　試合当日の食事・補食のタイミングは、試合開始時刻に左右される。**試合開始の3時間から2時間半前までに食べ終わっておくことが原則だ。**その理由は、食後に血糖値が上がり、空腹の状態まで下がるのに約2時間かかるためだ。血糖値が高い状態で運動すると、乳酸がたまりやすくなり、身体が重いと感じることがある。このため、血糖値がある程度落ち着いた状態でウォーミングアップを始めたい。ウォーミングアップを試合開始の約1時間前からすることを考えると、食事は試合が開始される3時間から2時間半前までに食べ終わっておく必要があるのだ。

　食後すぐに動くと、身体が重いと感じたり、コンディションが悪いと感じたりすることを経験した人も多いだろう。運動することにより消化・吸収が抑制されるだけでなく、血糖が上昇した状態で運動するとエネルギー代謝が効率よく働かず、だるい、重いなどの体感が起こることも多い。

　ただし、試合時間が長く、試合途中での栄養補給ができないことがあらかじめわかっているときには、例外として試合開始直前まで食事や補食をすることもある。この場合、試合で戦うほかのアスリートも同じ条件となることから、そのような状況のなかでいかに良好なコンディションで戦うことができるかを計画する。

　次に、食事をしてから試合までの間は、計画通りに補食でつなぐ。興奮などから、考えていた以上に消耗が激しい場合には、追加で補食を入れていく。具体的な内容は、**P95**の**「軽食・補食・サプリメントの活用」**で確認してほしい。

表4-1　1日、1試合のときの栄養補給計画

予想試合時間2時間のサッカーの場合（延長戦なし）

試合開始時刻		朝食前軽食・補食	朝食	補食・軽食	試合中	試合直後	昼食	
早朝	9時	-	6時までに食べ終わる（試合が終了する11時に小腹がすくくらいの量を食べる）	補食適宜	水分補給は適宜行う。ハーフタイム：水分補給とエネルギー補給	水分と糖質補給	クーリングダウン後、できるだけ早く食べる	以降は日常の流れと同様
午前中	11時 パターン1	-	いつも通りの時間（6～7時）に食べる	8時半までに軽食を食べ終わる（試合が終了する13時に小腹がすくくらいの量を食べる）その後、補食適宜	水分補給は適宜行う。ハーフタイム：水分補給とエネルギー補給	水分と糖質補給	クーリングダウン後、できるだけ早く食べる	以降は日常の流れと同様
午前中	11時 パターン2	6時から7時に補食・軽食を食べる	8時までに食べ終わる（試合が終了する13時に小腹がすくくらいの量を食べる）	補食適宜	水分補給は適宜行う。ハーフタイム：水分補給とエネルギー補給	水分と糖質補給	クーリングダウン後、できるだけ早く食べる	以降は日常の流れと同様

試合開始時刻		朝食前軽食・補食	朝食	補食・軽食	昼食	試合中	試合直後	補食・軽食	
午後	13時 パターン1	-	いつも通りの時間（6～7時）に食べる	10時半までに軽食を食べ終わる（試合が終了する15時に小腹がすくくらいの量を食べる）その後、補食適宜	-	水分補給は適宜行う。ハーフタイム：水分補給とエネルギー補給	水分と糖質補給	適宜（夕食に影響のないように食べる）	以降は日常の流れと同様
午後	13時 パターン2	6時から7時に補食・軽食を食べる	10時までに食べ終わる（試合が終了する15時に小腹がすくくらいの量を食べる）	補食適宜	-	水分補給は適宜行う。ハーフタイム：水分補給とエネルギー補給	水分と糖質補給	適宜（夕食に影響のないように食べる）	以降は日常の流れと同様
午後	15時	-	いつも通りの時間（6～7時）に食べる	補食適宜	12時半までに食べ終わる（試合が終了する17時に小腹がすくらいの量を食べる）その後、適宜	水分補給は適宜行う。ハーフタイム：水分補給とエネルギー補給	水分と糖質補給	適宜（夕食に影響のないように食べる）	以降は日常の流れと同様

試合開始時刻		朝食	補食・軽食	昼食	補食・軽食	試合中	試合直後	補食・軽食	夕食	寝る前
夕方	17時 パターン1	いつも通りの時間（6～7時）に食べる	補食適宜	いつも通りの時間（12～13時）に食べる	補食適宜（19時に小腹がすくように補給する）	水分補給は適宜行う。ハーフタイム：水分補給とエネルギー補給	水分と糖質補給	適宜（夕食までのつなぎの量）	クーリングダウン後、できるだけ早く食べる	適宜
夕方	17時 パターン2	いつも通りの時間（6～7時）に食べる	補食適宜	12時くらいに軽食を食べる（14時までに軽食を食べることができる量）	14時までに軽食を食べ終わる（19時に小腹がすくように補給する）	水分補給は適宜行う。ハーフタイム：水分補給とエネルギー補給	水分と糖質補給	適宜（夕食までのつなぎの量）	クーリングダウン後、できるだけ早く食べる	適宜
夕方	17時 パターン3	いつも通りの時間（6～7時）に食べる	補食適宜	13時くらいに食べる（19時に小腹がすくように補給する）	補食適宜	水分補給は適宜行う。ハーフタイム：水分補給とエネルギー補給	水分と糖質補給	適宜（夕食までのつなぎの量）	クーリングダウン後、できるだけ早く食べる	適宜
夜	19時	いつも通りの時間（6～7時）に食べる	補食適宜	いつも通りの時間（12～13時）に食べる（16時までに軽食を食べることができる量）	16時までに軽食を食べ終わる（21時に小腹がすくように補給する）	水分補給は適宜行う。ハーフタイム：水分補給とエネルギー補給	水分と糖質補給	適宜（夕食までのつなぎの量）	クーリングダウン後、できるだけ早く食べる（食べ過ぎると胃腸が不調になったり、睡眠までの時間がかかったり、睡眠の質が悪くなったりするので、注意する）	-
夜	21時	いつも通りの時間（6～7時）に食べる	補食適宜	いつも通りの時間（12～13時）に食べる	18時までに軽食を食べ終わる（23時に小腹がすくように補給する）	水分補給は適宜行う。ハーフタイム：水分補給とエネルギー補給	水分と糖質補給	適宜（夕食までのつなぎの量）あるいは、クーリングダウン後、軽食をできるだけ早く食べて夕食を終了する	夕食を食べる場合には、できるだけ早く食べる（食べ過ぎに注意する）	-

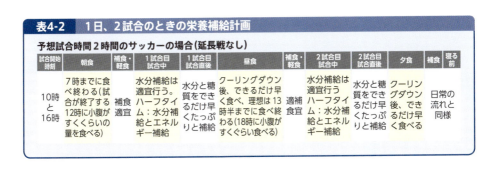

表4-2　1日、2試合のときの栄養補給計画

2 試合当日の食事内容と量

試合当日と試合直前の食事は、バランスの整った「高糖質・低脂肪・タンパク質そのままの食事」となる。緊張や興奮の程度によって、より消化のよい調理法や材料にしたり、補食を活用したり、サプリメントで補ったりする。食物繊維の量を控えたり、下痢を引き起こしそうな食品については避けたりすることもある。食事内容は、今までの経験をもとに、個別性の高い調整が必要だ。また、水分補給については、できる限り体内水分貯蔵量を100％にすることを考えて行動する（→**P186**）。

食べる量の原則は、**「試合が終わったときに、ちょっとお腹がすいてきた（小腹がすいた！）となるくらいの量を食べる」**だ。通常、朝食を食べるときには、午前中に何をするかを考慮しながら昼食までもつように食べる量を決めるだろう。試合のときには、試合中に最良のパフォーマンスを維持することを最優先とするため、次の食事までもつようにではなく、試合が終わったときをイメージして食べるのだ。また、決めていた食事量が多い、あるいは少ないと感じたときは、身体の声に耳を傾け、その情報を精査して、計画の変更をする。私の今までのサポート経験では、アスリートから感じたことを言葉にして伝えてもらい、その感覚を大切にして精査することにより、計画の変更も多く行い、より適切なサポートにつなげることができている。

3 試合当日の食事計画

試合当日の食事計画は、試合開始時刻と試合数を中心に立てる。サッカーを例にして、試合開始時刻に合わせた計画を**表4-1**にまとめた。試合開始時刻によっては、複数のパターンを示しているので、ウォーミングアップの開始時刻や食環境などによって選択してほしい。今回は延長戦なしでの計画を示したが、延長戦ありの場合には、試合前に食べる量やタイミングを多くしたり、ハーフタイムでの補食の内容や量を工夫したりして対応する。

また、同じくサッカーを例にして1日に2試合ある場合の計画を**表4-2**にまとめた。

この例では、試合間隔が4時間あるので、間に昼食を入れることができる。競技種目によっては、試合間隔が2時間以内ということもある。この場合、1試合目が始まる前から2試合目を考えて計画する。

表4-1、4-2に示した計画は、**タイミングと食べる量だけを示しているが、この表に「何をどのくらい食べるのか」を加えると、試合当日の栄養補給計画となる。**この計画は、公認スポーツ栄養士の腕の見せどころとなる部分なので、今まで私はサポートしているアスリート以外に見せたことがない。「何をどのくらい食べるのか」は、アスリート一人一人で違ってくるからだ。

4 試合中の補給

試合中にできることといえば、水分補給と休憩時に補食をとるくらいだ。水分補給では、脱水・熱中症の予防のために、のどが渇いたという知らせがくる前に機会をみて少しずつ飲む。ただし、機会が少ない場合には、1回に飲む量を多めにする。飲む内容や量は、練習のときと同じ考えになる（→**P183**）。また、緊張や興奮を和らげるために水分補給をうまく利用することもある（→**P83**）。

休憩中の補食については、競技種目によって、どのくらいの補給が必要か、どのくらい食べることができるのか、どのくらい食べる時間があるのかを見定めたうえで、アスリート個々の状況を踏まえて計画し、実行する。しかし、試合の流れなどから、休憩時に状況を判断し、計画を変更して対応することも多々ある。

5 試合直後の補給

試合後の補給は、試合で失ったエネルギーや栄養素、水分を回復させるために重要である。基本的には通常の練習のときと同じ考え方をすればよく、練習後の栄養補給のルールが作成されていれば、そのルールに従って進めていけばよい。試合が連続して、あるいは、連日続くときには、いつものルールをよりアップグレードさせて対応することもある。

ポイントとしては、**筋肉や肝臓のグリコーゲン回復のためにドリンクでの糖質補給をできるだけ早く実施する**ことだ。練習では、「すぐに」というと、クーリングダウンの前に摂取というイメージを指す。試合では、試合が終了した直後に、荷物などを整理しているときに摂取するイメージだ。ロッカールームに戻ってゆっくりしてから補給するようでは遅い（**イラスト4-4**）。

特に、連戦、連日の場合は、直後に補給するほうがグリコーゲンの回復が早い。グリコーゲンは24時間かけて回復するというデータを根拠に考えると、1試合目より2試合目、2試合目より3試合目と、試合が進むにしたがってグリコーゲン量が少ない状態で戦うことになる。次の試合が翌日であっても、その開始時刻が1試合目の終了時刻から24時間以上空いてなければ、1試合目と同じグリコーゲンの状況で戦う

ことができないのだ。この状況に対応するために、試合前からグリコーゲン量を多く蓄えておくこと、試合中にできるだけ糖質を補給してグリコーゲンを使わないようにすること、試合直後に糖質を補給して早く回復させることを行う。

イラスト 4-4
試合直後の糖質補給のイメージ。終了した直後の摂取を心がける

試合後の食生活

試合後の食生活は、「当分の間、試合がない場合」「試合の間隔が1週間程度空いている場合」「連日、あるいは1日間隔くらいで試合がある場合」に分けて考える。

1 当分の間、試合がない場合

試合直後の補給をしっかりすれば、試合後の食生活は、練習のときと同じでよい。注意したいのは、試合後の食事で羽目を外し過ぎて、その後に体調を崩すことだ。

例えば、スポーツ少年団では、試合後に焼き肉食べ放題のお店でジュニアアスリートと保護者で打ち上げをするとよく聞く。この場合、アスリートは試合で身も心も疲れているため、肉を思うように食べることができず、飲み放題のジュースを飲み続けたり、焼き肉のたれをご飯（めし）にしみこませて（肉をご飯にこすって味を移して）食べていたりする。保護者は応援の声出しで渇いたのどをビールで潤す。少し酔いが回

ると、ジュニアアスリートのところに行き、「なんでジュースとか、めしとかばっかり食べてるんだ！　肉をもっと食べて、元を取らなきゃダメだろ！」と気合いを入れる。疲れているジュニアアスリートたちは、聞き流してまぬがれようとするが、体力のあるジュニアアスリートは、保護者の期待を裏切ってはいけないと考え、無理して肉を食べる。その後、そのアスリートは胃腸炎となり、学校を休むというのがよくあるパターンだ。試合後の焼き肉はアスリートも保護者も喜ぶかもしれないが、アスリートの身体は受け入れられないような状態だ。そこで、試合当日に打ち上げをするのなら、うどんすきのような鍋のお店にするか、試合当日ではなく、体調が整った後日、焼き肉で打ち上げをするかにすべきだ。保護者には、ぜひアスリートファーストの考えで、打ち上げも計画してほしい。

　また、成人したアスリートが、試合後の夕食でアルコールを摂取し、体調を崩して、その体調の回復に1カ月程度を費やしてしまい、通常の練習になかなか戻れなかったという話を聞く。ストレスから解放されてうれしい気持ちになるのはわかるが、大して飲んでいなくても、疲れていると肝臓での解毒がスムーズにいかない（→**P215**）。また、空腹の状態で飲むと吸収がよく、酔ってしまうのだ。羽目を外すことを禁ずるわけではないが、アスリートであるならば、ある程度の節度をわきまえるべきだろう。

2 試合の間隔が1週間程度空いている場合

　試合の間隔が1週間程度空いている場合は、下記のように考えるとよいだろう。

試合当日：試合後も「高糖質・低脂肪・タンパク質そのままの食事」
試合後1日目：油（脂）を使った通常メニュー、ただし、回復が遅いようであれば、「高糖質・低脂肪・タンパク質そのままの食事」
試合後2日目：油（脂）を使った通常メニュー
試合後3日目：油（脂）を使った通常メニュー
試合前1〜3日：「高糖質・低脂肪・タンパク質そのままの食事」
試合当日：「高糖質・低脂肪・タンパク質そのままの食事」

　リーグ戦のように毎週末試合がある場合などは、サイクルとして考えるとよい。

3 連日、あるいは、1日間隔くらいで試合がある場合

　連日、あるいは、1日間隔くらいで試合がある場合は、基本的に「高糖質・低脂肪・タンパク質そのままの食事」となる。しかし、オリンピック・パラリンピックや国体のように大会期間が1週間から20日間程度あり、その間に、パラパラと試合が組まれているときには、身体の回復状況を見定め、油（脂）を使った料理も食べる量を加減

しながら組み込んでいく。**アスリート自身に「食べたい」という欲求があれば、その料理や食品をとり入れ、量を考慮して積極的に油・脂をとる**ようにする。

軽食・補食・サプリメントの活用

　試合期には、軽食・補食・サプリメントの活用が必須となる。なぜなら、通常の3食を規則正しくとれなくなり、「試合開始時刻を中心に食事が組まれる」「緊張・興奮によって予想できない消耗に対応しなくてはならない」「最良のパフォーマンスを最優先し、試合前の食べる量も、試合終了時点で小腹がすいている程度にするため、食事からだけではエネルギーや栄養素の十分な補給ができない状況となる」といったことから軽食・補食・サプリメントを活用しなくては補えないからだ。

　軽食は、ガス欠防止とグリコーゲン補充のための糖質補給を目的に、消化のよい料理や食品で構成する食事のことだ。**補食は、試合までに補給しておきたいエネルギー、糖質、タンパク質、ビタミン、ミネラルをとる**ことだ。軽食ではおにぎり、サンドイッチ（ハムやジャム、腹持ちをよくしたいときにはチーズ）、うどん、スパゲティー（具があまり入っていないもの）、補食では、果物、果汁100%ジュース、野菜ジュース、プリン、カステラなど、美味しくて、緊張していても食べることができるものを準備する。タンパク質を補給したいときには、ポタージュスープなどの牛乳の入ったスープやヨーグルト、プリンなどを準備することもある。アスリートの嗜好なども考慮して考える。また、栄養補助食品も活用する。

　試合までにどのくらい時間があるのかによって食べる内容は変わってくる。基本的には、次のようになる。

試合の2時間以上前：軽食（上記）で紹介した料理や食品
試合の1～2時間前：固形（ブロック）やゼリータイプの栄養補助食品
試合の1時間～30分前：果物、ゼリータイプやドリンクタイプの栄養補助食品か果汁100%ジュース
試合前30分以内：水

　試合中の休憩時間にすぐに吸収したいのであればドリンクタイプ、試合中の腹持ちを考えるならばゼリーや固形タイプを選ぶ。何を食べるかは個人、チームの状況に応じて、微妙な調整をすべきものだ。

　サプリメントは、試合中、エネルギー代謝の効率が悪くならないようにビタミンB群を中心としたビタミンの補給、酸化ストレスに対抗するためのビタミンAやCの補給、エネルギー代謝にアミノ酸が使われるようになったときに対応するための分岐鎖アミ

ノ酸を中心としたアミノ酸の補給が目的となる。食事から効率よく摂取できているのであれば、サプリメントの活用は考えなくてもよいが、試合では見えない敵である緊張や興奮にも対抗しなくてはならないため、使用することが多くなる。試合の何日も前から緊張や興奮をしているようであれば、サプリメントを利用して補うとよいだろう。ただし使用量については、あくまで食事で補えない分とし、過剰摂取は避けるべきだ。

ジュニアアスリートは、原則サプリメントをとるべきではないが、あまりにも短い間隔で設定されている試合では、栄養補助食品で補うしかない場合もある。とはいっても大人に比べて身体の小さいジュニアアスリートは、量を考慮しないとすぐに、過剰摂取になってしまうことを覚えておいてほしい。また、毎試合、監督から「栄養ドリンク」が配布され、理由もわからず飲んでいるジュニアアスリートがいる。これが習慣化されると、暗示にかけられているように「試合前には栄養ドリンクを飲まなくては試合に出られない」と発言するアスリートもいる。ドリンクの中には、過剰摂取になるだけではなく、ドーピング禁止薬物が含まれているものもある。**指導者はサプリメントを飲ませることを安易に習慣化するのはやめてほしい。**

試合期の下痢と便秘対策

試合期では、緊張や興奮からさまざまな症状が引き起こされる。そのなかに下痢と便秘がある。試合前になると、下痢や軟便になったり、便秘になったり、下痢と便秘を繰り返したりするアスリートがいるが、最良のパフォーマンスに導くためには、どれも避けたい。

下痢の原因としては、緊張や興奮によるもののほか、胃腸のトラブル、感染症、食べ過ぎや水分のとり過ぎが考えられる。緊張や興奮による場合、出るだけ出してしまえば、治まることが多い。その後、冷たい食べ物やドリンクを避けたり、食べ(飲み)すぎに気をつけたり、身体が冷えないようにしたりすれば、多くの場合再度下痢を起こすことなく試合に臨める。緊張や興奮はコントロールできないので、試合前の不安材料にはなるものの、「出し切れば問題ない」と認識し、身体を冷やさないようにするなどの準備を整えればよい。下痢が止まらないようであれば、試合前の食事のタイミングを工夫したり、医師の治療を受けて薬を処方してもらったり、電解質の欠乏や脱水にならないように水分を補給し続けたりしなくてはならない。

便秘は、試合先での食生活の変化や水分補給の状態から引き起こされることが多い。対策としては、日々摂取している量と変わらない食物繊維を摂取するために野菜、果物をいつも通り食べることと(→P58)、水分補給が少なくならないように注意する(→**P183**)ことだ。気にしすぎて、試合前に野菜や果物をいつも以上に食べるとガスが発生し、お腹が張ったような状況になるので、注意が必要だ。私の経験で

は、生野菜が少なく温野菜が多い中国に遠征すると、食物繊維の摂取量が多くなりやすい。食べる嵩は同じであっても、生野菜に比べて温野菜のほうが野菜を多く食べることができるからだ。多くなった食物繊維の摂取量に慣れるのに1週間くらいかかり、その間、ずっとお腹が張ったり、ガスが大量に出たりという症状になる。こうした変化を避けることで便秘は予防できる。

アスリートにとってのグリセミック・インデックスの活用

グリセミック・インデックス（GI）は、「血糖上昇反応指数」ともいわれ、基準量（50g相当）の糖質を含む食品（米飯であれば糖質50g摂取するのに135g）を摂取したあと、2時間の血糖値の上昇度合いを指数化したものである。また、血糖値の上昇を左右する要素である食品の消化・吸収速度と体内での利用効率を示す指数であるともいえる。食品それぞれの血糖値の上昇度合いは異なり、血糖値の上昇度が大きければ高GI食品、血糖値の上昇度が小さければ低GI食品と分類される。

高GI 70以上：白米、白パン、ジャガイモ、ブドウ糖
中GI 56〜69：スパゲティやマカロニなどのパスタ、ショ糖
低GI 55以下：玄米など未精製穀類、豆類、果実類・野菜類、乳製品

GIが高い食品は、吸収が早いので、練習や試合直後のグリコーゲン回復に有効である。GIが低いものは、食物繊維の含有量が多く、消化に時間がかかり、吸収が遅いことから、運動後少しずつ糖質を供給することができる点で有効である。

食品のGIだけに注目しがちだが、食事として考えた場合、白米のような高GIの食品と野菜のような低GIの食品を食べ合わせることによってGIは低下する。また、油を使って調理したものや脂肪の多いものと一緒に食べることによっても低下する。

食事のGIを低下させること（低GI食）により、低GI食→低インスリン分泌→中性脂肪合成を抑制すると考えられ、生活習慣病の予防などに活用されている。

近年、野菜を先に食べる食事法が流行っているが、これは、低GI食の効果と、胃の容量に対して先に野菜を入れておくことで主食の量を減らし、摂取するエネルギーも抑える効果を狙った食べ方だと考える。しかしアスリートは、筋肉の合成にインスリンが必要であったり、エネルギーを優先して食べる必要があったりする。また、温かい料理を温かいうちに美味しくいただくことで食欲がアップする効果もあるので、野菜を先に食べることよりも、普通に美味しく食べた方が、好都合であることを知ってほしい。

事前の計画・準備がカギ
3 試合期・遠征中の環境整備

試合期は、試合会場によって生活や環境が変化する。負担やストレスをかけないためには、食生活もできる限り普段通りに送りたいが、そのためには計画や準備が必要だ。

試合会場に合わせた管理のポイント

試合期の食環境は、どこで食事をすることができるのか、補食や軽食をどこで調達できるのか、衛生面での問題がないかが、管理のポイントとなる。また、海外での試合の場合、国内でのポイント以外の留意点や注意点が存在する。

国内での試合の食環境整備

国内だが自宅から行くことができない場合には、ホテルや旅館などの宿泊施設で試合前から当日にかけて過ごすことになる。食環境を考えるうえでのポイントは「宿泊施設での食事提供の有無」「宿泊施設内での調理スペースとその状況」「食材や補食を調達するためのコンビニエンスストアやスーパーなどへのアクセス」がある。

宿泊施設での食事提供の有無によって事前準備が変わってくるが、確認事項を**図4-1**にまとめた。**最善は、宿泊施設で要望通りのメニューによって「美味しい」食事が提供され、希望時刻に専用会場で食事ができる状況**だ。最近はアスリートへの理解が深まり、宿泊施設の受け入れもよくなって、この状況を作り出すのが容易になってきている。

試合前の食事を整えるために、食事提供場所との調整が必要となる。交渉にあたり最も大切にしたいことは、「普段通りの食事」に近づけることだ。ここでは、宿泊施設で食事が提供されるとして解説する。

宿泊施設の食事・料理担当者は、お客様に普段、家庭で食べているものとは違う「プロの味」を堪能してほしいと考えている。「プロの味」のポイントは、油（脂）の使い方だ。例えばバターをふんだんに使ったり、天ぷらなどカリッとした揚げ物を出したりという点が、家庭とは違う。しかし、試合前の食事は、「高糖質・低脂肪・タンパク質そのままの食事」が基本だ。したがって料理担当者の方の思いを理解しつつ、調整をお願いすることになる。

調整の方法は、大きく2つある。こちらからメニューを提出してその通りに作ってもらう方法と、食事提供側にメニューを作ってもらいそれを確認して調整する方法だ。私は、後者を選んでいる。なぜなら、試合場所の美味しい食材や旬の食材を使ったメニューにしてほしいからだ。

　宿泊施設との調整は、次の手順で進めていく。

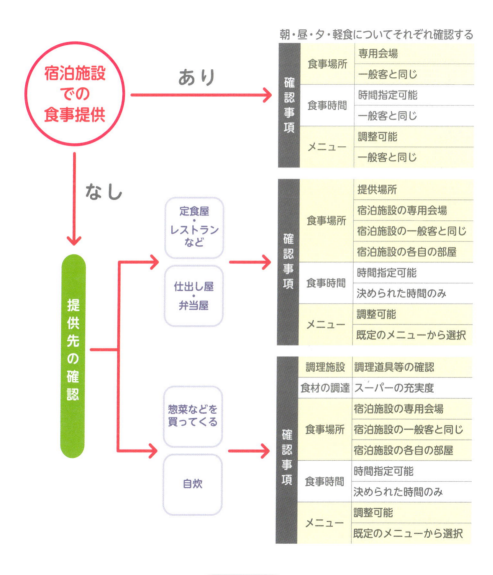

図 4-1
宿泊施設から試合に行く場合の食環境の確認事項

❶ 宿泊施設にメニューを考えてもらうための書類の提出

　宿泊施設には、少なくとも1カ月くらい前までに依頼の文章を提示し、理解を深めたうえでメニューの作成を依頼する。依頼文章の例を次頁に示す。チームによっては、食事の量や味つけなど、詳細にお願いをすることもある。

❷ 宿泊施設から送られてきたメニューの調整

　宿泊施設からメニューが送られてきたら、すぐに確認する。例示したように依頼はしているものの、例えば、揚げ出し豆腐であったり、酢豚（材料を素揚げしている）だったり、コロッケだったり、さまざまな油を多く使った調理法の料理があがってくることが多い。また、野菜の種類が少なかったり、めしがすすむメニューが少なかったりする場合もある。料理提案を含む修正をかけて、宿泊施設側に提示して、検討後の修正メニューを再度提示してもらい、確認する。このようなメニューの調整については、公認スポーツ栄養士など、専門職のサポートが必要な領域だ。

❸ 提供当日のメニューの確認

　当日に提供された食事を確認し、調整したメニュー通りに提供されているか、イメージしていた料理と齟齬がないかなどを確認し、イメージと違う状態であったときには、食べ方に工夫が必要だ。私が体験したハプニングを1つ紹介しよう。夕食の主菜に「鯛の塩焼き」があった。当日、尾頭つきで一人1匹鯛が出てきた。旅館のご主人は、「港でとてもよい鯛があがったから、みんなに食べさせてあげたくて、奮発しちゃったよ！」とのことだった。私はアスリートたちに、「多いと思ったら残しなさい」と伝えた。私も含め、全員完食したが……。「鯛1匹事件」として記憶に残っている。いくら調整していても、想定外は起こるものだ。

　食事開始時刻は、チーム全員同じにすることができない場合もある。例えば、駅伝では、朝食を4時半に食べるアスリートから、8時に食べるアスリートまで、幅が広くなる。宿泊施設と調整して、進めていかなくてはならない。
　そのほかにも注意したい点は、いくつかある。ブッフェスタイルで提供される場合には、事前に食事内容は調整されているので、アスリート自身が必要な量を選択して食べることになる。事前にアスリートに教育しないと、何も考えずに端からどんどん皿に盛っていき、必要以上に食べてしまうことになりかねない。最初に何が出ているかを確認し、どのようにとるかをイメージしてから、とっていくという教育は必須だ。
　また、朝食のブッフェなど、一般客と同じものが提供される場合には、何を食べるのかを教育しておかなければ、「高糖質・低脂肪・タンパク質そのままの食事」は実現

献立作成についてのお願い

食事担当者様

お世話になります。〇〇チームの食事の献立を作成するにあたり、お願いがあります。試合前は、体内のエネルギー源(グリコーゲン)を補充するための食事が必要です。また、緊張や興奮により消化・吸収が低下します。そのため、「高糖質・低脂肪・タンパク質そのままの食事」とし、ベストパフォーマンスを発揮したいと考えます。
そこで、献立作成に当たり、下記にあげた項目にご配慮いただければ幸いです。作成いただきました献立を事前に確認させていただきたく存じます。
お手数をおかけしますが、よろしくお願いします。

- 蒸す、焼く、炒めるなどの油の少ない調理法の料理にしてください。
  揚げ物やマヨネーズ和え・焼きなどの油を多く使う料理はやめてください。
- カレーライス、ハヤシライス、シチューなどのルーを使う料理は、やめてください。
- 生野菜以外の生卵・魚介類・肉類の「生もの」はやめてください。
- 肉は、脂の少ない部位を使用してください。
- 主食(めしやパン、麺など)は、おかわりができるようにしてください。
- サラダ以外に野菜のおかずを2品入れてください。
- 牛乳とヨーグルトは、毎食提供してください。
- 果物を毎食提供してください。
- 果物以外のデザートは不要です。
- 香辛料を効かせ過ぎないようにしてください。
- 味つけは、薄くするか、選手自身が味つけすることができるようにしてください。

栄養サポート担当　鈴木志保子

できない。**教育なしに試合前・当日にブッフェスタイルで食事をすることはとても危険だ。**専門職のサポートがない場合には、本書から学んで実行してほしい。

　宿泊施設では、通常、一般客には昼食を提供していない。このため、昼食を依頼すると、簡単なメニューになりやすく、「高糖質・低脂肪・タンパク質そのままの食事」を依頼することが難しい場合がある。宿泊施設よりも、お弁当屋や惣菜屋で調達して整えた方がよい場合も多い。軽食・補食についても同様だ。この場合も、事前の調整が必要となる。

海外での試合の食環境整備

　海外での試合は、日本とは食文化が異なるため、事前準備が重要だ。情報収集のポイントは、提供される食事、宿泊施設の食環境、食材・食品の調達とその状況、衛生状態だ。情報収集は、旅行会社を通して行ったり、インターネットで検索したり、現地の人や在住の日本人に聞いたり、オリンピック・パラリンピックや世界選手権のような大きな競技大会では国立スポーツ科学センターや競技団体などのスタッフが事前に視察を行って提供してくれたりする。

　現地の食事は、**香辛料がふんだんに入っていたり、食べ慣れていない食材が使われていたり、普段食べている食材や食品がなかったり、ポーションサイズが大きかったり(提供量が多かったり)**、さまざまな問題や課題が出てくるので、事前に状況を判断して、解決法を見出し、対処しなくてはならない。現地だけでは解決できない場合には、調理ができる宿泊施設に変更したり、日本から食品を送ったりすることもある。食べることができないときに備えて、補助食品を携帯しておくこともよい。

　また、**現地の食事では、栄養状態を維持できないと考える場合には、積極的にサプリメントを活用する。**魚介類や海藻などをほぼ食べることができない国では、国内で充実した食事をしているときにはほとんど利用することがないミネラルのサプリメントを利用しなくてはならない場合もある。

　アレルギーや疾病の対応については、日本と同じ食環境整備や対応が期待できないため、入念な準備をして、実行すべきと考える。

　食の安全性の確保は、問題が起こったときにはアスリート個人での責任が問われるため、その国の事情をよく知り、考えて行動すべきだ。例えば、国によっては、畜産の法的基準が違い、飼育に当たってドーピング禁止薬物の使用が許可されている場合もある（→P108）。IOC（国際オリンピック委員会）やIPC（国際パラリンピック委員会）などの国際機関から注意をするようにという勧告の連絡が来ることもある。そのような肉を食べた場合、ドーピング禁止薬物の摂取とみなされる可能性があるため、試合前の食事は、肉、卵、牛乳・乳製品を使わない食事にしなくてはならない。

実際にあった経験では、宿泊施設の食事を調整し、肉、卵、牛乳・乳製品を使わないメニューに変更し、昼食は日本食のレストランを探して、メニューを調整したうえで弁当を提供した。細心の注意をしてメニューチェックをしたが、魚に衣をつけて焼いた料理を作ってもらったときに、つなぎで溶き卵が使用されてしまい、急遽、衣を外して食べるように指示を出した。肉、卵、牛乳・乳製品を完璧に除去することは難しいと実感したが、ドーピング違反にならないために最大限の努力が必要となる。

衛生管理

　試合期の衛生管理では、「衛生的に安全なものしか食べない」を基本とする。衛生管理に絶対という言葉はないため、最大限の努力をして衛生管理をすることになる。

　とはいうものの、衛生管理は、試合期だけ行えばよいものではなく、日常的にアスリートが習慣化して行うべきことでもある。手洗い、うがいだ。私は手洗いやうがいの方法まで教育している。いくら専門職が環境整備しても、アスリート自身が衛生的に問題のある行動をしたのではリスク管理にはならないため、徹底した教育と習慣化が必要である。

　また、アスリートができる衛生管理としては、食べ物や飲み物の保管がある。食べ（飲み）残した状態で放置したり、冷蔵保存すべき食品を常温でおいておいたり、ほかのアスリートと食器を使いまわしたりなどの行為はしないようにする。食中毒や感染症の拡大を防止する意味で、重要なことだ。こちらも徹底した教育・習慣化が必要となる。

　さらに、アスリートは、食べたり飲んだりするものを評価し、即座に対応しなくてはいけない。たとえば、食品から変なにおいがしたり、変色していたり、糸を引いていたり、粘り気が出ていたり、酸っぱくなっていたり、まずかったり、カビが生えていたり、といった異変を感じた場合には、食べる（飲む）のをやめなくてはならない。今は、日常生活で腐ったりカビの生えた状態を見たり感じたりすることがないため、察知しにくくなっている傾向がある。提供されたものが、100%安全だとは思わずに、留意して食べたり、飲んだりしてほしい。

　食事提供施設において、「創業以来、一度も食中毒のような問題を起こしたことがない」という施設でも、「絶対に起こさない」という保証はない。特に試合前は失敗が許されないので、どのようなホテルや旅館などであっても、徹底した衛生管理を実施する。アスリートに必要な食に関する衛生管理のポイントを**表4-3**（→**P104**）にまとめた。

　私が体験した「すき焼き事件」を紹介しよう。駅伝の前日の夕食の話だ。当初、調整したメニューは、水炊き鍋だった。食塩の摂取が気になるので、主食はうどんと白飯

の両方を提供して、雑炊はしないことにしていた。夕食の20分前に食堂に行ってみると、鉄鍋が準備されていたので、「おや？」と思い、旅館の方に確認した。すると「試合前にスタミナをつけてもらわなくてはいけないので、すき焼きにしました。追加料金などはいりませんよ。明日頑張ってほしいので、旅館からのプレゼントです！」と言われた。旅館の方のご厚意に感謝したが、驚いた。「しゃぶしゃぶのほうがまだよいのに！」と正直思った。すき焼きは「生卵を使う」「割り下には食塩と糖分が多いため体重が増加する」「しらたきを試合前日に食べると試合当日ガスが発生する可能性が高くなる」「肉中心になるとめしが確保できない」など、試合前の食事としての問題は多い。そこで、すき焼き煮にして、生卵は鍋に入れて火の通った状態にして食べた。しらたきは、1/3はアスリートが食べ、2/3はスタッフが食べた。忘れられないハプニングだ。

　そのほか、よくあるハプニングとしては、「○○町は、新鮮な刺身が有名なんだ。刺身を食べずに帰すわけにはいかない！　メニューにはなかったけど、うちの刺身は絶対に安全だから夕食につけておいたよ」というような「お刺身事件」だ。この場合、私は、旅館の方に、「選手は、試合前で消化・吸収が悪くなっていて、お刺身よりも、少し火が通っているほうが消化しやすいので、一人鍋の中に少し入れてから食べさせていただきます。ご了承ください。スタッフは、お刺身を美味しくいただきます」とご理解いただいたうえで、アスリートには、お刺身を一人鍋の中に入れて火を通して食べるように指示する。

表4-3　アスリートに必要な食に関する衛生管理のポイント

- 生卵・魚介類・肉類の「生もの」は少なくとも試合3日前からは食べない。特に貝類や甲殻類には注意する。
- 調理してから時間がたっているものは食べない。
- 水の衛生状態が悪いところでは、たとえ直接水を飲まなくても、調理器具や食材を洗う水、氷で下痢を起こす可能性があるので、生野菜や皮がむいてある果物は食べない。
- 安全性が低いと感じたときには、食べない。
- 海外では、気温などの環境が違えば衛生管理も日本とは違う。現地の人には問題ないことでも、日本人は、食中毒や感染症になってしまうことがあるので、注意する。

宿泊施設でのノロウイルスの集団感染については、発生時の対処方法によって汚染が違ってくる。徹底した対策がとられているかどうかを宿泊施設に事前確認すべきだ。アスリートに対しても教育をし、ノロウイルス発生時には、適切な方法をとって感染拡大を予防しなくてはならない。

　海外から日本に来たアスリートは、自国の衛生管理が日本の気候に合った衛生管理ではない場合も多く、専門職や指導者が教育をする必要がある。例えば、乾燥した暑い国では、食品を放置しても、腐る前にひからびてしまうため、「腐る」ことを知らない。日本のように湿度の高い夏に対応した衛生管理はできないのだ。

　アスリートが試合で実力を発揮するために、環境整備として衛生管理は必須である。

　また、指導者やスタッフの試合期のコンディションについては**P165**で解説しているので読んでほしい。

飛行機内での環境整備と時差の調整

　海外試合や遠征では、飛行機を使っての移動となる。移動中にコンディションを崩さないために、また、時差ボケをできるだけ軽減させるために、機内での時間を有効かつ快適に過ごしたい。そこで、ポイントをまとめた。

- 機内では乾燥するので、脱水に注意し、エコノミークラス症候群や便秘を予防する。また、マスクをして、のどを乾燥させないようにし、風邪予防をする。
- 寒さ対策を行う。機内用に風を通さない素材のジャケットなどを準備して備えるとよい。
- 時差の調整をする。

　時差の調整について、少し詳しく解説しよう。

　空腹の状態(15〜20時間)をつくって食事をすると、体内時計が新たにセットし直されるので、空腹後の食事を現地の朝食の時間にすると不快な時差ボケがいくらかでも軽減されると言われている。

　また、目的地に到着したあとは、食事をすることで新しい時間帯に適応できるようになる。到着時間が朝や昼であれば、肉類などをしっかり食べ、夕食の時間帯であれば、穀類中心で消化のよいものを選ぶとよい。

　さらに、体内時計である概日リズムは、光によって調整されているので、現地の朝の時間に光を浴びることも有効だ。

　飛行機での移動の際もコンディション維持のために、準備をしたうえで過ごすことを勧める。

4 陥りやすいポイントとは？
合宿中の栄養管理・食生活

遠征は、国内外で、試合、練習試合、合宿などの目的で行われる。遠征中の栄養管理・食生活は、目的によって変わる。ここでは、試合期を除く、主に合宿での栄養管理と食生活について解説したい。

練習量の増加に合わせた栄養管理が必要

　栄養管理については、合宿中も練習期の考え方と同様である。食生活は、練習時間に合わせて食事開始時刻を設定し、食事の内容や量は、練習状況を考慮して計画を立てることになる。

　合宿中は、1日の練習時間が増加し、練習回数（朝練、午前練、午後練、夕方練、夜練など）が増える。このため、食欲が減退したり、消化・吸収が落ちたりして、体重が落ちることもよくある。

　合宿期間中に体重が落ちると、軽くなることから動きがよくなり、練習も予定通り行うことができ、満足のいく合宿になったと感じるかもしれない。しかし**体重が落ちるということは栄養状態が悪かったことを示し、この影響が、合宿終了の1～2カ月後に、貧血や故障として現れることもある**。練習量が多くなった場合には、エネルギーや栄養素の必要量も多くなることから、それを補うことも同時に実施しなければならない。食事だけでは補いきれない場合には、補食やサプリメントを積極的に摂取して、体重が落ちることがないように栄養管理することが重要だ。「夏場の合宿ではいい練習ができたが、秋の試合期に入って体調がすぐれない」ということがないように注意してほしい。

指導者に見直してほしい昼食と午後練の開始時刻

　食生活では、試合期同様、昼食の問題が起きやすい。宿泊施設は、お昼前後の時間帯に、朝食と夕食を担当するスタッフの休み時間となることが多い。このため、昼食の準備をするスタッフを十分に配置できない。したがって、食事作りと提供にそれほど人員をかけなくてすむ、カレーライスや牛丼、チャーハン、冷やし中華などのメニューが提供されることが多い。カレーライスのようなルーを使ったご飯や丼もの、

麺類は、よく噛まないで食べることができるため、消化が悪い。また、単品では、栄養のバランスも悪い。午後もきつい練習が続くことを考えると、昼食のメニューとしては最悪なのだ。「午後の練習中、カレーがずっと胃にとどまっていることを感じる」と訴えるアスリートもいる。

　きつい合宿中に私がおすすめする昼食は、**おにぎり（具は鮭やシーチキンなどの良質なタンパク質源）、ゆで卵、具だくさんみそ汁、野菜ジュース、ヨーグルトあるいはチーズ、果物だ。**この昼食であれば、宿泊施設での調理は、おにぎり、ゆで卵、みそ汁のみだ。おにぎりは、アスリート自身が朝食のときに作っておけば（ただし衛生管理が必要）、ゆで卵とみそ汁のみになる。この昼食のほうが、午後の練習に悪影響がない。ただし、練習中にお腹がすく可能性が高いので、補食を準備し、食べる時間を設定する必要がある。このように、昼食は多くの指導者に見直してほしいポイントだ。

　昼食後の休憩についても見直してほしい。**食後の休憩は、最低でも食後1時間半は必要だ。**「第4章-2　試合期の食生活」（→P86）で説明したが、食後、血糖値が落ち着くまでは、動かないほうがよい。パフォーマンスの質が悪くなるだけではなく、消化・吸収が抑制されるため午前中に使ったエネルギーや栄養素の補充ができない状態で運動することになり、午後の練習が後半までもたない。質の高い練習を最優先したいのであれば、しっかりと休憩を入れることは必須である。

　練習量が多かったり、強度が高かったりすると、食欲が減退することから、練習終了後すぐに夕食を食べられないアスリートもいる。状況に対応できるように夕食開始時刻に幅を持たせるなどの調整を宿泊施設としておくことも大切だ。

　ジュニアアスリートには、合宿を通してさまざまな体験をさせる必要があると考える。例えば、とことん練習してみる、お腹がすいて動けなくなる、動き過ぎると食欲がなくなる、食べられなくなるなど。通常の練習では味わえないことを体験すると、対処を考えるようになる。話して聞かせるよりも、体感させることで、「なぜ？」を育てることができるのだ。ただし、体感のやり過ぎには十分に注意しなくてはならない。

　合宿中の楽しみは、美味しい食事だけといっても過言でない。美味しく食べる環境作りも忘れてはいけない。

COLUMN

無自覚のまま禁止薬物を摂取していることも
ドーピングに対する対策・注意

　禁止薬物は、絶対に使ってはならない。しかし、意図的ではないのに、サプリメントや食材から摂取してしまうことが問題となる。自分で知識や情報を得ることも大切だが、専門職のマネジメントやアドバイスが必要な領域でもある。

サプリメントの選択には注意が必要

　日本では、「公益財団法人　日本アンチ・ドーピング機構」を中心にアンチ・ドーピング活動を推進している。もちろんドーピングであると知りながら意図的に禁止薬物を使用することは、あってはならない。しかし意図的ではなかったとしても、禁止薬物が検出された場合には、ドーピング違反として取り締まりの対象となる。

　以前から、サプリメントの中には、禁止薬物が含まれている事例が多くあるため、サプリメントの使用に関しては慎重に選択して摂取するように言われてきた。蛋白同化ステロイドホルモンは、筋肉増強の効果があるホルモンであるため、これが含まれている薬物は禁止薬物に指定されている。しかし国際オリンピック委員会（IOC）が2000年10月～2001年11月に行った調査の結果では、蛋白同化ステロイドホルモンの含有が記載されていないにもかかわらず、634種類のサプリメントや健康食品のうち、約94個（14.8%）に蛋白同化ステロイドホルモンが含まれていたと報告がある。約20年が経った現在も、サプリメントの選択には引き続き注意が必要だ。サプリメントの製造・販売会社が出している情報をうのみにはせず、客観的に信頼できる指標を持つことも重要となる。

　最近では、禁止薬物を含む食材が問題となることもある。例えば「中国・メキシコ産牛肉中のクレンブテロール（成長促進剤）混入問題」があげられる（下記）。

- NFL（米ナショナル・フットボール・リーグ）では「特定の国で現地の肉製品を大量に摂取した場合、薬物検査で陽性反応が出る可能性がある」として、中国・メキシコ産の食肉の摂取を控えるように選手に警告した。（『Record China〈2016年5月8日〉』）
- メキシコ、サッカー代表選手はメキシコ産牛肉の摂取を禁止。
- メキシコ：2011年、5人のサッカー代表選手が陽性反応。
- 中国：2015年と16年1～3月の検査で、競泳選手3人が陽性反応。

　上記のようなことが問題になってはいるが、現在のところ、積極的な対策を記載することはできない。問題が提起されている国への遠征や試合の場合には、食環境の確認や食事の設定など、事前に対策を立てて、実行する必要がある。その際、公認スポーツ栄養士のような専門職のマネジメントやアドバイスがあるとよいだろう。

第5章

目的別の栄養管理

アスリートが勝つため、あるいは目標を達成するために、
栄養管理は強力な武器になる。
その一方で目的を間違えると
トラブルを引き起こす原因にもなりかねない。
アスリートが抱えやすいトラブルと
その対処法をまとめた。

1 増量

ただ食べるだけでは達成できない

実はやせることよりも難しい「増量」。しかし、アスリートや指導者は簡単に「増量したい」と口にする。増量には「体重を増やすこと」と「筋量を増やすこと」という2種類がある。

体重の増加による増量

　相撲、アメリカンフットボール、ラグビーなどの競技をしているアスリートは「当たり負けしない」ことを理由に体重を増やしたいと希望する傾向がある。このようなアスリートは、競技に合った体型のためにたくさん食べることを試みるものの、思うように体重が増えなかった経験を持っていることが多い。

　なぜ、体重が思うように増えなかったのだろうか？　この理由を理解しなければ、体重を増やす計画を立てることができない。単にエネルギー量を増やせばすむ問題ではないのだ。**人間の身体は、意味があってその体型を維持している**と考える。例えば太る理由は、食べ過ぎるだけではなく、動かないからだ。また、食べ過ぎても、下痢をして消化吸収されなければ体重は増えない。体重を増やしたいと思っても増えないのは、**身体が増やさなければいけないと感じていない**からだ。動いた分、一生懸命食べて消化して吸収して体重を維持しているのであれば、体重を増やすことを身体は望んでいない。逆にその状態で体重を増やせば、動くたびに今までよりもエネルギーを使うことから、その体重を維持するためにもっと食べなくてはいけなくなる。そんなに食べることができないと身体が判断したら消化不良を起こすなり、下痢をするなりして、体重を増やさないような症状を起こす。

　下記の項目のうち、答えが「はい」となるものにチェックを入れてほしい。

　□ 1. 現在食べている以上に食事の量を増やすことができない。
　□ 2. 食べ過ぎると下痢や軟便になりやすい。
　□ 3. 運動量が多いと食欲が減退することが多い。
　□ 4. 間食をするとその分、食事の量が減ってしまう。
　□ 5. 20歳以降、体重の増加がほとんどない。
　□ 6. 運動前1時間以内に食べ物を食べると、気持ち悪くなったり、吐いてしまったり、パフォーマンスが悪くなったりする。

　1から6まですべて「はい」のアスリートは、体重を増加させるのはかなり厳しい。「はい」の回答が少ないアスリートは、**練習量を軽減して消費エネルギーを減らしたり、**

効率よく消化吸収する時間を増やしたりすることで、「体重が増えても食べて補える」と身体に感じさせることができれば、体重増加ができる可能性が高い。練習量の軽減といっても、ちょっと少なくする程度ではなく、1日練習したら翌日は休む、といったくらいに少なくして身体に余裕を持たせる必要がある。ただし、筋肉に刺激を入れなくてもよいという意味ではない。動かないと食べることができなくなるアスリートも多いので、食欲が起こる程度の運動量と筋肉が落ちない程度の刺激を確保したうえで、運動量を軽減させるのだ。この計画は、知識やスキルの高いトレーナーなくしてはできない。

　練習量を軽減した状態で、徐々に食べる量を増やし、エネルギーを余分にとっていく。すると練習量が低下した分のエネルギーを体脂肪の増加に回すことができる。嵩をできるだけ増やさずに効率よくエネルギーを摂取するためには、「**第1章-3　脂質の摂取**」(→**P20**)で記したように、油を使うことが効果的だ。油は大さじ1杯で12gなので、大さじ1杯のエネルギーは12g×9kcal＝108kcalとなる。良質なオイルをさまざまな料理にかけたり、揚げ物をとり入れたり(→**P67**)、中鎖脂肪酸（MCT）を活用したりするとよい。

　中鎖脂肪酸を活用すると、胃腸の負担を軽減させることができる。中鎖脂肪酸は、通常の油よりも消化しやすく、無味無臭という特徴がある。液体状やパウダー状の商品があり、料理に加えやすく、エネルギー増加に効果的に活用できる。

　ちなみに、前述の質問で1つも「はい」がない場合には、今まで通りの練習を続けて、できるだけ油をとり入れて効率よくエネルギー摂取量を高め、下痢や軟便などにならないギリギリを狙って体重を増加させるとよいだろう。

体重を増加させるための考え方

　体脂肪1kgを増加させるのに必要なエネルギー量を7000kcalとして考える。

　例えば、1カ月で体脂肪3kgを増加させることができるのか。体脂肪3kgをエネルギーに換算すると21000kcalとなる。1カ月で21000kcalを余分に摂取するには、1日700kcalを毎日余分に摂取しなくてはならない。700kcalの料理といえば中華丼、ミートソーススパゲティー、唐揚げ弁当などだ。つまり1日1食増えるイメージだ。消費した分のエネルギーを3食でとったうえに、1食増やすことが必要なのだ。

　最初に、練習量の軽減を念頭におかずに考えてみよう。700kcalくらいなら食べられそうだと思うかもしれないが、練習をこなしながら食べるためには「いつ食べるか」が問題となる。考え方としては、「❶ 1日1食（700kcal）増やす」「❷ 700kcalを3回に分けて朝食、昼食、夕食にそれぞれプラスする」「❸ 間食（朝食と昼食の間、昼食と夕食の間）と夕食後の夜食で700kcal増やす」「❹ ❷と❸の併用で700kcal増や

す」がある。食べきればよいということではなく、4つの選択肢のうち、食べたものが消化吸収されやすい方法を選ぶ。つまり無理なく食べられる方法だ。**無理して食べれば消化率が低くなり、消化が悪ければ吸収量も少なくなり、考えていたエネルギーの増加量に達することができない。**

消化吸収の観点から、どの方法でも食べきれないと考えるならば、練習量を軽減させるしかない。例えば練習量を300kcal分少なくし、食べる量を400kcal増やすといった計画を立てることができる。この場合、練習量が少なくなることから、消化吸収が効率よく進み、目標達成に近づくことになる。

体重増加は、たくさん食べるだけでは成し遂げられない。練習量の軽減や消化吸収に負担をかけない工夫が必要であることを覚えておいてほしい。

筋肉量の増加による増量

筋肉量の増加による増量は、体重の増加による増量よりもさらに難しくなる。最初に知っておいてほしいことは、**筋肉は刺激なしには増加しない**ということだ。アスリートの場合は、現在、実施しているトレーニングよりも強い刺激のトレーニングが必要となるのだ。現場での指導者と私の次のようなやりとりをどう思うだろうか？

指導者：鈴木さん、この選手、筋肉を増やしたいから頼むよ。
鈴木：筋肉を増やすためにトレーニングの内容をどのくらい変えますか？
指導者：トレーニングは今まで通りだよ。
鈴木：トレーニングを変えないのなら、脂肪で体重を増やすということでいいですか？
指導者：そりゃ困るよ。
鈴木：私も困ります。

このようなやりとりをすることは多い。筋肉量を増やしたいと望んでいるアスリートは多いが、思うように増やせず、独学ではだめだと感じたときに増量を目的とした栄養サポートを依頼される。筋肉量による増量のための栄養サポートをする際の考え方を説明する。

最初に、増量に成功して、筋肉が増えた状態を維持することを考えてみる。

筋肉が増えると、下記の状況となる。

「基礎代謝量が増えるため、エネルギーが多く必要になる」
↓
「体重も増えるため、動くごとに使うエネルギーが今よりも多く必要になる」
↓
「体重を維持するためには食べる量を増やさなくてはいけなくなる」

次に、増量前に筋肉を増やすことを身体が容認する条件を考えてみる。
❶「基礎代謝量が増える」「体重が増える」ことに対応できるように、体内にエネルギーの余裕があること。
❷筋肉が増えたあとも、無理なくエネルギーを確保できる保証があること。
ということで、筋肉量を増やすためには、❶と❷の条件が満たされる状況を作らなければならないのだ。

❶の対応策

身体がエネルギーに余裕を感じるとは、体脂肪が十分にあるということだ。**体脂肪が少ない状態で、筋肉を増やすことはできない**。どんなにトレーニングの質がよかったとしても、筋肉は増加しない。そこで、体脂肪が少ない（体脂肪率が10％前後）アスリートは、増量のためのトレーニングを始める前に体脂肪を増加させてから、筋肥大のための刺激の高いトレーニングをする。スポーツの現場にいると、ぽっちゃりしたアスリートのほうが体脂肪の少ないアスリートよりも筋肉がつきやすかったり、初めて筋トレをする人のほうが筋肉がつきやすかったりという現象を目にするはずなので理解できるだろう。体脂肪を増やすための具体的な栄養管理は、**「体重の増加による増量」**のところで示した方法と同様になる。

❷の対応策

筋肉を増やすために刺激の強いトレーニングを入れる。これにより、食欲が低下して食べる量が少なくなり、貯えた体脂肪をエネルギーとして使うことになる。エネルギーとして使うことができる体脂肪がある限り、筋肉量の増加のためのトレーニングは効果的に進められる（保証期間）。ただし、エネルギー以外の栄養素が充足されていない場合には、その限りではなくなるので、食欲がなくなったとしてもバランスのとれた食事を続けなくてはいけない。また、トレーニングがオフの日に栄養状態を回復させることも必要だ。保証期間が切れたときには、トレーニングで使うエネルギーの確保と筋肉の維持ができる保証がなくなるので、思うように筋肉量は増加しなくなる。そのままトレーニングを続けると、エネルギー不足になり、せっかくついた筋肉が落ちることになるのだ。

体脂肪の少ないアスリートは、事前に体脂肪を増やしておき、そのエネルギーを使ってトレーニングをすることにより筋肉量を増加させる。同時に体脂肪も少なくなっていく。これが筋肉量を増加させるプロセスだと考える（**イラスト5-1**）。現場では、このような考え方を持つアスリートやトレーナー、私のようなスポーツ栄養士が存在し、実際に筋肉量が増えたアスリートも多くいるが、明文化されていない。その理由は、筋肥大のために体脂肪を増加させてからトレーニングを実施することは一般

的には受け入れにくく、特に研究でその効果をエビデンスとして残すことが難しいからだ。

　筋肉量を増やす際の注意・留意点は、タンパク質の摂取だ。筋肉量を増加させるためのトレーニング前の体脂肪増加期では、タンパク質を過剰摂取することで体脂肪を増加させることもできる。しかし体内で、アミノ酸を脂肪に作り変えるまでには、手間がかかり、肝臓の負担が増え、そのほかの肝臓の機能に支障が出るので(→**P214**)、**タンパク質を過剰にとって体脂肪を増やすことは考えないほうがよい**。「筋肉＝タンパク質」ではない(→**P23**)。いかなるトレーニングの実施においてもタンパク質は過剰摂取にならないように注意して増量を進めてほしい。

　筋肉の「増量」を確実に実行するために、体脂肪の少ないアスリートに対して事前に体脂肪を増加させるなんてことは、今までのスポーツ栄養学の常識からは考えられないかもしれない。しかし、体重を変えずに摂取エネルギーを増やすだけではうまくいっていない事実を受け止めて、考え直してほしい。どのくらい体脂肪を増やしてから筋肥大のためのトレーニングを始めればよいかなどは、トレーナーとスポーツ栄養士のプロとしての腕の見せどころとなる。

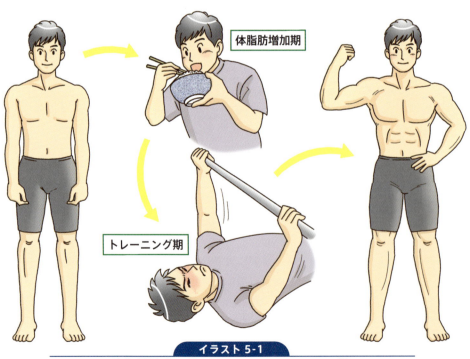

イラスト5-1
体脂肪増加期と筋肉増量のためのトレーニング期

増量のためにたくさん食べさせても意味はない

中学校や高校で運動部に所属しているアスリートや保護者から「指導者から身体を大きくするために、毎食、2合のご飯(めし)を食べなさいと言われています。完食しないと練習をさせてもらえないのです。しかし、うちの子は、身体も小さくて、ほんとうは食べきれないけれど、食べないと練習させてもらえないので、飲み込んでいるんです。こんな食べ方で、ほんとうに身体は大きくなるのですか？」という質問がたくさん寄せられる。

答えは「こうした食べ方には意味がない」だ。意味がないどころか、身体を大きくさせない、あるいは、病気を生む状態にしている可能性がある。

第1章（→P12）で書いている通り、食べる量には限界がある。1合でたっぷり茶碗2膳分（約350g）なので、質問のように2合だと茶碗4膳分を毎食食べなくてはいけないルールということになる。身体の大きさにもよるが、食べ過ぎだといえる。限界を超えて食べた場合には、消化しきれない。消化できなければ吸収もできず、便となって排泄される。たくさん食べさせられているアスリートの多くは、排便回数が多く、軟便である。例えば、適量（100）を食べた場合、消化吸収率が98％だと、吸収量は98になる。しかし1.5倍（150）食べても消化吸収率が60％だと、吸収量は90となる。消化吸収率が悪ければ、食べているのに栄養状態は悪くなるので、身体は大きくならない。また、軟便で排便回数が多くなると、内腔の痔になりやすくなる。排便のたびに出血が起こるようになれば、貧血のリスクともなるのだ。さらに、たくさん食べた状態で練習をすれば、練習の質が下がる。短い時間で効果的な練習を実施するためには、過剰に食べさせてはいけない。

ジュニアアスリートの指導者の多くが、本人がジュニアアスリートだったときに、同じようにめしを2合食べるように指示されてきている。指導者自身は、ジュニアアスリートのときに2合のめしを食べきれる胃腸の強さと身体の大きさを持っていた人であることが多い。違う言い方をすると、食べきれなかったアスリートは、幼いころに淘汰されて、指導者になれないのだ。胃腸の強さや身体の大きさに関係なくスポーツをするためには、この負の連鎖を断ち切らなくてはいけないと考える。

エネルギー不足にならないようにしっかり食べることは必要だが、個人の状態を考えずに、チーム全員、同じ量を食べさせるのは間違っている。第3章（→P52）で説明したようにバランスよく適量を食べさせることが重要だ。また、良好な発育・発達のための食べ方については「第6章-5　ジュニアアスリート」（→P156）を読んでほしい。

2 身体の組織や機能に支障をきたす
エネルギー不足

エネルギー不足というと「減量」のことと思うかもしれないが、ここでは、意図的にエネルギー摂取量を低下させた「減量」だけではなく、食べているのに体重が低下してしまった場合のエネルギー不足についても解説したい。

エネルギー不足の状態とは？

　アスリートは運動によってエネルギーの必要量が多くなるにもかかわらず、効率よく補給できずにマイナスの状態となることがある（→P12）。これを**エネルギー不足といい、一生懸命食べていても、エネルギーが必要量に満たない状況が通常化（適応）した状態**といえる。意図的にエネルギー不足にしていなくても、これ以上食べることができないくらい一生懸命に食べていても、必要量が満たされなければ「エネルギー不足」になるのだ。

エネルギー不足になったときに出てくる症状

　エネルギー不足によって起こる症状は、多岐にわたる。国際オリンピック委員会（IOC）は2014年に「スポーツにおける相対的エネルギー不足（**Relative Energy Deficiency in Sport（RED-S）**）」による症状が出る組織や機能を**図5-1**のように示している。この中にFATと記載されているが、これは、「女性アスリートの三主徴（Female Athlete Triad）」といって、エネルギー不足の際、女性アスリートに特に強く現れる症状を示したものだ。FATについては、**P154**で解説する。
　エネルギー不足は、身体のありとあらゆる組織や機能に支障を与えているといっても過言ではない。生きるため、生活のためにエネルギーや栄養素は必要であり、食べたとしても必要量を補うことができなければ、生命活動（免疫、代謝、内分泌、血液、月経機能）の質を落としたり、できるだけエネルギーを使わないように心理的な変化を及ぼしたり、臓器や組織の活動（消化器系、心血管系）を低下させたりする。
　エネルギーが必要量に満たないからといって、すぐに死ぬわけではない。常に身体は少ないエネルギーでも生きるための対策を立てていると考えるとRED-Sを理解できるだろう。
　例えば、エネルギーを体内のお金、体脂肪が貯金、筋肉が資財（家や車、貴金属などの財産）だとして考えてみよう。給料と出費が同じであれば、貯金も資財も増えな

出典：Margo Mountjoy et al. Br J Sports Med 2014;48:491-497

図 5-1

相対的エネルギー不足によって引き起こされる健康問題

い（エネルギーの出納が平衡）。給料よりも出費が少なければ、貯金（体脂肪）ができる。
　一方で、給料よりも出費が多くなるときには、出費の種類によって対処方法が違ってくる。❶と❷で説明するが、どちらにしても**身体は、借金ができない**のだ。

❶給料が少なくなった場合
（運動していない一般の人がダイエットをした場合）

　給料が少なくなった場合、はじめのうちは貯金を使って生活する。しかし、貯金を使い果たしてしまうと、その後、生きていけなくなるかもしれないので、ある程度の貯金を残した状態で、資財（家や車や貴金属など）を売ったり、家賃が安い家に住み替えたり、安い車や燃費の良い車に買い替えたりして生活していく。仕事で資財を使っているわけではないので、資財が少なくなってもたいして支障をきたさないし、資財は維持にもお金がかかるので、資財を現在の生活水準に合わせることに抵抗はない。また、出費を抑えるため、食費にお金をかけなくなったり、日用品の質を下げたりする。その状態で頑張ってはみるものの、資財も底をつき、出費もこれ以上抑えられなくなると、残していた貯金を使うようになる。それも底をつき始めると、病気になって仕事ができなくなる。

　上記を身体のプロセスとして説明すると、消費するよりも摂取するエネルギーのほうが少ないと、最初は体脂肪でエネルギーを補充していく。しかし、そのまま体脂肪

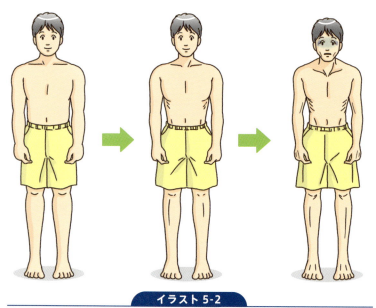

イラスト5-2
一般の人がエネルギー不足になった場合の身体の変化

を使い果たしたら、その後、生きていくためのエネルギーの担保がなくなってしまう。このため、体脂肪率を15％くらいは残して、その代わりに筋肉のタンパク質をエネルギーとして使うようになる。筋肉量が少なくなっても生活に支障がないので、日常で使っている筋肉以外は、エネルギーにすることができる。また、身体の機能を低下させて(RED-S)、生きるために使うエネルギーを少なくしていく。その状態で頑張ってみるものの、これ以上筋肉を減らすことができない状況となり、残しておいた体脂肪も底をつき、機能低下もこれ以上できなくなると、病気となる（**イラスト5-2**）。

❷給料はそのままで仕事が増えた場合
（食べる量は同じで運動量が増えたアスリートの場合）

給料はそのままで仕事が増えた場合は、仕事が多くなった分、仕事で使う経費も多くなるため、経費分をどうにかしなくてはならなくなる。資財がないと仕事ができないので、できるだけ資財は使わないで生活する状況を作る。最初に貯金をどんどん使って経費分を補う。貯金がなくなったら、仕事ではあまり使わない資財を売ったり、食品や日用品を安いものにしたりする。仕事で使う以外の資財を売り終わったら、出費を抑えて何とかしようとする。その状態で頑張ってはみるものの、これ以上のやりくりができなくなると、仕事で使う資財も売りはじめ、仕事ができなくなる。

上記を身体のプロセスとして説明すると、アスリートが摂取するエネルギーを増や

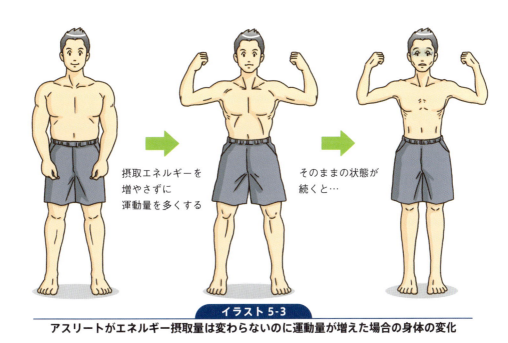

イラスト5-3 アスリートがエネルギー摂取量は変わらないのに運動量が増えた場合の身体の変化

さずに運動量を多くすると、最初に体脂肪からエネルギーを補う。体脂肪がこれ以上少なくできないところまでになったら、運動であまり使うことがない筋肉のタンパク質をエネルギーとして使う。それが底をついたら、身体の機能を低下させて(RED-S)、生きるために使うエネルギー量を少なくするが、これ以上機能を低下できない状況になると、運動で使う筋肉のタンパク質もエネルギーとして使うようになり、アスリートでいられなくなる(**イラスト5-3**)。

　身体は、借金ができないからこそ、ありとあらゆる機能や部位に働きかけて(RED-S)、できるだけ思い通りに生きようとする。食べること以外でエネルギーを体内に入れることはできないのだ(病院での管理を除く)。**エネルギー不足は、食べて補う、あるいは、食べて補うことができるように活動量を減らすこと以外、解決方法はない。**

エネルギー不足を評価する

　エネルギー不足は、利用可能エネルギー(energy availability：以下EA)を算出することで評価できる。EAは、2007年にACSM(アメリカスポーツ医学会)が「女性アスリートの三主徴」を考える際に示したエネルギー不足の評価法だ。この評価の

考え方は、**女性だけではなく、男性アスリートにおいても、また、アスリート以外の一般の人においても活用できる**と考える。ただし、日本人の基準となる範囲については、今後の研究課題として考えなくてはいけない。

ACSMでは、下記の計算方法によってEAを算出する。考え方は、**摂取しているエネルギー量が、運動で使用するエネルギー以外にどのくらいあるのかを、生命維持のためのエネルギーの使用が少ない体脂肪を除いた体重（除脂肪体重）あたりで評価する**。運動していないときに、どのくらい組織や臓器でエネルギーを使って生きていくことができるのかを示した数値と言い換えることもできる。EAが、45kcalより多ければ、エネルギー不足ではない状態、30～45kcalではさまざまな症状やコンディション不良が起こる状態、30kcal未満ではエネルギー不足で危険な状態であるといえる。

EAの算出には、エネルギー摂取量の数値や運動によって消費するエネルギー量の数値が必要であり、簡単には算出できない。EAは、生きたり、生活したりするために利用可能なエネルギーが日常的（平常化した状態）にどのような状況にあるのかを客観的に評価するためのものであり、毎日どのように数値が変化するのかを把握したり、数値そのものを評価したりするものではない。EAが45kcal程度あれば、貯金はできないけれど自分のやりたいことが豊かにできる状況と考えられるのだ。

▶ **energy availability（利用可能エネルギー）の計算方法**

$$\frac{エネルギー摂取量 - 運動によるエネルギー消費量}{除脂肪体重（Lean\ Body\ Mass）}$$

> 45　良好
< 30　危険

kcal/(LBM)kg/日

出典：Nattiv A., Loucks A. B., Manore M. M., Sanborn C. F., Sundgot-Borgen J., & Warren M. P. (2007). American College of Sports Medicine position stand. The female athlete triad. Medicine and Science in Sports and Exercise, 39 (10), 1867-1882.

エネルギー不足の治し方

例えば、借金はしていなくても、生活費を切り詰めて過ごしている期間が半年続いていた状態で、宝くじが10万円当たったとする。この10万円をどのように使うだろう。どうしても今、買わなくてはならないものを買って、余ったら、これからの生活費の足しにするために残しておこうとするのではないだろうか？

人間の身体もエネルギー不足の状態のときに、エネルギーを現在摂取しているより

も多く摂取すれば、すぐに必要なところでエネルギーを使い、余ったら、体脂肪として蓄えようとする。

エネルギー不足の治し方には2つある。1つは「できるだけ体重を増やすことなくエネルギー摂取量を増加させEAを回復させる方法」、もう1つは「体調の回復や症状の改善を優先させ、体重の管理を目標としないで回復させる方法」だ。

❶できるだけ体重を増やすことなくエネルギー摂取量を増加させ、EAを回復させる方法

エネルギー不足は、少ないエネルギー摂取量で生きるために身体が適応した状態だ。そこでその状態を徐々に変えていくことになる。**EAを少しずつ回復させるために、エネルギー摂取量をちょっとずつ増やすのだ。**エネルギー不足の状況に応じて、どのくらい増やしていくのかは変わってくるが、"ちょっとずつ"増やしていくのが共通するイメージだ。身体がエネルギーをケチらず使っても生きることができるとわかってきたら、もっと大胆に増やすこともできるようになる。

1回に増やす量は、めしだと1口（15g）程度の25kcalくらいがよいと考える。この程度から始める理由は、食べることが体重の増加につながるのを気にしているアスリートが、一気に半膳増やしたときのデメリットを想像し、食べなくなる可能性があるからだ。めし1口分は心配なく食べることができる量として適切であるといえる。また、EAが低い場合には、軽く半膳くらい（約100kcal）の増加でも急激な増加として受け止め、体脂肪の増加に結びつく可能性もある。

増やすタイミングは、最初に朝食を1口増やして1週間経過観察をする。体重が増えていないことを確認したら、朝食を増やしたまま、昼食に1口増やして1週間、次に夕食に1口増やして1週間、次は朝食にさらに1口増やす、次は昼食……のように、徐々に増やしていく。エネルギーを使うことに慣れてきたら、朝食と昼食は、1回に2口増やしていくこともできるようになる（**図5-2**）。

　通常、エネルギー不足になった場合、主食の量が少なくなっていることが多いので、主食を中心にエネルギー不足を解消していく。ただし、食べる量の限界を迎えていて、これ以上嵩を増やすことができない場合には、油を使うことになる（**→P20**）。

私がサポートすることになったある陸上長距離の女子チームは、毎食めしを1口しか食べていなかった。最初にサポートに訪れたときには、食事中の雰囲気はお通夜のようで、手足の冷えを訴えるアスリートがいたり、何かあるとすぐに涙が出てくるような感情が不安定なアスリートがいたり、RED-Sの症状があるアスリートが多かった。そこで1年半くらいかけてめしの量を徐々に増やしていき、毎食250〜300gのめしを食べるようになると、みるみるRED-Sの症状が軽減または解消し、元気なアスリート集団になった。

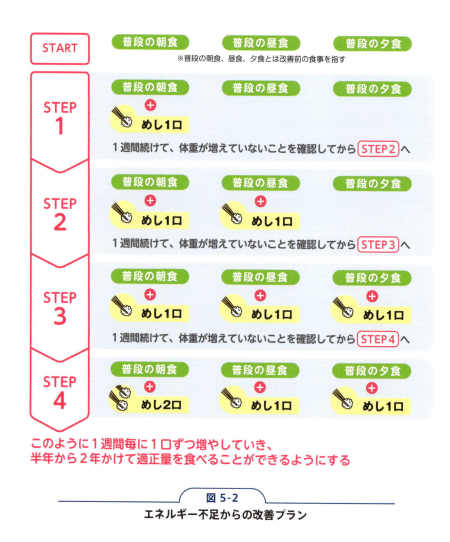

図 5-2
エネルギー不足からの改善プラン

　また、日中は仕事をして夕方から練習をする実業団所属の男性アスリートの場合は、EAがグレーゾーンだった。このアスリートの昼食はおにぎり2個だけ。仕事中はエネルギーをたいして使わないので、たくさん食べると体脂肪が増えパフォーマンスが悪くなるし、忙しくて食べに行くのも面倒だからという理由だった。私は、昼食が少ないことによるエネルギー不足の状態であると考え、最初に200kcal程度のゼリーを食べてから昼食をとってもらうことにした。1週間経過を観察したところ体重が増加することはなく、午後の仕事の効率が上がったとの体感を報告してきた。

　日常化したエネルギー不足の解消は、今まで仕方がないと思っていた体調不良やパ

フォーマンスの不調の改善につながることが多い。**RED-Sが解消され、食べたら食べた分だけ体重が増えるようになってきたらエネルギー不足が治ったと考えてよい。**

❷ **体調の回復や症状の改善を優先させ、**
　体重の管理を目標としないで回復させる方法

　例えば、体調が常に悪く、通常の練習ができる状況ではないアスリートであったり、体脂肪率やBMIが著しく低い状況であったり、ジュニアアスリートが成長遅延などの状況に陥っていたりした場合、❶のように時間をかけて回復させることなどできない。このような場合は、**体重を増加させ、体調の回復や症状の改善を優先させる。**

　エネルギー不足となっている状況で、食べる量が限界に達していないのであれば、消化が効率よくできる範囲内で、食べる量を増加させる。エネルギー源の補充を考えるならば、主食を中心に増加させるとよい。例えば、毎食、軽く半膳をプラスして食べてみて、1週間程度経過観察をし、胃腸に負担がかかっていないようであれば、さらに半膳加え、1週間程度観察する。食べることができても、消化が悪くなってしまうと、吸収量が確保されず、単に胃腸に負担をかけているだけになるので、注意が必要だ。主食をある程度増やしたら、油を有効に活用して、エネルギーを増やしていくとよい。また、食事だけではなく、補食を入れてみることも大切だ。

　私の経験では、食べることができず、体重の増加がなかなかできなかったケースもある。陸上長距離の高校生女子アスリートは、中学校に入って陸上を始めてから指導者に揚げ物と菓子は食べてはいけないと言われ、一切食べるのをやめた。私が出会ったときは、食事に揚げ物が出てくると衣をきれいにはがして食べていた。体脂肪率が低く、エネルギー不足に陥っていたため、揚げ物も積極的に食べるように助言すると、同意して食べるのだが、美味しく食べることができるのは2〜3口くらい。それ以上食べると胃にもたれてしまい眠れなくなるというので、揚げ物は、美味しく食べることができる量にし、主食量を多くしていった。時間はかかったが、EAは改善に向かった。

　このアスリートには、印象的なエピソードがある。彼女を含め何人かのアスリートにソフトクリームを御馳走したことがあった。このアスリート以外は、私も含めおいしくいただき、すぐに完食した。しかし彼女は、最初は嬉しそうにおいしいと言って食べていたが、脂っぽさを感じ、お腹も痛くなりそうだといって、結局半分しか食べることができなかった。指導者自身は、たいして運動もせずに揚げ物や菓子をたくさん食べているのに、エネルギーを大量に使うアスリートに食べることを禁じるのは間違っている。間違った指導は、アスリートの一生に影響することを覚えておいてほしい（→**P153**）。

　練習を休んでいる状況ならば、エネルギー摂取量を除脂肪体重で割ればEAが確認できる。体重増加や体調、EAからエネルギー不足の改善状況について経過を追って

評価する。競技復帰する際には、追加される身体活動によるエネルギー消費分を食べて補う必要がある。よって、**食べる量はそのままで練習を開始するようなことがないようにしなくてはならない。**食べる量を増やせないのであれば、エネルギーを摂取できるように補食や油を活用して補充すると同時に、摂取量に見合った量のエネルギーを消費する運動しかできないことを忘れてはならない。

エネルギー不足の予防

　意図的にエネルギー摂取量を減少させていなくても、一生懸命、限界まで食べていたとしても、消費するエネルギーよりも摂取するエネルギーのほうが少なければエネルギー不足に陥る。しかし、練習のある日はエネルギー不足になったとしても、定期的に休みの日があれば補充できたり、補食や食事を工夫すれば補えたり、練習の組み立てを変えれば不足に陥らなかったりして、予防することは可能だ。

　日本ではなかなか受け入れてもらうことができない菓子類の摂取について考えてほしいと思う。私の担当するアスリートの中には、エネルギー不足を予防するために、夕食後のデザートを積極的にとり入れている人がいる。エネルギーの補充とともに、美味しくて心豊かになるデザートは、考えている以上の効果を生む。また、とかく管理されている意識になりやすい「食」について、アスリートが自由に選ぶことができる権限を得たという嬉しさも出てくる。

　また、日本では、「アスリートの食にデザートや菓子を入れるなんて」と思われがちだが、アメリカをはじめ世界各国のアスリート食堂や国際大会での選手村の食堂には、アイスクリームやクッキーなどが準備されている。アスリートは、自分の状況に合わせて食べているのだ。アスリートが、食べてはいけない食品はない（禁止物質等が入っている場合などを除く）。

　確かに菓子を食べることによってその後の食事に悪影響があるため、菓子を食べることには注意が必要になるが、美味しくてエネルギーをたくさんとることができる点から菓子はとても重要だ。教育をすれば、菓子を食べ過ぎたり、食事を食べずに菓子を食べたりすることを防ぐことができる。菓子を食べることをむやみに禁止しないで、上手に活用することが必要だと考える。人の欲求は、抑えれば抑えるほど高くなるものだ。引退したアスリートの多くが、現役のときには山ほど菓子を食べたいと思ったが、引退して1度山ほど食べたら、気持ちが治まって、菓子に対する欲求がなくなったという。菓子で多くの細胞を作るような食べ方は問題だが、量とタイミング、質を考えて、美味しく、心豊かになるのであれば、菓子を活用するほうが、競技力向上に結びつくのではないだろうか。

持久力の低下や疲労を引き起こす

3 貧血

「スポーツ貧血」という言葉があるように、貧血はアスリートが起こしやすい疾病だ。特に鉄不足はパフォーマンスに直結するため、注意したい。

パフォーマンスを左右するヘモグロビン値

　鉄はヘモグロビン、ミオグロビン、各種酵素を構成するため、鉄不足の状態は、貧血の有無に関係なく、運動機能や認知機能などの低下を引き起こす。アスリートにとって鉄不足はパフォーマンスに直結する。貧血は通常、ヘモグロビン値（男性13g/dl以下、女性12g/dl以下）によって診断される。しかしヘモグロビンは1mg/dlにつき酸素摂取量3ml/体重kg/分であることから、**通常よりもヘモグロビン値が低くなれば、酸素の供給量が低下してしまうため、アスリートの場合は貧血の診断基準を上回っている場合でも、そのアスリートの通常のヘモグロビン値よりも下回っていれば、パフォーマンス（特に持久力）が下がったり、疲労しやすくなったりする。**コンディションが良好なときのヘモグロビン値を知っておくことは重要だ。

　正常な状態から貧血へと進むプロセスは、「正常」「前潜在性鉄欠乏状態」「潜在性鉄欠乏状態」「鉄欠乏性貧血」の順となる。検査値からは**表5-1**のような変化によって確認できる。最初に鉄を貯蔵しているフェリチンが低下していき（前潜在性鉄欠乏状態）、次に血液中にある鉄の血清鉄が低下し（潜在性鉄欠乏状態）、最後にヘモグロビンが低下し、鉄欠乏性貧血となる。貧血のリスクが高い競技種目のアスリートは、貧血予防のために定期的に血液検査を受けているが、ヘモグロビンだけではなく、血清鉄やフェリチンの値にも注目すると、今後、通常よりもヘモグロビンが低下した状態になってしまうのか、貧血の状態に陥る可能性があるのかなどを把握でき、予防の方法を選択することができる。

表5-1　検査値と貧血の状態

	ヘモグロビン	血清鉄	フェリチン
正常	正常	正常	正常
前潜在性鉄欠乏状態	正常	正常	低下
潜在性鉄欠乏状態	正常	低下	低下
鉄欠乏性貧血	低下	低下	低下

鉄について少し詳しく解説しよう。鉄の吸収は亜鉛、銅と競合するため、例えば、亜鉛のサプリメントをとると、鉄の吸収が損なわれるという関係になる。また、鉄の吸収率は食べた食物の成分によっても影響を受け、タンパク質、アミノ酸、アスコルビン酸（ビタミンC）は鉄吸収を促進し、フィチン酸、タンニン、シュウ酸などは抑制する。食事中のヘム鉄と非ヘム鉄の構成比によっても変わる。さらに鉄の摂取量に応じて吸収率も変化し、過剰症や欠乏症が起こらないようにしている。しかし、摂取量が低い場合には、吸収率を上げても欠乏状態になってしまう。**食品から過剰に摂取しても、吸収率を下げて適正量が体内に吸収されるように調整しているが、サプリメントや鉄剤などで鉄を長期摂取することで慢性的な鉄沈着症を引き起こす可能性がある。**

アスリートの貧血の原因と対策

アスリートが貧血を起こす原因は、主として2つ考えられる。1つは、身体活動量に応じて鉄の必要量が増加するが、必要量を摂取できなかった場合、もう1つはエネルギー不足になった場合である。そのほかには、一時的に起こる希釈性貧血もある。

❶必要量を摂取できなかったために起こる貧血

鉄の吸収は腸だけではなく、胃でも行われているため、胃腸の調子が悪い場合には、鉄が欠乏しやすい。また、痔やけがなどで出血がある場合も貧血の原因となる。さらにアスリートは、激しい身体活動によって、溶血（赤血球が壊れてしまう）が起こったり、消化管から出血したり、発汗量が増えたりすることで鉄をはじめとするミネラルの損失が多くなる。

赤血球やヘモグロビンが欠乏状態となっても造血によって補うことができれば、貧血にはならないが、損失に比べて造血が下回ると鉄欠乏性貧血を起こすことになる。造血するためには、十分な鉄の摂取が必要であるが、アスリートは運動によって消化吸収を効率よく行う時間が少なくなることから、食事として摂取している量が十分であっても吸収された鉄の量が必要量以下になることがある。そこで、吸収率を高める工夫をするとともに、摂取量を食事摂取基準で定められている量よりも多めに設定することが推奨されているが、明確な基準となるデータが乏しいのが現状である。

鉄欠乏性貧血になると回復に3〜6カ月間かかるといわれている。医師の診断によって貧血の状態を把握し、食事の改善や工夫をし、鉄の摂取量を多くする、胃腸の状態を良好にする、運動量や時間を少なくして強度も低くするなど、原因となることを解消・軽減させる必要がある。鉄の摂取が食事からだけでは足りない場合には、鉄剤やサプリメントを使って補うことになるが、貧血の状態が重症化したり、長期間に及んだりした場合には、医師が静脈注射によって鉄を補うこともある。

予防のためには、第1章で解説したとおり、アスリートがエネルギーや栄養素の必要量を吸収できるように栄養管理を進めることだ。鉄の摂取量を増やしたり、吸収率を上げるための工夫をしたりするだけでは、貧血の予防にはならない。なぜなら、ヘモグロビンを作るために、エネルギー、タンパク質、ビタミン、ミネラルの摂取量がそれぞれ必要量を満たしているという条件がそろわなくてはいけないからだ。手を抜くことなく、**毎食しっかり食べること、休息や睡眠をしっかりとること、生活リズムを崩さないことなど**、日常生活を良好に確立させることが、確実な予防となる。

❷エネルギー不足による貧血

貧血の原因としてエネルギー不足があるといわれてもピンとこないかもしれない。次のような場面を見たり、感じたり、聞いたりしたことはないだろうか？
- **しっかり食べていて鉄の摂取量も少なくないのに貧血になった。**
- **練習量が多くなると（走り込みをすると）貧血になる。**
- **鉄やタンパク質の摂取を考えて減量したのに貧血になった。**
- **同じものを食べているのに貧血になるアスリートとならないアスリートがいる。**
- **たいして運動をしていなかったのに子どものとき（特に思春期）に貧血になった。**

エネルギー不足になると貧血になるのには理由がある。身体の気持ちになって貧血になることを考えてみたい。エネルギー不足になったら、できるだけエネルギーを節約したい。運動はエネルギーをたくさん使うので、運動をやめさせたい、あるいは、運動してもいいけれどエネルギーをたくさん使わせたくない。そこで、**身体は、エネルギーを節約するためにヘモグロビン濃度を下げて酸素の供給を減少させようとする**。運動のときだけではなく、日常生活においても、ヘモグロビンが少なければエネルギー節約モードで動くことになる。さらに、眠る量を多くしたり、激しい動きができないようにしたりしてエネルギーを節約し始める。

また、**運動の強度が高くなったり、運動量が増えたりすると赤血球が破壊されてヘモグロビンが血球外に溶け出す溶血が多くなる**と考える。通常、軽度な溶血が起こると、破壊された赤血球からヘモグロビンが血液中に遊離され、そのヘモグロビンはハプトグロビン（ヘモグロビン結合タンパク質）によって肝臓や脾臓に運ばれて、代謝されることから、溶血による障害が起こらないで済む。しかし、運動量が多くなったり、強度が高くなったりすると、溶血が多くなり、準備していたハプトグロビンの量だけでは足りなくなり、正常な代謝で処理できないヘモグロビンが血液中に増え、さまざまな障害が起こってくる。この状態から、**溶血によって失った赤血球の構成物質であるヘモグロビンの処理が迅速に行われず、結果として貧血の原因となってしまう**。さらに、エネルギー不足の状態も加わると、エネルギーを補うためのタンパク質の分解が多くなり、ハプトグロビンやヘモグロビンの合成ができない状況が続いて、貧血が

重症化していったり、貧血の改善が見られなくなったりする。

エネルギー不足による貧血は、鉄が必要量摂取できていたとしても、エネルギーだけ少なくして（糖質と脂質の摂取量を落として）、その他の栄養素が必要量摂取できていたとしても、起こるのだ。また、治療法としては、根本的な問題であるエネルギー不足の解消を第一にしなくてはならない。

ジュニアアスリートは、上記の原因や理由だけではなく、成長期であるが故のエネルギー不足からの貧血になる（→**P156**）。

❸希釈性貧血

希釈性貧血とは、トレーニングの初期などに、末梢まで血液を運ぶために血漿量を多くして薄くした状態にして循環させることをいう。この現象では、循環血漿量が増加することにより、一時的にヘモグロビン濃度が低くなり、貧血の状態となる。しかし、一時的であって、ヘモグロビンが増加すれば、貧血ではなくなるので、貧血として問題視する必要はなく、栄養状態との関係を考える必要もないといわれている。

貧血を回復する方法

貧血を回復するためのポイントは、6つある。

❶エネルギー不足にならないようにバランスよく食べること

回復の近道は、できる限り規則正しく、バランスよく食べることだ。できれば、少し体脂肪が増えるくらい、エネルギーの消費量に対して摂取量に余裕があると回復が早い。また、リラックスしておいしく食べ、食後もゆっくりする時間を設けて、消化吸収を促進させることも重要だ（→**P12**）。

❷胃腸の調子を整えること

胃腸の調子が悪ければ、いくらバランスを考えて食べても、エネルギーや栄養素は必要量を満たすことができなくなる。貧血の状態で胃腸の調子が悪い場合、回復へのプロセスの第一優先事項が胃腸の回復になる。鉄剤を摂取している場合には、摂取を中止して胃粘膜への刺激を少なくし、胃腸の回復を促す。

❸鉄の摂取量が低くならないようにすること

食品中に含まれる鉄には、2種類ある。肉や魚などの動物性の食品中に多く含まれるヘム鉄と野菜や海藻や大豆の中に多く含まれる非ヘム鉄だ。非ヘム鉄は吸収率が2〜5％程度なのに比べ、ヘム鉄は15〜25％程度で高いといわれている。しかし、食品を食べる量から考えると、非ヘム鉄のほうが、摂取量は多くなる。ヘム鉄の摂取のために動物性の食品を大量に食べると、タンパク質やビタミンAなどの過剰摂取の問題が出てくるため、全体を考えて食品の質と量を設定しなくてはならない。行きつく

表5-2　鉄を多く含む食品の鉄およびエネルギー、造血に関係する栄養素の含有量

食品群	食品名	1回量 g	鉄 mg	エネルギー kcal	タンパク質 g	ビタミンB6 mg	ビタミンB12 μg	葉酸 μg	ビタミンC mg
肉	<畜肉類>ぶた　［副生物］肝臓　生	60	7.8	68	12.2	0.34	15.0	490	12
	<鳥肉類>にわとり　［副品目］肝臓　生	60	5.4	60	11.3	0.39	26.4	780	12
	<畜肉類>うし　［副生物］肝臓　生	60	2.4	71	11.8	0.53	31.8	600	18
	<畜肉類>うし　［和牛肉］もも　赤肉　生	80	2.2	141	17.0	0.30	1.0	7	1
	<畜肉類>うし　［和牛肉］ヒレ　赤肉　生	80	2.0	166	15.3	0.30	1.3	6	1
	<畜肉類>ぶた　［中型種肉］ヒレ　赤肉　生	80	1.0	84	18.2	0.38	0.2	1	1
	<畜肉類>うし　［和牛肉］もも　脂身つき　生	80	2.0	188	15.4	0.27	1.0	6	1
	<畜肉類>ぶた　［中型種肉］もも　赤肉　生	80	0.7	106	17.5	0.34	0.2	1	1
	<畜肉類>ぶた　［中型種肉］もも　脂身つき　生	80	0.4	169	15.6	0.30	0.2	1	1
魚介	<魚類>（いわし類）かたくちいわし　煮干し	10	1.8	30	6.5	0.03	4.1	7	(0)
	<魚類>（かつお類）かつお　春獲り　生	80	1.5	86	20.6	0.61	6.7	5	Tr
	<魚類>（まぐろ類）みなみまぐろ　赤身　生	80	1.4	70	17.3	0.86	1.8	4	Tr
	<魚類>（いわし類）まいわし　生	80	1.7	125	15.4	0.39	12.8	8	0
	<魚類>（まぐろ類）めばち　赤身　生	80	0.7	92	20.3	0.61	1.1	4	1
	<魚類>さんま　皮つき　生	80	1.1	230	14.5	0.43	12.8	12	0
	<魚類>ぶり　成魚　生	80	1.0	178	17.1	0.34	3.0	6	2
	<魚類>（さば類）まさば　生	80	1.0	169	16.5	0.47	10.4	9	1
	<魚類>（ししゃも類）ししゃも　生干し　生	60	1.0	91	12.6	0.04	4.5	22	1
	<魚類>（いわし類）しらす干し　微乾燥品	10	0.1	11	2.5	0.01	0.3	3	0
	<貝類>あさり　缶詰　水煮	30	9.0	31	6.1	0.00	19.2	3	(0)
	<貝類>あさり　生	80	3.0	22	4.8	0.03	41.6	9	1
	<貝類>かき　養殖　生	80	1.7	46	5.5	0.06	18.4	31	2
	<貝類>しじみ　生	20	1.7	11	1.5	0.02	13.6	5	0
豆・豆製品	だいず　［豆腐・油揚げ類］生揚げ	70	1.8	100	7.5	0.06	(0)	16	Tr
	だいず　［納豆類］糸引き納豆	50	1.7	95	8.3	0.12	Tr	60	Tr
	だいず　［豆腐・油揚げ類］木綿豆腐	150	2.3	110	10.5	0.08	(0)	18	0
	だいず　［全粒・全粒製品］全粒　黄大豆　国産　ゆで	60	1.3	98	8.9	0.06	(0)	25	Tr
	だいず　［豆腐・油揚げ類］凍り豆腐　乾	15	1.1	74	7.6	0.00	0	1	0
	だいず　［全粒・全粒製品］きな粉　黄大豆　全粒大豆	10	0.8	45	3.7	0.05	(0)	22	0
卵	鶏卵　全卵　生	50	0.8	71	6.1	0.05	0.6	25	0
野菜	こまつな　葉　生	80	2.2	10	1.2	0.10	(0)	88	31
	ほうれんそう　葉　通年平均　生	80	1.6	14	1.2	0.11	(0)	170	28
	（だいこん類）だいこん　葉　生	50	1.6	12	1.1	0.09	(0)	70	27
	（だいこん類）切干しだいこん　乾	15	0.5	42	1.5	0.04	(0)	32	4
	（なばな類）和種なばな　花らい・茎　生	50	1.5	17	2.2	0.13	(0)	170	65
	えだまめ　生	50	1.4	63	5.9	0.08	(0)	160	14
	そらまめ　未熟豆　生	50	1.2	51	5.5	0.09	(0)	60	12
	かぶ　葉　生	50	1.1	10	1.2	0.08	(0)	55	41
	みずな　葉　生	50	1.1	12	1.1	0.09	(0)	70	28
	ブロッコリー　花序　生	50	0.7	19	2.7	0.15	0	110	70
	パセリ　葉　生	5	0.4	2	0.2	0.01	(0)	11	6
きのこ・海藻	ひじき　ほしひじき　ステンレス釜　乾	8	0.5	14	0.7	0.00	0	7	0
	ひじき　ほしひじき　鉄釜　乾	8	4.6	15	0.7	0.00	0	7	0
	（こんぶ類）まこんぶ　素干し　乾	5	0.2	9	0.3	0.00	(0)	12	1
	わかめ　カットわかめ　乾	2	0.1	4	0.4	0.00	0	0	0
	あまのり　焼きのり	1	0.1	3	0.4	0.01	0.6	19	2
ドライフルーツ	あんず　乾	20	0.5	59	1.8	0.04	(0)	2	Tr
	いちじく　乾	20	0.3	54	0.6	0.05	(0)	2	0
	（すもも類）プルーン　乾	20	0.2	42	0.5	0.07	(0)	1	0
	ぶどう　干しぶどう	10	0.2	32	0.3	0.02	(0)	1	Tr
種実	アーモンド　乾	10	0.4	61	2.0	0.01	(0)	7	0
	ごま　乾	5	0.5	30	1.0	0.03	(0)	5	Tr

1回量とは、一般的常用量を使用

『新版コンディショニングのスポーツ栄養学』(市村出版) P91を参考に『日本食品標準成分表2020年版（八訂）』により作表

ところは、バランスよく食べることになる。**表5-2**に、鉄が多く含まれている食品を示した。

　アスリートの鉄の摂取量については、さまざまな見解があるが、鉄以外の栄養素やエネルギーが必要量を満たしている場合には、「日本人の食事摂取基準（2020年版）」で示されている推奨量を摂取するとよいと考える（**表5-3**）。摂取に当たっては、できるだけヘム鉄を多く摂取できるように食事を工夫したり、非ヘム鉄の吸収率を上げる工夫をしたりすることで必要量を吸収できると考えるからだ。また、必要量が増加した場合には、吸収率を高めて対処することも考慮に入れる必要がある。

　食事から鉄を十分に摂取できない場合には、鉄のサプリメントを利用するとよい。ただし、食事を補う程度の量を摂取するようにして、過剰摂取は避けなければならない。また、鉄剤を使用する場合には、医師の指示に従うとともに、胃腸の状態を観察しながら進めていく必要がある。鉄剤により、胃粘膜が荒れてしまうことがないように、食後に摂取するなど、ルールを守って摂取する。

　鉄は、通常の食品からの摂取で過剰摂取になる可能性はないといわれているが、サプリメントや強化した食品、鉄剤の不適切な摂取により過剰摂取となる可能性がある。また、さまざまな栄養素は、持ちつ持たれつの関係であることから、何かをたくさん摂取すれば、何かが不足する可能性が出てくる。サプリメントや鉄剤の使用は、公認スポーツ栄養士や管理栄養士などの専門職のサポートを受けて、慎重に、計画的に、全体のバランスを考えて進めていく必要がある。

表5-3　鉄の食事摂取基準（mg/日）

性別	男性				女性					
					月経なし		月経あり			
年齢等	推定平均必要量	推奨量	目安量	耐容上限量	推定平均必要量	推奨量	推定平均必要量	推奨量	目安量	耐容上限量
0～5　（月）	－	－	0.5	－	－	－	－	－	0.5	－
6～11（月）	3.5	5.0	－	－	3.5	4.5	－	－	－	－
1～2　（歳）	3.0	4.5	－	25	3.0	4.5	－	－	－	20
3～5　（歳）	4.0	5.5	－	25	4.0	5.5	－	－	－	25
6～7　（歳）	5.0	5.5	－	30	4.5	5.5	－	－	－	30
8～9　（歳）	6.0	7.0	－	35	6.0	7.5	－	－	－	35
10～11（歳）	7.0	8.5	－	35	7.0	8.5	10.0	12.0	－	35
12～14（歳）	8.0	10.0	－	40	7.0	8.5	10.0	12.0	－	40
15～17（歳）	8.0	10.0	－	50	5.5	7.0	8.5	10.5	－	40
18～29（歳）	6.5	7.5	－	50	5.5	6.5	8.5	10.5	－	40
30～49（歳）	6.5	7.5	－	50	5.5	6.5	9.0	10.5	－	40
50～64（歳）	6.5	7.5	－	50	5.5	6.5	9.0	11.0	－	40
65～74（歳）	6.0	7.5	－	50	5.0	6.0	－	－	－	40
75以上（歳）	6.0	7.0	－	50	5.0	6.0	－	－	－	40

出典：厚生労働省「日本人の食事摂取基準（2020年版）」

❹鉄の吸収を高める工夫をすること

ヘム鉄と非ヘム鉄では、ヘム鉄のほうが吸収率が高く、通常の食事では非ヘム鉄の摂取のほうが多くなることは前述したとおりだ。非ヘム鉄の吸収を高めるための工夫としてビタミンCの摂取がある。ビタミンCにより、非ヘム鉄を構成する鉄の状態が3価から2価に還元されて吸収しやすくなるからだ。例えば、ひじきには鉄が多く含まれているが、その多くが非ヘム鉄だ。そこで、ひじきとビタミンCを多く含む野菜を一緒に食べることで、効率よく鉄を吸収することができる。また、クエン酸やリンゴ酸はキレート作用(注)があり、食事にこれらを含む果物、野菜、穀類を使用することが鉄の吸収を高める。つまり、バランスよく食べることが鉄の吸収促進につながるのだ。

❺身体活動量の減少

食事をバランスよく食べるだけでは、貧血の回復は難しい。なぜなら、エネルギー不足を解消すること、消化吸収を効率よく行うこと、溶血を減少させること、運動による消化管への刺激を少なくして出血させないようにすることも同時に実施しなくてはならないからだ。そのためには、運動量を少なくしてエネルギー不足にならないようにすること、運動時間を短くして効率よく消化吸収できる時間を延ばすこと、運動強度を低くして溶血を少なくすること、運動量を減少させ運動強度も低くして消化管出血を抑えることを具体的に実施することになる。

練習量や質を変えずに貧血の改善を目指す指導者やアスリートも多いが、回復を遅らせるだけではなく、回復できず調子が悪い状態を長引かせるだけの可能性が高い。

❻質のよい睡眠を十分にとること

貧血だけではないが、疾病や不調の回復には、質のよい睡眠が必要だ。規則正しい生活をし、成長ホルモンの分泌を考えて22時までに就寝するとよい(→**P151**)。

貧血の予防

貧血の予防は、「貧血を回復する方法」で説明した❶～❹を確実に実行することだ。❺の身体活動量の減少については、予防の観点からは実行する必要はないが、休養の確保や、貧血の原因となるトレーニングや練習の量、質、時間、頻度とその回復のバランスを考えてトレーニングスケジュールを調整する必要がある。また、運動量が多くなった場合には、エネルギーの必要量も多くなるので、補う量が少なくなれば貧血に導くことになる。❻の質のよい睡眠は、試合や練習の時間設定などにより毎日は難しいと考えられるが、できる限り実行することを目指したい。

注：イオンと結合し、酸化されにくくすると同時に吸収率を高める作用

陸上長距離選手の貧血改善プロセス

　一緒に仕事することが多いトレーナーから、次のような依頼を受けたことがある。「実業団の陸上長距離選手で、なかなか貧血が治らない者がいる。次の試合（マラソン）で結果を残せなければ引退となるが、実力は世界に通用する選手なので、このまま引退するのはあまりにも残念。どうにかしてください」

　次の試合までは２カ月、ヘモグロビンは、11g/dℓ、血清鉄もフェリチンも低い状態で停滞、鉄剤を１年以上飲み続けているという。胃腸の状態はよくも悪くもないが、食べなくては治らないと考え、食事はしっかり一生懸命に食べるようにしている。疲労が残り、練習時間を長くとることができず、計画とおりに練習ができないとのことだった。

　私はトレーナーと指導者から「回復するのであれば、何をやってもかまわない」と言われた。なぜなら、私がサポートしなければ、貧血のままなので試合に出ることができないのだから、私が失敗しても同じだ！　とのことだった。

　現状から問題点が見えた（アセスメント）ので、２カ月後にヘモグロビン13g/dℓ以上となることを目標としてサポートを開始した。私は直接会うことができない状況だったが、トレーナーを通して次のような指示（行動目標）を出して、選手に実行してもらった。

最初の２週間
❶ 鉄剤の摂取をやめる
❷ 食事はバランスよく食べ、無理して食べない
❸ 油の摂取を嫌がらずに、揚げ物の料理も食べる
❹ とにかく３食、おいしく食べる
❺ 食後は２時間以上ゆっくりする
❻ ９時半に床に入る
❼ 完全休養日を週２日設ける
❽ 練習は、ポイント練（強度の高い練習を短い時間で行う効率のよい練習）を中心にし、ジョギングは、いつもよりも少なめに

　２週間後、選手の状態が報告された。「体重は減っていない。寝るたびに回復していくのを実感できる」とのことだった。私が計画した「おいしく食べてリラックスし、副交感神経を優位にすることで消化吸収を効率よくする」「エネルギー不足を解消する」「胃腸を整える」「質の良い睡眠により回復を促進する」ことがうまくいっていると考えた。

次に、❶～❻はそのまま継続して、❼❽を次のように変更し、❾を加えて2週間様子を見た。

新❼ 完全休養日を週1日設ける
新❽ 練習は、ポイント練はそのままで、ジョギングの時間を延ばしてもよい
追加❾ 食事に鉄のサプリメントを加える

活用したサプリメントは水に分散する粉末（商品名はクッキンサプリFe〈株式会社タイヨーラボ〉で、腸にしっかりと栄養素を届ける特許製法（NDS技術）によって作られた鉄素材を利用し、鉄の風味はない）で、1日1袋（鉄6mg）を夕食の料理の中に入れて食べるようにした。

2週間後、選手から「毎日回復している、走りたくなった」との報告があった。そこで❼❽をさらに変更し、❿を加えた。

新新❼ 完全休養日を週2日設ける
新新❽ 通常練習に戻す
　　　（この時点で試合まで1カ月しかなかったので戻すしかなかった）
追加❿ 補食をとり、起床時排尿後の体重が減らないようにする

試合1週間前まで、この状態を続け、試合前のテーパリングと食事計画に入った（→**P86**）。

試合結果は、ベスト記録の更新とまではいかなかったが、それに近い記録となり、国際大会出場の機会を得た。

試合後の血液検査の結果を送ってもらったところ、貧血は改善していた。「せめて試合まで3カ月あったら！」と私は思ったが、とにかく間に合ってよかった。**私は身体が求めていることは何か、身体が安心して喜ぶことは何かを考え「身体を元に戻してあげること」をしただけだ。これがサポートの秘訣かもしれない。**

4 栄養面に問題があることもある
疲労骨折

疲労骨折は、トレーニングの内容やアスリートの体力・筋力などが原因となって発症することが多いが、栄養面に原因があることもある。特にエネルギー不足による疲労骨折には注意が必要だ。

エネルギー不足が原因の疲労骨折とは？

　疲労骨折とは、運動などによって骨に小さな力学的ストレスが繰り返し加わることにより、微小骨折様の変化が生じることである。簡単に言うと、骨にひびが入ってしまうことで、ひびが進んでしまうと完全に骨折することもある。疲労骨折は、トレーニング、選手の体力や筋力、トレーニング環境などが原因となることが多く、例えば短期間に集中してトレーニングを行ったオーバートレーニング、トレーニングが筋力や体力に合っていない、部位ごとの筋力のバランスが悪い、トレーニングに対するスキルが低い、身体の柔軟性が低い、靴が合わない、練習している地面や床が硬い……などさまざまな原因があげられる。

　栄養面からの原因があるとすれば、カルシウムの摂取量が著しく低い場合や、摂取不足及び日照不足によるビタミンDの不足（→P31）などによって、骨の形成が減少し、骨密度が低下したことから、上記のような運動の刺激により疲労骨折が起こることが考えられる。

　疲労骨折を起こしやすい部位は、上半身だと腕の尺骨や肋骨、下半身では恥骨、大腿骨、腓骨、脛骨、中足骨などがあげられる。また、野球、ゴルフ、陸上（中長距離だけではない）、サッカー、剣道など、さまざまな競技種目で発症している。繰り返し動作の練習がない競技種目は考えられないので、さまざまな競技種目で発症するのは理解できる。

　発症すると1カ月程度かそれ以上、通常の練習に復帰できないため、指導者は疲労骨折にならないように、トレーニング計画を考えたり、体力や筋力に見合ったトレーニングを行ったりする必要がある。アスリートには、靴を定期的に新しいものにしたり、かかとの部分を替えたり、マッサージなどの身体の手入れをしたりといった注意をしてもらっている。

　しかし、さまざまな注意をしているのに疲労骨折を発症してしまうと感じたことはないだろうか？　例えば、貧血になったので、運動量を減らしているにもかかわらず疲労骨折になった。練習量は変わらないのに減量後、疲労骨折になった。

このような場合、疲労骨折の原因に「エネルギー不足」が考えられる。特にジュニア期は、疲労骨折を発症しやすい。骨の長さの発育は身長の伸びが止まるとともに終わると考えることができるが、ジュニア期におけるエネルギー不足は、骨の形成に支障をきたし、低身長や骨密度の低下を引き起こすことになる。ジュニア期では、エネルギーが十分であれば、骨を伸ばして身長が伸びていく。それに伴い骨格筋量が増えると、体重が増えることによる重さの刺激によって、骨密度が増加する。しかしエネルギーが不足すれば、身長が十分に伸びず、骨格筋量も増加することができず、刺激が少なくなって骨密度は低下する。

骨密度は、発育発達期後の20歳代でピークを迎え、その後、骨密度を増加させることはできない。骨密度の低下から、ジュニア期に疲労骨折するアスリートもいるが、骨密度が低いまま発育のピークを迎えた場合には、加齢とともにさらに骨密度が低下するために、成人しても疲労骨折を発症することになる。

また、ジュニア期の骨形成が十分であったとしても、大人になってからエネルギー不足になると、骨密度が著しく低下し、疲労骨折を引き起こすこととなる。エネルギー不足が、体重の減少を引き起こし、骨への刺激が減って骨密度が低下する。それに加えて、エネルギー不足が、破骨細胞の活動を活性化することで骨の形成が抑制されて骨密度が低くなり、疲労骨折を起こしやすい状況になる。さらに、睡眠の質が悪くなると成長ホルモンの働きも低下し、骨形成が低下する。女性アスリートは、無月経により女性ホルモン（エストロゲン）が不足すると皮質骨（注）が薄くなり、疲労骨折のリスクが増す。

疲労骨折の予防は、バランスよく食べること、特にエネルギー不足に注意することが重要である。ジュニア期のエネルギー不足が、低骨密度を引き起こし、生涯にわたって疲労骨折や骨粗しょう症のリスクを高くすることを理解し、良好な発育発達を導かなくてはならない（→P156）。

注：骨は、外側の皮質骨（長骨と呼ばれる手足の長い骨の中央に多く存在し、身体を支える働きがある）と呼ばれる硬い部分と、内側の海綿骨（骨梁が網の目のように縦横にはりめぐらされたスポンジ状であり、皮質骨に比べて骨代謝が盛んに行われている）と呼ばれる網目状の部分から構成されている

5 減量

体調を維持しつつ確実に結果を出すには？

アスリートはパフォーマンスの向上のため、もしくは競技の特性によって減量が必要になるときがある。確実に、かつ体調を崩さずに減量するためには、どちらの場合も計画を立てて実施することが大切だ。

急速減量によって身体に起きることとは？

　減量には、階級別競技種目の試合前に行う減量とパフォーマンスを向上させるために体重（体脂肪）を減少させる減量の２つがある。

　階級別競技種目は、計量に向けて計画的に減量を行う。以前は、多くの競技種目で前日に計量をパスしたならば、試合当日には減量前の体重に戻して戦うという流れだった。しかし現在は当日に計量があったり、試合直前に計量があったりする。また、前日に計量したとしても試合当日の体重増加量に制限を設けている競技種目もある。試合前日と当日の食生活は、計量までの減量と計量後の体重増加を考えたエネルギーや栄養素摂取をするということになる。

　以前のように計量後に体重をいくらでも増加させてよいのならば、減量前には階級の体重よりもかなり重くしておき、急速（短期間）に減量させ、試合当日は、体重を戻して重い体重で戦うほうが有利なこともあったかもしれない。この場合、短期間に体重を減らすこと、計量後に戻すことが大きな幅でできる（例えば５kg以上）アスリートのほうが、よい成績を残せた可能性がある。このような急速減量は、減量中に極端にエネルギー摂取量を減少させるため、身体にしてみれば「飢餓」を味わうことになり、死の恐怖を知ることにもなる。身体は、減量のたびに飢餓への対抗処置をどんどん高めて講じるようになるため、なかなか体重が落ちなくなるのだ。急速減量やその後に一夜にして体重を戻すことは、アスリートの健康を守るためにもすべきではない。計量のルールが改正され、練習の時点から自分の階級の体重に近い状態を維持することにより、アスリートの身体への負担は軽減されたと考える。当日計量が実施されるようになってからは、多くのアスリートが試合前に１kg程度の減量をしているようだ。

　理想的な減量は、体脂肪だけを減少させ、除脂肪体重（特に筋肉）を失わず、練習と同等か、それ以上の実力を試合で発揮できるようにすることだろう。しかし体脂肪だけを減少させる減量は、難しい。また、除脂肪体重には、体水分も含まれることから、脱水して計量にパスしても、試合時には、脱水した状態で戦うことはできないので、減量に体水分の減少を加味することはできなくなる。

確実に体脂肪だけを減少させるためには、ある程度の期間が必要だ。減量の期間を決める際、短期間になればなるほど、**除脂肪体重を失うこととなる**。その理由は、エネルギー摂取量を著しく減少させることによって、生きるため、生活のためのエネルギーも足りなくなり、そのエネルギーを調達するために体タンパク質をエネルギー源として使うことになるからだ。

階級別競技種目における試合前の減量方法

では、どのように減量していけばよいのか。**運動量が変わらないのであれば、食事からの摂取エネルギーを減らして減量することになる。試合前のテーパリングの時期（→P86〜89）に減量するならば、運動量の減少分のエネルギーもマイナスする必要がある。**

例えば、体脂肪1kgを7000kcalとして、1kg減量をする場合を考えてみよう。3日間で減量するのであれば、体脂肪からのエネルギー利用が1日約2300kcalとなるようにする。さらにテーパリングで運動量が500kcal減少したならば、併せて2800kcalを食事から減少させることになる。通常、1日に摂取しているエネルギー量が4000kcalとしたら、1日1200kcalの摂取となる食事をしなくてはならない。1200kcalは、基礎代謝量程度か、それよりも少ないエネルギー摂取量になるため、糖質の必要量が確保されず、体タンパク質から糖新生によって糖質を確保することになる。一方、体脂肪のエネルギーへの代謝は糖質の減少により低下する（→**P15**）。結果的に、体重は減少するが、体脂肪の減少だけではなく筋量の減少につながるのだ。

一方10日間かけて減量すると、体脂肪からのエネルギー利用が1日700kcal。テーパリングで運動量が500kcal減少したならば、併せて1200kcalになる。通常、1日に摂取しているエネルギー量が4000kcalとしたら、1日2800kcalの摂取となる。最初の5日間は、テーパリングなしで、通常の練習をするのであれば、その5日間は3300kcal/日食べて、練習をして、減量することになる。この計画も、私にとっては無理な負担のかかる減量であると思うが、現実によくある期間を例にしてみた。

人間の身体は、計算通りには行かないので、減量期間中は、体重のモニタリング（観察）を続け、エネルギー摂取量をコントロールしながら進めていかなくてはならない。減量期間中の食事内容は、バランスよく食べるとともに（→**P56**）、エネルギー源となる栄養素の配分を意識したい。具体的には脂質の摂取量を落として（総摂取エネルギー量の20％程度）、タンパク質は通常より少し多め、糖質の摂取量を多めにして調整するとよい。

減量する量が多ければ多いほど短期間での減量が難しくなる。短期間に減量すれば、筋肉の減少量が多くなる。試合で実力を発揮するためには、自分の階級の体重に

近い状態で常に体重を維持し、減量する量をできる限り少なくするか、あるいは、練習期間中はある程度重い体重にしておいて、1カ月以上かけて減量していくかの方法になると考える。ある程度重くといっても、3kg以上減量しなくてはならない場合には、減量期間が長期間におよび、減量中の練習の質が悪くなると考えるので、通常の体重の設定を見直すべきである。

　計量後は、体重管理のための食べる量について自分ルールを確立させ、食事や補食については、第4章で紹介した試合前日と当日の食事（→**P88**）を参考に組み立てるとよい。

パフォーマンス向上のための減量方法

　減量の最も成功した状態は、体脂肪を減少させ、除脂肪体重を減少させなかった状態だ。成功させるためには、計画を立ててから実施しなくてはいけない。計画は、体脂肪の減少が、パフォーマンスの向上にどのくらい貢献するかを考えたうえで、減量する量を決定し、その量によって、期間やトレーニングと栄養管理を一体化させて立てていく。

　減量の難しさは、エネルギーの出納をマイナスにすれば、誰でも体脂肪が少なくなるわけではなく、身体が減量を受け入れる状態であるかによって左右されることだ。

　最初に受け入れ状態のよい「体脂肪が多く、動くのに重いと身体が感じていて、食事をバランスよく食べている場合」を説明する。体脂肪1kgを7000kcalとして考えると、体脂肪1kgを1カ月（30日）で減量するためには、1日約230kcalを摂取よりも消費するエネルギー量がマイナスになるように計画する。このためには「230kcal分トレーニング量を増やす」「230kcal分食事を減らす」「トレーニング増加と食事減少を併用して230kcalマイナスにする」という方法がある。

　トレーニングを増やす場合については、「**第2章-2　エネルギー消費とは？**」（→**P36**）で解説しているので、エネルギー消費量を把握して実施してほしい。ただし、トレーニングの増加が、疲労の蓄積につながったり、通常の練習に影響したりするようであれば、食事を減らすか、トレーニングと食事を併用させるべきである。

　食事から減らす場合には、230kcal分を何から減らすかを考える。毎日食べるものが同じではないので、食事からエネルギーを減らすことは難しい。生活習慣病の指導であれば、菓子やジュース、アルコールを控えたり、揚げ物の量や頻度を少なくしたり、めしを食べ過ぎているようだったら適正量にしたりして、エネルギー摂取量を減らしていく。アスリートも同じように食べたり飲んだりする必要性が低いもの、あるいはバランスを欠いているものがあれば、その部分を減らしていく。もしも、必要性の低い食品がない場合には、摂取する油を少なくするために揚げ物の量や頻度を減

らしたり、マヨネーズ（大さじ1杯で約100kcal）やケチャップ（大さじ1杯で約20kcal）などのエネルギーが高い調味料を減らしたり、脂身が少ない部位の肉を使ったりする。食品や食材のエネルギー量（→P207）、調理法によるエネルギーの増減の知識があると、的確に計画を立て、実施できるようになる（→P67）。

　トレーニング増加と食事減少を併用して230kcalを減らす場合は、トレーニングで○kcal、食事から○kcalと決めて計画を立て実施する。

　いずれにしろ、計算通りには行かないため、減量中、体重をモニタリングし、計画を修正しながら進める。もしも、計画していた期間に目標体重まで減量できなかった場合には、仕切り直した方がよい。減量の状態が通常化することにより、ストレスを感じたり、エネルギー不足に陥ったりする可能性が出てくるからだ。減量計画を評価し、問題や課題を改善してから、再度、新しい計画を立てて取り組むべきである。

　減量中にはタンパク質の摂取量を多くし、脂質の摂取量を少なくすべきだといわれるが、どちらも増やしたり、減らしたりする限度がある。減量が長期にわたる場合、脂質を総摂取エネルギー量の20％未満にすることで、必須脂肪酸の摂取が少なくなったり、脂溶性ビタミンの吸収が悪くなったりして、栄養素摂取のバランスを崩すことになる。タンパク質は、エネルギー摂取量に関係なく過剰摂取すれば、肝臓や腎臓に負担がかかる（→**P28**）。糖質を制限したり、脂質の摂取量を20％未満にしたりする減量は、無理な計画である。**エネルギーを減らすということは、エネルギー源となる糖質、脂質、タンパク質のいずれかを減らさなくてはいけないことになるため、この3つの栄養素の摂取のバランスを著しく乱す減量は、無理な減量であるといえる。**例えば、1カ月間に3kg以上の減量は、1日700kcal以上のエネルギーをマイナスすることになり、いくら食事のバランスがよくても、エネルギー不足を引き起こし、さまざまな影響が出現し、質のよい練習を維持することはできなくなる。

　減量中の食事献立を立てるときには、食べる嵩を減らさないようにするとよい。嵩が減ると、消化管の運動を減らすことになり、エネルギー消費量を減らすことにつながるので、「エネルギーは減らすけれども食事の嵩は減らさない」が献立のポイントとなる。

　食事からエネルギーを減少させることにより、タンパク質やビタミン、ミネラルの摂取量を適切に調整できない場合には、栄養補助食品やサプリメントを利用し、整えるとよい。

減量がうまくいかないときに考えられること

　減量の受け入れ状況が悪い(減量が困難な)場合として、下記の3つが考えられるので、それぞれ対処法を記す。

❶骨格筋量が多く、体脂肪量が多くても、動くのに何ら問題がない
対処法

　減量のためにトレーニングを増やした場合、強度が低い運動を長時間実施しても体脂肪の減少に結びつきにくかったり、強度が高いトレーニングでは筋量の増加として反映されてしまったりする。そこで食事を減らして減量することになるのだが、体脂肪だけを減らすことは難しい。短期間(1週間程度)に、極端に少ないエネルギー摂取量にして、体脂肪と除脂肪体重の両方を減少させることになる。減量後は、体重が減少することから基礎代謝量や運動時のエネルギー消費量が減少するため、減量前よりもエネルギー摂取量を減らして体重を維持することになる。体重当たりでタンパク質の摂取量を考えた場合、タンパク質の摂取量が減り、その分を食事として反映させると肉類や穀類、調理に使う油の量が減ることになり、糖質と脂質の摂取量も減る。それだけでは、エネルギーの減少量が足りないようであれば、脂質と糖質の摂取量を少なくしていくことになる。

❷減量する前からエネルギー不足になっていて、減量できる状態ではない
　　(体脂肪が多くても少なくても関係ない)
対処法

　エネルギー不足の改善を実施することを優先する。エネルギー不足の改善過程で、体脂肪のエネルギーへの代謝量が増えてくると、体脂肪量が減少してくる場合もある。EAが、45kcal程度になったら、減量を開始する(→**P119〜120**)。

❸すでに体脂肪量が少ない状態でこれ以上体脂肪を少なくできない
対処法

　減量すべきかを再考し、除脂肪体重を減らしてでも体重を減らす方が、パフォーマンスがよくなるというのであれば、短期間に、食事から減らすか、トレーニングとの併用で、減量する。

　アスリートの主な減量として2つ紹介したが、もう1つある。太り続けているので減量しなければならない場合だ。この場合、そもそも消費するエネルギーよりも摂取するエネルギーのほうが多い状態ということだ。対処法としては最初に減量から始めずに、体重維持に努めることをすすめたい。エネルギー摂取量を適正化し、太るのを止める。適正化できるようになってから、減量を実施するとよい。

第6章

コンディショニング

コンディションを良好に保つために
大切なセルフマネジメント。
導入や評価の方法を習得し、
競技人生の中でぜひ継続してほしい。
また、コンディショニングに特に配慮が必要なのが
女性、ジュニア、シニア、障がい者のアスリートだ。
それぞれの栄養管理のポイントも紹介した。

段階を経て導入していくことがポイント

セルフマネジメント

アスリートの栄養管理は、スポーツ栄養学から知識を得て実践するだけではなく、それを評価して今後に生かすことが重要だ。それがマネジメントであり、特に自分自身でマネジメントすることをセルフマネジメントという。ここでは、コンディションを良好に維持するためのセルフマネジメントについて解説したい。

セルフマネジメントの3段階導入方法とは？

　マネジメントとは、目的を決めて、その目的の達成のために計画を立てて実行し、実行後に評価をして、目標の達成状況や成果、今後につなげる課題や問題点を抽出し、計画を改善しながら進めることをいう。アスリートがセルフマネジメントするうえで必要な知識やスキルは、スポーツ栄養学としてまとめられている。これはレクチャーなどを受講したり、本を読んだりすることで学習できる。しかしスポーツ栄養学の知識やスキルについて学んでも、実際のやり方や、やったことが正しいのかどうかを確認（評価）することについて、わからなかったり、疑問を持っていたりするアスリートは多いだろう。

　実際にやってみるときには、3つの段階を経てセルフマネジメントすることをお勧めする。例えば、本書を読んでやってみたくなったことをすべて一気に試しても、ストレスに感じたり、疲れたりするだろうし、コンディションが不良になったときに何が原因かわからなくなってすべてをやめたくなることも考えられる。

　セルフマネジメント導入のステップとその評価を解説する。

ステップ1　最低限必要な管理（体重・体脂肪率、体温や脈拍からみる体調、生活リズム、練習状況、排便状況、女性アスリートの場合は月経）

●**体重・体脂肪率の管理：** 1日のベースになる体重は、起床時排尿後の体重だ。体重は、さまざまな状況で変動する。毎日比較するためには、できるだけ条件を一定にしなくてはならない。最も変化条件が少ないのが、起床時排尿後の体重と考える。また、体脂肪率の測定には、「インピーダンス法」の体脂肪計が広く使われているが、この測定機器は、体水分量から体脂肪率を推定する方法であるため、体内の水分量によって測定値は変動する。例えば、膀胱の中の尿量や、発汗量などが変化条件にあげられる。起床時排尿後の体脂肪率の測定は、この点からも、変化条件が最も少

なく、適していると考える。起床時排尿後の体重と体脂肪率を管理することで、おおよそのエネルギーの出納が把握できるのだ。前日と比べて、体重と体脂肪率に変動がない場合には、前日にとったエネルギー（エネルギー摂取量）が使った量（エネルギー消費量）に見合っていたということになる。そうは言うものの、毎日少しは変動するのが当たり前だ。私は100g（0.1kg）前後の変動は、「維持」ととらえる。ただし、毎日、100gずつ増えていくことがないように、ベースとなる体重を頭の中に入れて測定結果を評価しなくてはならない。

また「体重×体脂肪率＝体脂肪量」「体重－体脂肪量＝除脂肪体重」であることから、体重の変動が、脂肪によるものか、水分や筋肉によるものかが推測できる。発育が終わっている成人の場合、毎日の除脂肪体重のわずかな変動は、水分によるものと考えることができる。一方、約１カ月の除脂肪体重の変動を見て、ダラダラと上昇しているようであれば、筋肉が増えた、ダラダラと減っているようであれば、筋肉が減ったと評価できる。子どもの場合、除脂肪体重の変動は、骨や皮膚をはじめさまざまな組織や器官などが大きくなることも影響するので、成人のような水分と筋量での評価はできない。

体重測定はエネルギー出納の把握以外に、練習前後に行った場合は、練習中の脱水状況の確認にも用いられる（→**P180**）。

- **体温や脈拍からの体調管理**：体温や脈拍は個人差や変動が大きい。この測定についても条件をできるだけ一定にしなければ、毎日の体調管理に使うことができないので、起床時に測定することを勧める。睡眠中は通常、体温も脈拍も安静時より低い。ほぼ、変動がないものだが、起床時の体温が、いつもよりも0.5℃高い場合には、身体に何かが起こっていないかを確認する作業をして、何かあれば、その日の練習をはじめとする行動を調整して過ごすことができる。また、何もなくても用心深く過ごして何かを感じたらすぐに対応できるように心がけるようにする。それによって、疾病の予兆を察知でき、重症化を防ぐことができる。もしも予兆を察知できなければ、用心もせず、行動の調整もできないので、気付かないうちに発症して治療が長期化することになるかもしれない。男女ともに、体温や脈拍を測定して、自分の身体の特徴をつかむとよい。
- **生活リズムの管理**：起床・就寝時刻、睡眠時間を管理する。コンディションを良好に維持するために「リズムを乱さないこと」が大切だからだ。また、体調不良の原因を判断する際にも、生活リズムのデータが必要となる。
- **練習状況の管理**：練習内容・時間、大会・合宿スケジュールを管理する。これらはコンディショニング管理とは別に、練習日誌やトレーニング日誌で管理している場合があるかもしれない。しかし主な練習内容や１日の練習時間、大会・合宿スケジュールをコンディショニング管理の項目として扱うことが重要だ。例えば、練習

の時間の欄に毎日記入があれば、休んでいないことを意味する（→**P150**）。また、練習内容と体重や食欲との関係を考えるなど、練習と関連させてコンディションを振り返るために必要だ。

● **排便状況の管理**：毎日の排便状況は、有無だけではなく、複数回排便する場合には、その回数や状況などを管理する。このデータから、食生活や水分補給の状況を判断することができる。例えば、1日1回もないのであれば、食事のバランスが悪かったり（→**P56**）、食事量（嵩）が少なかったり、水分補給が十分でなかったり（→**P183**）といったことが考えられる。排便回数が多い場合には、食べ過ぎたり（→**P60**）、水分をとり過ぎていたりすることが考えられる。

● **女性アスリートの月経管理**：毎月の月経期間を記録すると同時に、婦人用体温計を用い起床時の体温を測定することにより、月経周期が把握でき、月経周期と体重変動の関係なども確認できる（→**P153**）。

ステップ2　食生活の管理とコンディションの明確化

● **食生活の管理**：バランスのよい食事構成（補食や間食、サプリメントを含む）で摂取できているかどうかを毎食確認するとともに、1日単位で評価する。主菜については「肉類」「魚類」「卵類」「豆・豆製品」、副菜については「野菜」「キノコ類・海藻類・こんにゃく類」という分類別に、確認できるようにす

表6-1　セルフマネジメントのためのコンディショニング日誌

○月	1 Mon	2 Tue	3 Wed
練習内容・大会合宿スケジュール			
前日就寝時刻	:	:	:
起床時刻	:	:	:
睡眠時間 (h)			
起床時脈拍			
排便			
体温 (℃) ( )( )( )( )			
体重 (kg) ( )( )( )			
体脂肪率 (%)			
月経（女性のみ）			
カラダメモ			
練習への意欲			
練習の達成度			
1日の疲労感			
食事開始時刻	:	:	:
食事終了時刻	:	:	:
栄養／主食			
栄養／主菜／肉類			
栄養／主菜／魚類			
栄養／主菜／卵類			
栄養／主菜／大豆製品			
栄養／副菜／野菜類			
栄養／副菜／きのこ類 いも類 海藻類			
牛乳・乳製品			
果物			
おやつ（菓子）			
補食・間食			
サプリメント			
	1 Mon	2 Tue	3 Wed

出典：順天堂大学女性スポーツ研究センター「女性アスリートダイアリー」より引用　一部改変
http://www.juntendo.ac.jp/athletes/notebooks/

コンディショニング日誌の記入方法

練習内容・大会・合宿スケジュール 【日】
スケジュールを記入。

起床時脈拍 【朝】
目覚めてすぐに、リラックスした姿勢で脈拍を1分間測定し、記入。手首の関節の付近で、親指の付け根部分にある橈骨（とうこつ）動脈に人差し指、中指、薬指の3本を軽く当てて測る。

排便
便通があった日に○をつける。回数、硬い、柔らかいなど、気になったことなどがあれば記入。

体重(kg)・体脂肪率(%) 【日】
起床時や入浴後、練習前後など、一定の条件で毎日測定し、記入。細かい数字にとらわれず、定期的に体脂肪率と合わせて体重の変動を確認する。

食生活 【夜】
1日のチェックボックスは朝、昼、夕の食事分の3列に分かれている。主食、主菜、副菜、牛乳・乳製品、果物と、1回の食事で食べたものすべてにチェックをする。副菜に含まれるタンパク質源（野菜炒めの豚肉、煮物のちくわ、野菜スープのベーコン、煮豆など）は、主菜のチェックボックスに印をつける。すべてのチェックボックスに印をつけることができれば、食品の選択の面からは100点満点。1日の平均が80点以上になるように、意識して食べよう。自分が何を食べたかチェックすることにより、食べることが少ない食品を把握し、考えて選ぶことができるようになる。また、女性アスリートは、月経前に甘いものが食べたくなる、食欲が増進するなど、ホルモンが身体に与える影響もあるため、自分の周期を把握し、日々の体重測定の結果と合わせて、自分の適正量を食べるようにコントロールすることが大切だ。

前日就寝時刻・起床時刻・睡眠時間(h) 【朝】
寝た時刻、起きた時刻、トータルの睡眠時間を記入。なるべく決まった時間に就寝、起床をくり返し、十分な睡眠時間をとるようにする。

体温(℃) 【朝】
目が覚めたら、横になったままの安静な状態で体温を測り、記入。
男性：通常の体温計で脇下で検温
女性：通常の体温計でなく、精度の高い基礎体温計を使う。舌下の中央のすじの両側が正しい検温位置。1つの目もりが0.1℃になるように、（　）内には、0.5℃ごとに数値を記入。

月経（女性のみ）【夜】
月経が始まった日から終わった日まで○をつける。量が多い日は◎、月経痛がある日には○の中に×、おりものが気になる日は▽にする。

カラダメモ
イライラ、頭痛など、気になったことを記入。

練習への意欲 【夜】
練習に対する意欲はどうだったか、主観的に5段階評価（高い「5」、やや高い「4」、普通「3」、やや低い「2」、低い「1」）で記入。

練習の達成度
練習後に、練習の達成度を主観的に5段階評価（高い「5」、やや高い「4」、普通「3」、やや低い「2」、低い「1」）で記入。

1日の疲労度
練習後に、1日の疲労度を主観的に5段階評価（高い「5」、やや高い「4」、普通「3」、やや低い「2」、低い「1」）で記入。

○月	1 Mon	2 Tue
練習内容・大会合宿スケジュール		
前日就寝時刻	:	:
起床時刻	:	:
睡眠時間(h)		
起床時脈拍		
排便		
体温(℃) ( )		
体温(℃) ( )		
体温(℃) ( )		
体温(℃) ( )		
体重(kg)		
体脂肪率(%)		
月経（女性のみ）		
カラダメモ		
練習への意欲		
練習の達成度		
1日の疲労感		
食事開始時刻	:	:
食事終了時刻	:	:
栄養／主食		
栄養／主菜／肉類		
栄養／主菜／魚類		
栄養／主菜／卵類		
栄養／主菜／大豆製品		
栄養／副菜／野菜類		
栄養／副菜／きのこ類・いも類・海藻類		
栄養／牛乳・乳製品		
栄養／果物		
栄養／おやつ(菓子)		
栄養／補食・間食		
栄養／サプリメント		
	1 Mon	2 Tue

るとよい。食生活の管理によって、自分の食生活の特徴が見えてくる。
例えば「3日に1度しか魚類を食べていない」「昼食に副菜がない」など、自分で問題点を明らかにできると改善点もわかり、改善された状況も確認できる。食事の状況を点数化して、目標を設定し、評価することも可能だ。また、食べる量については、体重やコンディションから総合的に判断することになる。

さらに食事の開始時刻と終了時刻を管理することにより、食事を規則正しくとれているか、とれていない場合には間食や補食で補うことができているかを確認できる。食事時間の管理は、コンディションを良好に保つため、増量や減量時には目的を達成するために重要な要素となる。

アルコールの摂取は、生きるために必要な栄養素ではないので項目としておいていないが、アスリートにとっては、コンディションに影響することもあるので、必要な場合は加えるとよい（→**P216**）。

- **コンディションの明確化**：コンディションをどのようにとらえるかは、人それぞれだ。項目としては、自分のチェックすべきポイントをあげて、確認していくとよい。少なくとも、毎日の「身体の状況」「体調」「練習への意欲」「練習での目標達成状況」「疲労の状態」の総合評価が必要だと考える。身体の状況は、「昼に頭痛」、「寝る前に下痢」など、身体のちょっとした変化であっても、今後のセルフマネジメントに貴重なデータとなる可能性があるので、書き留めておくことは大切だ。総合評価は、○や×ではなく、何段階かで評価するほうがよい。例えば、練習への意欲であれば、高い「5」、やや高い「4」、普通「3」、やや低い「2」、低い「1」のように数値化し、さまざまなコンディションの情報とリンクして考えられるようにする。

ステップ3　コンディションの考察と目的別マネジメントの導入

- **ほかの項目との関連を考察**：ステップ1と2の基本的なセルフマネジメントができてきたら、さまざまな項目との関連を考察する。例えば「練習時間が長くなると、翌日の体重が約1kg減少する」「夕食の時間が遅くなると、練習や食事が変わらなくても、体重が約0.5kg増える」など、アスリート自身が自分のコンディションの特徴を考察することで現状が理解できる。この理解から、コンディション管理に必要なポイント（注意事項）や改善点が明らかとなる。

- **目的別マネジメントの導入**：目的とは、試合期など期分けごとや合宿や遠征時の目標達成、減量、増量、リスク（エネルギー不足、貧血、疲労骨折など）の予防・改善などがあげられる。目的別にマネジメントをする際には、目的に対する目標を設定し、計画を立てて実行する。

考え方や方法についての知識やスキルは、本などから得ることができるが、個人に合わせた目標の設定から成果を上げるための計画・実行には、専門職のサポートが

必要となることが多い。「**第6章-2　栄養サポートの活用**」（→**P148**）を参考に、専門職のサポートを受けることを考えてほしい。

また、ステップ1と2について、セルフマネジメントのための日誌を作成した（→**P144　表6-1**）。これをもとにアスリート自身が必要だと思う項目を追加し、セルフマネジメントに役立ててほしい。

アスリートの多様な食生活とスポーツ栄養

　食文化や思想、宗教、健康ニーズなどにより、多様な食生活を送るアスリートがいる。民族や国、地域によって食文化は違う。例えばイスラム教徒がハラール対応食材だけを食べるなど、宗教によって食材などに制限がある場合がある。また、アレルギーなどの疾患がなくても、グルテンフリーを実施していたり、菜食主義（ベジタリアン）であったり、思想や健康ニーズによって食生活にルールがある場合もある。

　日本では、このような多様な食生活について、聞いたり、目にしたりすることは少ないかもしれないが、海外では珍しくないこととして受け止められている。アメリカをはじめさまざまな国の管理栄養士の養成課程では、多様な食生活についての授業があるのだ。

　例えば、ベジタリアンのアスリートであれば、動物性食品を食べないことから、食べることができる豆・豆製品や穀類などの食材を活用し、エネルギーや栄養素の必要量が満たされていれば食生活について問題はない。このように、いかなる理由であれ、食生活に何らかの制限がある場合、エネルギーや栄養素が不足しないように工夫する必要があるが、適切に摂取できているのであれば「多様性」は問題にならない。しかし、遠征や試合先で、日常生活と同じように食べることが難しかったり、運動量が増えたときにエネルギーや栄養素を補いきれなかったりという問題が出る可能性がある。

　日本国内ではまだまだ多様な食生活についての認識が低いからこそ公認スポーツ栄養士や管理栄養士は、多様な食生活を送るアスリートが栄養状態を良好に保つために、スポーツ栄養学の知識を活用できるスキル（工夫）の幅を広げてサポートする必要がある。また、日本で国際大会を開催するときや海外の選手が合宿するときなど、多様なオーダーに応えられるようにしなくてはならない。

2 目的達成のために導入したい
栄養サポートの活用

栄養サポートとは、栄養に関する知識や食事メニューを提供するだけではない。真の栄養サポートについて理解し、体調管理やパフォーマンスの向上に役立ててほしい。

目的をもって期間を決めたら計画をたてて実施する

　スポーツ界では「栄養サポート」という言葉が20年以上前から存在した。最初は、栄養指導をするという教育が中心であったが、この10年は、目的をもってその目的を達成するための栄養管理を実施するようになった。**スポーツ現場における栄養管理（栄養サポート）は、スポーツ栄養マネジメント（図6-1）に従って進められる。**

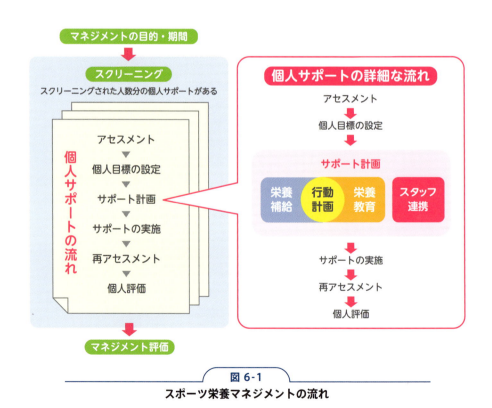

図 6-1　スポーツ栄養マネジメントの流れ

簡単に流れを説明すると、最初にマネジメントの目的と期間を決め、目的を達成する必要があるアスリートを抽出して個人サポートを行う。個人サポートは、スクリーニングされた人数分行うことになる。個人サポートは、アセスメント（→**P132**）によって現状を把握して目的達成のための課題や問題点を明らかにし、その結果を用いて目的を達成するための個人目標を決める。

目標が決まったら、栄養補給計画を立てて、その計画を達成するためにアスリートが実行する目標（行動計画）を立てる。また、行動計画を実行する際に必要な知識やスキルを教育する（栄養教育）。さらに、スムーズに確実にサポートを進めるために、アスリートの周りの人たちとの連携の計画（スタッフ連携）も立てる。すべての計画を立てたのちに、サポートを実施する。サポート実施中は、計画通りに進んでいるかどうか、面談などをしながら確認して支援を続け、もしも目標や計画に不具合が起こった場合には変更して進めていく。

サポート期間が終わったら、モニタリング（再アセスメント）を行い、サポート後の現状を把握し、個人目標を達成していたかどうかを確認する。モニタリングの結果からの個人目標の達成状況、個人サポート中のプロセスや競技力の変化などを総合的に評価（個人評価）する。1つの目的でマネジメントの対象者としてスクリーニングされたアスリート全員分の目的の達成状況や成果をまとめたものがマネジメントの評価となる。

このように栄養サポートとは、目的をもって期間を決めて計画を立ててから実施し、成果をあげることをいう。例えば、レクチャーやセミナーなどで、バランスよく食べることの教育だけを受けた場合には、サポートを受けているとは言えないのだ。

栄養サポートは、「受けてみなくてはよさがわからない」とよく言われる。多くの場合、食事のメニューを提示してもらい、セミナーで教育してもらったら、サポートを受けていると感じているようだが、ほんとうのサポートは違う。アスリートの「栄養・食」にかかわるすべてについてマネジメントしてもらえるのだ。

管理栄養士・栄養士は栄養のプロフェッショナルだが、特にスポーツ栄養に特化したプロフェッショナル資格として（公社）日本栄養士会と（公財）日本スポーツ協会が認定する「公認スポーツ栄養士」がある。公認スポーツ栄養士は、質の高いスポーツ栄養マネジメントを実施できる人材だ。アスリートは、目的を達成するために、是非、スポーツ栄養マネジメントを導入してほしい。

3 栄養とともに意識したい
休養

アスリートはトレーニング、栄養、そして休養のバランスがとれてこそ、コンディションを良好に保ち、競技生活を長く続けることができる。アスリートだからこそ考えたい完全休養の必要性と睡眠の質について解説する。

25歳以降の体力を左右する 完全休養の必要性

　日本人アスリートの辞書には「完全休養」という言葉がないようだ。多くのアスリートが「オフの日」に練習をしている。バレエの世界では、「1日休むと自分にわかり、2日休むと仲間にわかり、3日休むと観客にわかる」という名言があるが、アスリートにもこの名言が当てはまるのだろうか？

　発育・発達が終わってから25歳くらいまでのアスリートが、オフの日でも軽く動いて過ごすことには反対しない。なぜ、25歳くらいかというと、25歳くらいまでは回復力や体力が努力や計画なしでも維持される年齢だと考えるからだ。25歳以降は、今まで通りに過ごしているだけでは年々回復力も体力も落ちていくので、同じようにパフォーマンスも落ちていく。パフォーマンスを落とさず維持するためには、まず体力維持のために基礎トレーニングなどを多く設定しなくてはならない。年はとっていくので、体力の維持だけでも毎年、基礎トレーニングの量は、増えていく。これに加えてパフォーマンスを高めたい場合には、そのためのトレーニングも付加することになる。つまり、**現役のアスリートを続けていくためには、毎年トレーニング量を増加させねばならない**（図6-2）。さらに加齢によって、回復力も落ちる。ここで、トレーニング量が増えるのに回復が遅いという問題に直面する。解決策として、トレーニングの量や質を工夫するとともに、「回復」に重点を置いたスケジュール管理も必要となるのだ。

　回復には、動くことによる回復と休ませることによる回復がある。動くことによる回復としては、軽く動くことや遊び感覚をとり入れて楽しく動くことで回復を促す。**休ませることによる回復とは、完全休養（専門家の間では「完休（かんきゅう）」と呼ばれている）である**。これは、中途半端に動くのではなく、全く練習をしないということだ。アスリートに説明をするときには、1日中、ダラダラと過ごすイメージと言っている。20代の選手であれば、完休は月に1～2日でよいかもしれないが、年齢を重ねるとともに完休の間隔は狭くなってくる。

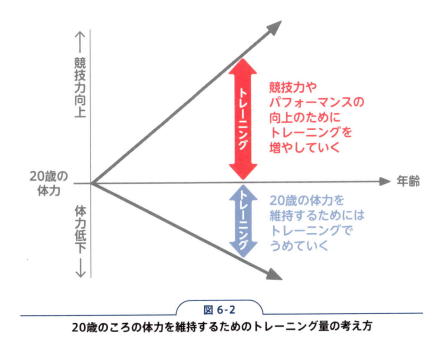

図 6-2
20歳のころの体力を維持するためのトレーニング量の考え方

　しっかり動いて、しっかり休む。トレーニングや練習は、量が多ければよいわけではない。オフの日もあればよいというものではない。どちらも質が重要だ。年齢とともにトレーニングも休みのとり方も変化させなくてはいけないことを知ってほしい。完休の日はしっかりと食事をして栄養状態を良くして過ごさなければ「真の完休」にならないことをつけ加えておく。

　完休を効果的にとり入れることにより、故障が少なくなり、引退年齢も引き上げられると期待している。

パフォーマンスに直結する！質のよい睡眠のススメ

　睡眠の質が重要であると言われるようになってきた。ここでは睡眠の概要とコンディションを良好に保つために必要なポイントについて解説する。

　人間が眠くなる理由は2つある。1つは、夜になると眠くなるという体内時計機構だ。人間は、朝起きて太陽の光を浴びて約15時間後に眠くなるようにできている。太陽の光を浴びるとその信号が脳の視床下部にある視交叉上核に伝わり、体内時計をリセットする。その約15時間後に、夜の眠りを誘うホルモン「メラトニン」の分泌が始まり、眠くなる。もう1つの理由は、疲れたから眠くなるという恒常性維持機構だ。

私たちの大脳は15時間連続運転すると、酒気帯び運転と同じくらいの機能低下があると言われている。起床してから15時間を過ぎると、体内時計の点からも恒常性維持の点からも眠くなって、正常な状況でいろいろなことをこなせなくなるといえる。起床して15時間後に寝る支度をして眠れば、8時間くらいの睡眠時間が確保されることになる。最近では、**定刻起床、定刻就寝によって、生活リズムを一定に保つことが、健康の維持には重要なポイントになる**と言われている。子どもを対象とした研究結果からは、平日に定刻起床、定刻就寝であっても、土日祝日などの休日に遅寝・遅起きになることで、不定愁訴が増えたり、学習への意欲が低下したりすることがわかっている。

　睡眠の質について考えてみよう。眠りには、「ノンレム睡眠（脳の休息、身体の成長・修復を促し、免疫を高める作用がある）」と「レム睡眠（脳の情報を処理して記憶を固定化する）」があり、一晩でこの睡眠が交互に現れる。**質のよい睡眠は、こうした睡眠中にやるべきことがしっかりとできる状態にあって、目覚めがよく、疲れがとれていて、頭もすっきりしたと感じることができ、よい環境で、適切な時間眠ることができたときに得られる。**表6-2は、質のよい睡眠を得るために必要な衛生指導について、ジュニア女子アスリート用にまとめられたものだが、一般のアスリートにも活用できる。また、**睡眠の質を守るために朝食が重要である**ことは、**P76**で説明した。睡眠の状況は、パフォーマンスに直結する。表にある項目を守り、朝食をバランスよく食べることを実行してほしい。

表6-2　アスリートの睡眠衛生指導　※8は女性アスリート用

1. 平日と週末の就寝および起床時間をなるべく一定に保つ
2. 起床時の明るい光によって睡眠／覚醒リズムを毎朝リセットする
3. 入眠を妨げるので就寝前の光曝露を避ける（テレビ、スマホ、タブレット）
4. 入眠・入眠後の睡眠に影響するため食事・入浴・運動は就寝の2時間前までに
5. 就寝前少なくとも30分は静かにリラックスする環境で過ごす
6. 午後〜夕方以降のカフェイン含有飲料を制限する
7. 入眠・入眠後の睡眠に影響するため昼寝は午後（15時くらいまでに）で30分まで
8. 月経異常（無月経、月経前緊張症、月経過多など）があれば外来受診を検討

出典：順天堂大学女性スポーツ研究センター『ジュニア女子アスリート ヘルスサポートマニュアル』(2018) P63

今後の人生のために不可欠な月経管理

4 女性アスリート

月経がある女性アスリートは、特有のトラブルを抱えやすい。月経に伴う「食」管理と「女性アスリートの三主徴」について解説したい。

月経に伴う「食」管理

　多くの女性は、排卵から月経までの時期に食欲が増すと感じている。この現象には、月経周期による体温の変化が関与している。**排卵後に体温が高くなることによってエネルギーの消費量が多くなる。エネルギー消費量が増加すれば、その分を補わなくてはならないため食欲が高まる**。しかし食欲の高まりによって補うエネルギーが、体温の上昇によるエネルギー消費量と同等ではない場合も多い。食欲に任せて食べることにより、体重が増えてしまうほど過剰に食べることもある。毎月、月経前に体重がたくさん増えることが当たり前にならないように、どのくらい食べればよいのかを理解してコントロールし、良好なコンディションを維持しよう。

月経前のエネルギー必要量の計算方法

❶排卵から月経が始まるまで体温が上昇することから（0.3～0.5℃くらい）、エネルギーの必要量は増す。

❷体温が1℃上がると基礎代謝量が13％アップすることから、次の計算ができる。
体温が1℃上昇したときの基礎代謝量の増加量（A）kcal/日＝体重（X）kg×22.1kcal（18～29歳の女性の基礎代謝基準値→**P35**）×13％
月経に伴う体温の上昇0.3～0.5℃での基礎代謝量増加量＝（A）kcal/日×0.3～0.5
例えば、体重50kgの20歳の女性の場合。
体温が1℃上昇したときの基礎代謝量増加量（A）＝体重50kg×22.1kcal×13％＝144 kcal/日
月経に伴う体温の上昇0.3～0.5℃での基礎代謝量増加量＝144 kcal×0.3～0.5＝43～72kcal/日

❸月経に伴う体温上昇によるエネルギーの必要量は、1日チョコレート2カケ～4カケ程度（1カケは20kcal程度）ということになる。

　月経の前になると、毎日、板チョコを1枚食べてしまう女性もいるが、そんなに必

要はないのだ。しかし、**排卵後から月経までの期間は、女性ホルモンの１つであるプロゲステロンの働きにより、体内に水分を貯留しようとするため、体重は増加傾向になる。**食事を注意しても体重が増加することもあるので、月経周期と体重の変動について把握し、できる限り、コンディションが悪くならないようにすべきだ。

　月経によるコンディションの変化が、試合の成績に影響するようであれば、月経の時期を調整するなど、婦人科の医師に相談をして対応していくことを勧める。月経は病気ではないという理由から、コンディションが不調でも積極的に対処しないという選択が、現在なくなりつつある。日本でも「女性アスリート外来」が設置される状況になり、女性アスリートが良好なコンディションを維持できる環境が整いつつあるからだ。また、月経困難症や月経前症候群がある場合も、同様に婦人科で積極的に治療を受けるべきだ。

選手生命に影響を及ぼすこともある"女性アスリートの三主徴"とは？

　女性アスリートの三主徴（Female Athlete Triad〈FAT〉）は、女性のアスリートが陥りやすい３つの障害を示し、この障害によって選手生命が影響を受ける可能性があることを意味している。この考え方には変遷がある。**図6-3**に示すように1997年、ACSM（アメリカスポーツ医学会）では、摂食障害、無月経（月経がみられない状態）、骨粗しょう症を３つの障害としてあげ、トライアングルの関係であることを示した。その考え方が、2007年に改定される。「摂食障害」という表記が削除され、「利用可能エネルギー不足（low energy availability：LEA）」（→**P116**）となり、「無月経」も「視床下部性無月経」と具体化された。トライアングルの表記も「利用可能エネルギー不足」から「視床下部性無月経」と「骨粗しょう症」に矢印が伸び、さらに「視床下部性無月経」から「骨粗しょう症」にも矢印が伸びた図になった。これは、「利用可能エネルギー不足」が「視床下部性無月経」を引き起こし、「利用可能エネルギー不足」が「骨粗しょう症」を引き起こし、さらに「視床下部性無月経」は「骨粗しょう症」を引き起こすことを示している。

　FATは、継続的な激しい運動が原因で引き起こ

図 6-3
女性アスリートの三主徴の考え方の変遷

されるのではなく、利用可能エネルギー不足が原因で引き起こされる「栄養障害」なのだ。私がサポートを始めた1990年代は、摂食障害となり食べなくなることで体脂肪が少なくなって無月経や疲労骨折を引き起こすといわれていた。体脂肪を増やすとパフォーマンスが悪くなってしまうために「永遠の課題」と受け止めるしかなかった。しかし、月経がなくてよいとは考えられず、アスリートと一緒に婦人科に行き、診察を受けたうえで低用量ピルを処方してもらい、年に3回以上は月経が起きるようにしていた。

2007年以降は、**原因がエネルギー不足であることが明確になり、視床下部性無月経や骨粗しょう症、貧血の治療をエネルギー不足の改善から行うことができるようになった。**

視床下部性無月経になるということは、脳が子どもを産むことができない状況であると判断し、月経を止めてしまうという、通常あってはならないことが起こっているということだ。引退すれば、身体は通常の状態に戻ると楽観的に考えているアスリートや指導者もいるが、絶対に正常月経が戻る保証はない。トップの競技レベルではない、あるいは、部活動で行う練習量では、FATが起きないと考えているかもしれない。しかしエネルギー必要量が満たされなければ、競技レベルや練習量、年齢に関係なく起こるのだ。私の周りには、高校生まで一生懸命に運動部でスポーツをしていた女性が、引退後も月経が正常に戻らず治療を受けていたり、月経不順が続いていたり、不妊で悩んでいたりといった例がある。食べることを制限していない場合には、アスリートも指導者も、エネルギー不足になっていることに気づかない。また、歴代の上級生たちにも無月経や月経不順の人が多いと、月経が来ない状況に疑問を持たずに過ごし、引退してはじめて正常な月経がないことに悩む場合も多い。指導者の中には「生理があるのは鍛えが足りないからだ」といって減量を促す人もいる。**女性アスリートの身体を守るため、将来、女性としての人生を歩んでもらうために、指導者の役割として、月経の管理が含まれるという認識をもってほしい。**管理に当たっては、女性スタッフの起用、婦人科の医師や公認スポーツ栄養士、管理栄養士との連携が不可欠であると考える。

現在、欧米諸国を中心に「女性アスリート外来」が開設され、利用可能エネルギー不足の改善を中心に治療が行われている。前述のように、日本でも女性アスリート外来が設置されている施設があるが、まだその数は少なく、外来数を増加させることが急務であると同時に、FATの予防を推進していかなくてはならない。FATの状態にいるアスリートがいなくなれば、女性アスリート外来の需要もなくなるのだ。

順天堂大学女性スポーツ研究センターでは、FATに関する研究・情報提供・教育・予防活動を行っている。アスリートをはじめ、指導者にもこのセンターを活用してほしい。

5 ジュニアアスリート

成長に影響を及ぼすエネルギー不足に注意

アスリートにとって、ジュニア期はアスリートとして活動する期間であると同時に成長のスパート期でもある。限られた期間であるこの時期にエネルギー不足に陥ると、生涯にわたってその影響が出るため、栄養管理が不可欠だ。

しっかり食べているつもりでも栄養状態が悪くなることがある

　生きるためには誰でも栄養、運動（身体活動）、休養のバランスをとることが必要だが、ジュニア期は、一生にわたる身体の基礎を作るためにも特にこのバランスを保つことが重要だ。

　毎年、文部科学省から発表される「学校保健統計調査報告書」には、世代別の身長と体重の推移が掲載されている。近年の傾向として、父母世代と現在の子どもは、祖父母世代に比べて、身長や体重が大きい。また、発育の推移をみると、父母世代や現在の子どものほうが発育のピークを迎える時期の個人差が大きく、小学校高学年から中学生にかけて起こることがわかる。このデータからわかることは、父母世代と現在の子どもは身体の大きさも発育の推移も変わらないことから、今後日本人は、現状を維持して育てると、身長と体重が今以上に大きくならないということだ。

　ジュニアアスリートのエネルギーや栄養摂取は、「1日3食と補食を十分に食べていても、栄養状態が悪いこともある」という特徴がある。そこでジュニアアスリートの栄養摂取の問題や課題、利用可能エネルギー不足やその改善方法、食事・食生活の留意点、食教育について説明したい。

ジュニアアスリートのエネルギー・栄養素摂取の問題と課題

　ジュニアアスリートのコンディションに関する問題として貧血と疲労骨折があげられる。アスリート調査を行うと、男女ともに中高生時代に貧血、疲労骨折の既往を持っていることが多い。貧血や疲労骨折は利用可能エネルギーの不足により、いかなるアスリートでも抱える問題だが、特にジュニアアスリートで引き起こされる可能性が高い。

　成長期は、身長が伸びると同時に体重が増える。この体重の増加の多くが、骨や骨格筋量によるものと考えられる。エネルギーの必要量の増加は、成長するために骨や

骨格筋の合成にかかわるエネルギーと、骨格筋量が増加すれば基礎代謝量が増加するため、その分のエネルギーの増加を考慮しなくてはならない。**成長によって日々増加するエネルギー分を補給しない、あるいは補給量が少なく補いきれない場合には、エネルギー不足になる**。また、補給したくても、すでに食べることができる限界まで食べている場合も、それ以上食べる量を増やすことができないため、エネルギー不足となる。

　通常、アスリートでない子どもの場合には、成長期であっても食事と補食を十分食べることができればエネルギー不足になることはない。しかし、**アスリートの場合、身体活動によって消費するエネルギーを余分に摂取する必要があり、限界まで食べたとしても、エネルギー不足に陥る可能性がある**。たとえば、故障をして１週間練習できないときに食事や補食を練習があるときと同量食べても、体重が増加しなかったという経験を持つアスリートは多い。この場合、今まで摂取したエネルギー量が、練習なしの１日の総エネルギー消費量と平衡状態であったと考えられ、このエネルギー摂取量で練習をしたならばエネルギー不足になることを示している。

　エネルギーを摂取するためには、糖質、脂質、タンパク質が含まれる食品を摂取する必要がある。エネルギー不足に陥ったということは、要するに、これらの栄養素の摂取が少ないということだ。エネルギー不足による貧血（→**P125**）は、成長のためにエネルギーの必要量が多くなることから発症しやすい。それに加えて**成長期は、骨格筋の増加に伴ってミオグロビン、血管、血液の合成も増加するために鉄、タンパク質、エネルギーの必要量も多くなり、成人に比べて、貧血を引き起こしやすい状況である**といえる。

　疲労骨折の既往のあるアスリートは、エネルギー不足の状態で成長期を過ごし、骨密度が低い状態が通常化していたり、急激にエネルギー不足が生じたことにより骨密度の低下が起こっていたりする可能性が高い（→**P134**）。また、女子アスリートでは、無月経による女性ホルモンの低下によっても骨密度は低下する。骨格を確定する成長期において骨密度を高い状態にし、生涯にわたる疲労骨折を予防するためにも、エネルギー不足を起こさないことが大事な要素となる。

ジュニアアスリートの利用可能エネルギー不足とは

　利用可能エネルギーの低下（エネルギー不足）（low energy availability：以下LEA）の評価は、利用可能エネルギー（energy availability：EA）を用いて行う（→**P119**）。

　ジュニア期は成長に伴って除脂肪体重も日々増加していることから、EAを評価する際には、実施日の評価を日々の評価と単純に受け止めてはいけない。なぜなら、**除**

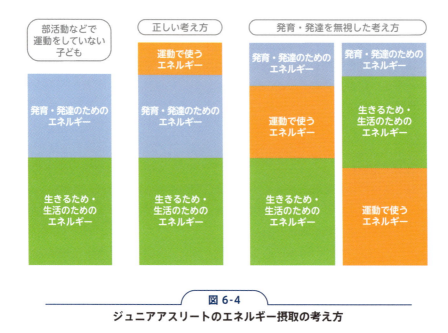

図6-4
ジュニアアスリートのエネルギー摂取の考え方

脂肪体重の増加に伴って基礎代謝量も増加し、さらに除脂肪体重が増加した状態で運動することによってエネルギー消費量も増加するからだ。

図6-4は、ジュニアアスリートのエネルギー摂取の考え方を示している。棒グラフ全体が1日に食事(朝・昼・夕食と補食)から摂取できる最大のエネルギー量を示している。成長期は、摂取したエネルギーを「生きるため・生活のためのエネルギー」、「発育・発達のためのエネルギー」として使い、残ったエネルギーで「運動」をすることになる(左から2番目の棒グラフ)。例えば、運動をしていない子どもや運動量が少ない子ども(一番左の棒グラフ)は、食べることができる最大限の量を食べて生活すれば成人同様に肥満になることがある。逆に、運動をしていなくても、食べることができる量が少ない子どもは、肥満にはならない。

ジュニアアスリートの現状を考えると、右から2番目の棒グラフのようになる。エネルギーの使い方として優先順位が、「生きるため・生活のためのエネルギー」に次いで、「運動で使うエネルギー」、残ったエネルギーを「発育・発達」で使っている。さらに、一番右の棒グラフは、ジュニアの強化選手などに選ばれたアスリートに多く見られる状況である。優先順位として、練習をしっかりとこなすことが第一となり、「生きるため・生活のためのエネルギー」も低減するために日中はできるだけエネルギーを使わない状態(授業中に居眠りをするなど)を保ち、「発育・発達のためのエネルギー」も少なくなる。右の2つの棒グラフのようなエネルギー配分にすると低身長、

貧血、疲労骨折などが引き起こされ、女子アスリートの場合には、初潮遅延無月経も起こり、女性アスリートの三主徴（FAT）を呈することとなる。**発育・発達は、限られた期間でしか行うことができないため、成長期のFATは一生に通じる被害を生む。**

このように**ジュニアアスリートの栄養状態の評価では、朝・昼・夕食に加え、補食をしっかりと食べているからといって、「栄養状態は良好である」とは言えない。**

利用可能エネルギー不足の原因と改善方法

ジュニアアスリートのLEAの原因は、大きく3つに分けることができる。ここでは、原因とその改善方法について解説する。本書は、LEAの改善に絞って記すが、疾病を伴っている場合にはその治療を優先して考える必要がある。

原因1　食事・補食として食べている量が限界に及んでいて、これ以上食べることができない場合

改善のための方針は、身体活動量を減少させることによりエネルギー消費量を減らし、発育・発達に使うエネルギー量を確保することになる。併せて、食事を改善し、効率よくエネルギーを摂取できるように、食べ方や調理法などを工夫し、補食の追加も行う。成人のアスリートのように運動量を維持するために、サプリメントを利用することはしない。その理由は、ジュニアアスリートにとって、食べることで補いきれないほどの運動量はオーバートレーニングとなるためだ。それゆえ、サプリメントを摂取することで運動量を維持、あるいは、さらに多くするようなことをしてはならない。

原因2　運動量（質、量、強度、時間）の過剰や生活リズムの乱れにより食欲が減退して食べる量が少なくなっている場合

質、量、強度、時間などさまざまな要素から運動量が過剰となったり、運動時間が夜までおよび、夕食や就寝時刻などが遅くなって生活リズムが乱れたりすることで、食欲が減退したり、眠気により夕食を十分にとることができなくなったりすることから、食事量が少なくなり、LEAが生じている状態である。この場合も、原因1と同様に身体活動量を減少させるとともに、練習時間などの調整を行い、生活リズムを整えることが必要である。身体活動、生活リズムの改善とともに、食事や補食を充実させ、LEAを改善する。

原因3　意図的（故意）にエネルギー摂取量を低減させている場合

もっと食べることができるにもかかわらず、意図的（故意）に減食させることによって、あるいは、極端に脂質や糖質を落とした食事をすることによってエネルギー

摂取量を低減させた状態である。この状態は、発育・発達に使うエネルギー量が少ないだけではなく、生きるため・生活のためのエネルギー量も少なく、少ないエネルギーで身体を維持する状態に適応しているといえる。この状態から、必要量と考えられるエネルギーを急に摂取させると、身体は過剰摂取と認識し、急激な体重（体脂肪）の増加を導く可能性が高くなる。そこで、アスリートとしての体型をできるだけ保ちつつ（「るい痩(注)」の場合には体型の改善も加味する）、適応を変えていくことを考えてエネルギー摂取を増加させていく。具体的には徐々にエネルギー摂取量を増加させていくことになる。**第5章**（→**P120**）での改善方法と同様になるが、成人のアスリートよりも、大胆に1回の増加量を設定してもよい。なぜなら、発育できる限られた期間の中で、LEAの改善とそれまで止まっていた発育を促さなくてはいけないからだ。ただし、短期間にエネルギーの摂取量を大きく改善させると急激な体脂肪の増加が起こり、その後の競技人生に影響することもあるので、増加量には注意して実施してほしい。

　回復の過程として、原因1、2ではLEAが改善されるとEAが45kcal以上となり、身長の増加とともに体重も増え、順調な成長を確認することができる。原因3については、身体がエネルギーを使うことができるように徐々に適応させていくプロセスとなる。改善の初期段階では、成長と体脂肪量の増加状況を確認しながら慎重に進めていくことが求められる。

　回復した場合は、LEAの症状が改善され、EAは、45kcal程度となり、順調で良好な発育・発達を続けることができるようになる。さらに、**発育・発達が終了したときには、発育・発達に必要であったエネルギー量を運動で使うことができるようになることから、EAを変えずに運動量を増加することが可能になるのだ。**

　エネルギー不足の予防と改善状態の確認は、成長曲線から判断したり、ジュニアアスリートの良好な成長を促すためのソフトウエアを活用したりするとよい。女子のジュニアアスリート向けには「スラリちゃん、Height！」(http://www.juntendo.ac.jp/athletes/surari/)、男子のジュニアアスリート向けには「ヘルスメイト」(http://www.nbnh.jp/download/)がある。これらのソフトウエアを活用することで、保護者や指導者が、アスリート一人一人の状況を把握し、栄養、運動、休養のバランスを整え、良好な発育を遂げているかを確認することができる。

注：極端にやせていて、脂肪組織が病的に減少した状態

ジュニアアスリートの食事・食生活の留意点

　ジュニアアスリートは、良好な栄養状態を維持するために、バランスよく食べなくてはならない。**必要なエネルギーや栄養素を3食でとりきれなかった場合には補食を加える。**また、**練習の終了時刻の関係で夕食が遅くなる場合には間食を加えて、練習中にエネルギーや栄養素が不足した状態にならないようにする**。通常、間食とは、寝ているとき以外で食事と食事の間隔が6時間以上あく場合に、夕食の一部分（主に主食）を練習前に食べることをいい、夕食では、間食で食べた分を減らして食べる。1日の食べる総量は変えずに、食事の間に食べる食事である。しかし成長期のアスリートの場合は、夕食の時間が遅くなるためにとる間食と3食ではエネルギーや栄養をとりきれないから食べる補食の両方を間食とみなすため、夕食では間食でとった分を減らさず食べることもある。

　ジュニアアスリートの食事には、エネルギー不足にならないための工夫が求められる。嵩が少なく、軽く、高エネルギーの食品・食材は、油脂である。一般的に生活習慣病の予防のためには脂質の摂取量を減少させることが健康につながると考えられているが、**アスリートの場合には、エネルギー不足を解消するために揚げ物などの調理法を用いて油を積極的に活用しなくてはならない場合がある**。また、成長期の身体作りや身体活動量の増加とともに糖質の必要量も増加することから、主食の量が十分に確保できるようにすべきだ。しかし、1食で食べることができる量には限界があるため、補食で主食を補うこととなる。

　食事の献立を考える際の注意点としては、食べることができる嵩のうち、主菜（肉・魚・卵などのメインのおかず）だけで半分以上の嵩となるような献立は避けることである。その理由は、3つある。

　1つ目は、主菜の食べ過ぎによるタンパク質の過剰摂取だ。成人のアスリートのタンパク質の必要量は、断続的な高強度のトレーニングをしている場合、体重1kgあたり上限で1.7gとしている（→**P24　表1-2**）。成長期では、その10%増しにすることが推奨されており、約1.9gとなる。また、体重1kgあたり2g以上を過剰摂取としている。**イラスト3-5**（→**P62**）に示したようにタンパク質は、主食によっても摂取できることから、夕食の半分が主菜では、タンパク質の過剰摂取につながることが簡単にわかる。

　2つ目は、糖質の摂取不足だ。食べることができる量には限界があるため、主菜の量が多ければ、主食の量が少なくなり糖質の摂取量が不足する（→**P64**）。

　3つ目は、ビタミン、ミネラルの摂取不足だ。主菜の量が多くなれば、野菜や海藻などの副菜の量が少なくなり、ビタミン、ミネラルの摂取不足が起こる。

　ジュニアアスリートの食管理においては、タンパク質を多くとることが必要である

かのような間違った認識を持ちがちだ。そのため、食事からのタンパク質摂取量が多いうえに、プロテイン剤などのサプリメントも使用し、過剰摂取が問題となるアスリートは多い（→**P28**）。タンパク質を過剰摂取しているアスリートは、肝臓に負担がかかるため、疲れやすかったり、回復が遅くなったりと良好なコンディションの維持に支障が出る。また、動物性タンパク質の過剰摂取は、カルシウムの再吸収を抑制するため、尿路結石や骨粗しょう症のリスクが高まる。**タンパク質の過剰摂取を防ぐために、食事を見直すとともに、安易にプロテイン剤を摂取することは避けるべきである。**

　アメリカンフットボールやラグビー、野球などの競技のジュニアアスリートの食管理でよくみられる問題点として、1食で大量の主食を食べさせることがある。**大量に食べるために噛まずに早食いになり、よく噛んでいない食べ物が胃に大量に入ってくるため十分に消化できない。消化されていないものは小腸で吸収されず、便量が増えて軟便となり、1日に何度も排便するようになる。**苦労して食べているにもかかわらず、体重は増えず、深刻な場合には、軟便のために痔を引き起こすこともある。指導者や保護者は消化吸収に支障をきたすような量を食べさせたとしても、期待するような効果が上がらないことを理解し、**アスリート個人の食べられる量に合わせた設定**をして、良好な発育・発達と競技力の向上を進めてほしい（→**P115**）。

ジュニア期の食教育

　バランスのよい食事は、「食事の内容が整っていること」と「自分にとっての適正量をとること」の両方を成立させる必要がある。食事の内容が整っていても、適正量を下回るならば、低栄養状態になり、逆に適正量を上回る場合には過栄養状態となる（→**P60**）。

　食事の内容は、食事構成から考えて整えることができる。また、毎日体重を測定し、コンディションを確認することにより、適正量の感覚を習得することができる。毎食、食事の内容や食べる量を決めるときに、「バランス感」を持つことによって、いかなる場面においても食事を整えることができるようになる。このバランス感とは、毎食の食事をバランスよく整える能力に加え、1食でバランスをとりきれなかった場合に、補食や間食で補ったり、次の食事でエネルギーや栄養素が少なくなった部分を強化させたりすることができる能力をいう。ジュニア期から食教育を導入することにより、バランス感を養うことができ、その感覚は一生を通して役立つ。

6 生涯現役を目指すには？
シニアアスリート

試合の区分などで"シニアアスリート"は、"ジュニアアスリート"に対して18歳以上を指す場合もあるが、ここでは60歳以上で、試合などに出場しているアスリート、および健康の維持・増進のために運動量が多い人について解説したい。

加齢に伴う身体の変化を受け入れ、対応する

シニアアスリートの栄養管理を考えるポイントは2つある。1つは加齢に伴う変化に対応すること、2つ目は"衰え"だけではなく、疾病の予防・治療（改善）へのとり組みだ。

加齢とともに身体は変化する。加齢による変化は、骨格筋量の減少だけではなく、ありとあらゆる組織や器官などに起こる。運動をしているアスリートであっても、その変化を受け入れなくてはならない。加齢とともにさまざまな競技種目の記録が落ちていくのと同じように、身体も全体的に機能低下していくのだ。栄養・食の観点では、加齢により、消化器系の機能が低下する。具体的には、下記に示した。

口の中： 歯の状態が悪いと咀しゃく機能（かみ砕く能力）が低下する。唾液の分泌も少なくなり、唾液による糖質の消化も低下する。また、食べたものと唾液の混ざり具合が悪く、スムーズに飲み込める柔らかさにできなくなる。さらに、飲み込むタイミングが合わなくなり（嚥下機能の低下）、むせることが多くなる。

胃腸： 消化管の運動機能と消化液の分泌機能の低下により、消化能力が落ちる。また、消化がうまくいかなければ吸収率も落ちる。

大腸： 運動機能が低下することで、下痢や便秘を引き起こしやすくなる。

上記に加えて、吸収されたあと体内でのさまざまな代謝機能も落ちる。

一般的に、高齢期に入ると、身体が小さくなり、身体活動量が少なくなることから、食べる量が少なくなったり、少なくしなくてはいけないと考えたりする。しかし実際には高齢者であっても、そんなに少なくなっていないことがある。私の経験でも、70歳以上の方とコース料理を一緒に食べたときに「1人前食べることができるのだろうか？」と思って見ていたら、普通に1人前を完食していた。これは**消化吸収の能力が落ちる分、食べて補っている**と考えられる。若いときの吸収率を100%とすると、加齢で消化が悪くなり吸収率が80%に落ちた場合に、エネルギーや栄養素を使う量も若いときの80%であれば今まで通り食べればよいということになる。もしも使う量が70%であったら、若いときよりも食べる量が少なくなることになる。

消化吸収の能力が低下するために、食事からでは必要量の摂取が難しい場合には、サプリメントなどを利用して補うこともできる。ただし、過剰摂取は避け、適正量の摂取にとどめなければならない。サプリメントではなく、健康食品のようなものを食べている場合には、栄養素レベルで考えたときに、過剰摂取となる可能性があることを知ってほしい。また、サプリメントや健康食品をとる場合には、自分自身の身体で考えて、その必要性と量を決めてほしい（→**P71**）。

　体格が小さくなることによって、エネルギーや栄養素の必要量はどう変わるのか。**同じ動きであっても体重が軽い方がエネルギーはかからないことから糖質や脂質の摂取量は少なくなり、タンパク質も体重当たりで考えるので少なくなる。ビタミンとミネラルも代謝が下がれば使う量も少なくなる。**ということで、全体的に必要量が少なくなるのだ。

　「サルコペニア」という言葉を聞いたことがあるかもしれない。サルコペニアは、加齢に伴って生じる骨格筋量と骨格筋力の低下として定義されている。サルコペニアになると筋肉量が減少し、骨粗しょう症のリスクが増すことから介護が必要になる可能性が高くなる。原因は、身体活動量、ホルモン分泌、エネルギーやタンパク質摂取量の減少などによるタンパク質合成の低下と、炎症反応の増加によるタンパク質分解の促進と言われている。**予防するには、運動面では有酸素性運動でインスリン抵抗性を改善し、レジスタンス運動で筋量を維持・増加すること、栄養面ではエネルギー不足にならないようにすることと十分にタンパク質を摂取することがあげられる。**運動面と栄養面を両輪で考えなくてはならない。アスリートは、運動面の問題はないかもしれないが、運動に見合った栄養摂取ができていなかったり、エネルギー不足のまま体重を維持していたりすると、サルコペニアの可能性が出てくるので、注意が必要だ。

　栄養管理は、体格、身体活動量、消化吸収の状態を総合的に評価して、進めていく。加齢に伴う身体の変化は個人差が大きく、それぞれの状況に合わせた栄養管理が必要だ。そこで、**P142**で説明したセルフマネジメントを活用してほしい。

個人の状態に合わせて疾病を予防・改善しよう

　疾病の予防・治療（改善）へのとり組みは、疾病の種類ごとに考えなくてはいけない。**身体活動は、量反応関係といって、身体活動の量が多くなるにしたがって、さまざまな疾病や認知症などのリスクが低下する**といわれている。シニアアスリートは、運動すること自体には問題がないと考える。ただし、運動しすぎによる整形外科的な疾患やエネルギー不足には注意が必要だ。また、休養のとり方が少ない場合も、故障の原因になったり、疾病を引き起こしたりする可能性が出てくる（→**P150**）。年相応に、体力を低下させない運動量と休息のとり方を追求し続ける必要がある。

栄養面からは、食生活を見直すことによって、疾病の予防効果を高めたり、改善したりするが、この見直しを図る際には、正しい情報を参考にして計画を立ててほしい。**食生活を極端に変更させれば、よいことも起こるのかもしれないが、そのしわ寄せとして悪いことも起こる可能性が高くなる**。例えば、野菜は身体にいいと聞いたので、食事の2/3を野菜にすると、副菜は十分食べることができるが、その他の主食や主菜が少なくなり、エネルギー不足と低栄養状態となる。また、食物繊維の過剰摂取となり消化が落ち、吸収率が低下し、ますます低栄養状態を引き起こすかもしれない。情報の精査をしてその活用の方法を間違えず、個人の状態に合わせて疾病を予防する、あるいは、疾病とうまく付き合ってほしい。自分の身体と会話をして、質の高いセルフマネジメントを実行し、「生涯現役！」を続けていこう。

指導者のコンディショニング

　緊張や興奮は、アスリートだけのものではない。指導者をはじめ、スタッフにも起こるのだ。もしかしたらアスリート以上に緊張・興奮をしているかもしれない。特に監督の試合に対するプレッシャーや重圧は、計り知れないほど高いと考える。

　優勝がかかっているときの試合前に、吐いてしまったり、下痢をしたりということはよく聞く話だ。リーグ戦などで長期間試合が続くときにやせていく監督もいるが、食欲が低かったり、胃腸の状態が悪かったり、意識が食に向かずに食べることができていなかったりすることもある。あるいは、太ったり体調を崩したりすることもある。このように緊張と興奮により、指導者にもさまざまな症状が出ているのだ。

　試合中や試合後には、アスリートに対する脱水や熱中症の予防を考え、さまざまな対策を実施しているが、スタッフに関しては個人に任されていることが多い。このため、試合中に脱水の症状が出ていることもある。例えば、4％の脱水でイライラが始まる（→**P172**）。試合後半になるとアスリートに指示する際に語気がどんどん荒くなってきたり、落ち着きがなくなったり、物に当たったりするようになる。チームの頭脳である監督が、脱水によって正常な判断ができないようになることは問題だ。また、スタッフのなかには、練習や試合後に頭痛を訴える人もいるが、これは熱疲労が疑われる（→**P176**）。

　アスリートだけではなく、指導者やスタッフも試合期には、栄養管理や熱中症の予防が必要である。

栄養管理は障がいの部位や状態によって異なる
障がい者アスリート

障がい者アスリートのエネルギーや栄養摂取の目安となる研究結果は、皆無に等しいのが現状だ。障がいの部位や状態が多岐にわたるためだ。現在、私が障がい者アスリートの栄養サポートを実施するなかで、わかってきたこと、留意・注意していることなどを紹介したい。

現場での経験から見えてきた留意点や注意点

　障がい者アスリートのエネルギーや栄養素の摂取量の考え方は、基本的には健常者アスリートと同じだ。ただし、障がいの部位や状況によって、コンディションを良好に維持するためにすべき方法（マネジメント）を柔軟に変化・修正・改善・改良・更新させていかなければならないところが、専門職にとっては、健常者アスリートよりもテクニックが必要となる点だ。現在、食物摂取状況調査と身体活動状況調査を定期的に実施することで、アスリート個人の活動量に合わせた変化をとらえることができるところまできた。現状では、障がい者アスリートの栄養管理について解説できるまでに至っていない。私がサポートを行う際のアセスメント（現状把握と課題の抽出）における視点とマネジメント計画を立てるときの留意点や注意点について、現在私がサポートを実施している「脳性麻痺や脊髄・頸椎損傷などの障がい」「四肢欠損や切断」「視覚障がい」の場合についてまとめる。

❶脳性麻痺や脊髄・頸椎損傷などの障がいの場合

　アセスメントの視点は、血糖コントロールや体温調節機能、発汗・消化管・排便・排尿の状況があげられる。脳性麻痺や脊髄・頸椎損傷があると、自律神経障害により血糖コントロールが難しく、体温調節機能が低下しやすい。現在、血糖や体温の日内変動と運動中の変化のデータがないため、例えば「運動中に動きや頭の回転が極端に止まってしまうことがあるか」「運動中に身体がほてることはないか」など、さまざまな場面での現状をインタビューして把握している。また、発汗・消化管・排便・排尿の状況は、個人で異なるため、食べることと関連させてアスリートと一緒に現状を把握していく。発汗の量によって水分補給の量を決めるのだが、尿の状況や水分と便の関係も考慮しなければ決定することはできない。消化管の状況は、機能面の低下がある場合には、注意が必要な食品や料理があり、アスリート自身が把握していることが多い。排便に関しては、アスリート個人のタイミングや方法（腸内洗浄など）があり、

食べる量や水分補給量によって、排便の間隔が変わるため、エネルギーや栄養素の補給だけを優先せずに、十分に話し合って進める。障がい者アスリートは、下痢や軟便を起こしやすく、食べる量(嵩)や水分摂取量を決める際に、排便を中心に考えていることが多いと感じている。極端に食べる量が少ないアスリートも多い。

　例えば、運動中に低血糖になってしまうことや体温が上昇してパフォーマンスが悪くなってしまうことなどについて、障がい者アスリートは「仕方がないこと」と受け止めていて、軽減させたり改善させたりしようと考えたことがないようだ。このため、私が軽減や改善計画を提案すると、アスリートの多くが最初は驚いて、提案を実施したときに自分の身体がどのように変化するかを想像したり推察したりできず「とりあえず試してみよう」ということになる。現在は、**運動中に飲むスポーツドリンクの糖質濃度を高くして低血糖を予防する**など、さまざまな提案を少しずつ試している最中だ。新しいことにとり組むようになってから、アスリートは身体の変化に敏感になっている。

　大きな問題としては「褥瘡(じょくそう)」がある。予防するには、高齢者の栄養管理と同様に栄養状態を改善することが求められる。経験上、スポーツ栄養マネジメント(→**P148**)の継続実施によって栄養状態を改善することで、通常の生活における褥瘡のリスクが解消あるいは軽減されることが確認できている。

　脊髄・頸椎損傷のアスリート共通の特徴として、「謎の体調不良」がある。突然動けなくなるような体調不良があったり、高熱が出たりするのだ。定期的に起こるため、アスリートは自分特有の身体的特徴ととらえていたりする。しかし原因は、「疲労の蓄積」だと考えられる。障がい者アスリートに限ったことではないが、アスリートは休みをとらない傾向にある。そのため疲労が解消されないのだ。**疲労の蓄積した身体が、定期的に「謎の体調不良」を引き起こし、強引に休まざるをえないようにして、自らを回復させている**と考えられる。現在、栄養状態をよくすることによって日々の疲労の解消を行うことと完全休養(→**P150**)をとることによって、「謎の体調不良」の解消、あるいは、間隔の延長ができることがわかっている。

❷四肢欠損や切断の場合

　欠損や切断の状況によって、エネルギーや栄養素の摂取についてどう考えるべきかが議論になる。**アスリート個人について考える際には、実際にどのくらい動いたら、どのくらい食べて、体重がどのように変動するかがわかれば、栄養管理ができる**。また、アセスメントから、課題が明確になれば、その課題を改善・解消するための栄養管理を行う。健常者アスリートと考え方は同じだ。注意点としては、欠損や切断した部分をカバーするために、さまざまな機能や骨格筋が発達していることがあり、運動中はそのために必要なエネルギーや栄養素についての対処を考えなくてはいけない。

❸視覚障がいの場合

　視覚障がい者も「四肢欠損や切断」と同様に、エネルギーや栄養素の摂取の考え方は、健常者アスリートと同じだ。アスリートが栄養教育を受けることにより、バランスのよい食事について理解し、食事内容の選択や量を考えることができるようになる。また、実行するときに、介助者から的確な食事の説明があると、食事の内容や量を自らが選択することで、適切な食生活を主体的に実践できるとともに、身体の状態と関連付けて考えることもできるようになる。介助者がアスリートとともに栄養教育を受講することが重要だ。

　障がい者アスリートは、健常者アスリートに比べて現役を長く続けることができる。年齢が高くなるにつれ、生活習慣病などの疾病のリスクが増すことから、健康管理の面も考慮して栄養管理をする必要がある。障がいの部位などによって通常使われている体重計を使用できない場合もあるが、最近では、腕に計測器を装着することで体脂肪率を測定できる機器も開発されており、セルフマネジメントができる態勢が整ってきている。

　障がい者アスリートのエネルギー・栄養素の摂取について、現時点ではここまでしか記すことができないが、現場で障がい者アスリートのサポートを行いながら、近い将来、研究結果として発表していく予定だ。さらに、試合中の栄養管理については、競技結果からも明確にしていきたい。

第7章

熱中症の予防と水分補給

運動中に大量の熱を産生するアスリートは、
脱水を起こしやすく、それが命に関わることもある。
ここで紹介する熱中症予防や水分補給の知識を
しっかりと身につけて、
生涯にわたって役立ててほしい。

体重の約2/3を占める水分の働きとは？

体内の水分の役割と体温調節

運動機能を維持するだけではなく、身体が正常に機能するために重要な体内の水分。まずは体内における水の働きや体温調節について理解しよう。

体液には身体にとって大事な3つの作用がある

　体内に存在する水分の総量は、成人の場合、体重の約2/3の60％程度を占める。生まれたときは80％程度だが、成長して体温調節や水分代謝の機能が備わっていくにつれて、成人と同程度になっていき、高齢者になると筋肉量の減少などにより、40〜50％程度になる。赤ちゃんは不測の事態に備えて、水分の貯えを多くして対応しようとしているが、体温調節の機能が著しく劣っているため、少しでも環境などが悪い状況になったときには生命に関係する事態になってしまう。

　体内の水溶液を総称して「体液」という。**体内の水には「溶解作用」「運搬作用」「体温保持」の3つの役割がある。**溶解作用とは、物質を水に溶かすことを指す。これは体内での化学反応をするうえで必要となる。運搬作用とは、血液やリンパ液などによって水を移動させることにより、体内において物質（老廃物や栄養物質）を運搬することを指す。また、水は比熱(注)が大きいため、気温や室温が低下しても体温はすぐに下がらない。一方体温が高くなると皮膚から汗を出し、気化熱を放出して効率的に体温を下げる。これが体温保持の作用だ。

　この章は暑いときに体温を下げる作用についての話が中心だが、どのように体温を下げているのかを知るために、**イラスト7-1**にあるように試してほしい。**汗をかくことによって皮膚表面が冷えると、その下を流れている血液の温度が下がって、その血液が全身を巡り、体温を下げる。**これが汗をかいて体温を下げる身体のシステムだ。私たちの身体は、局所だけを動かしていてもそこにだけ汗をかくわけではない。例えば右腕を動かしたら右腕だけに汗をかくのではなく、全身で汗をかいて全身を濡らし、風が当たることで皮膚表面が冷え、血液の温度を下げて、体温を低下させる。このことからわかるように、体外への熱の放散は、気温、湿度、風といった気象条件や環境によって大きく左右される。

注：「比熱」とは、物質1gの温度を1℃上げるのに必要な熱量。比熱が大きくなるほど、温まりにくく冷めにくい性質をもつ

運動時にはエネルギー代謝が亢進するため、大量の熱が産生される。もしもこの**熱を体外に放散しなければ、体温が上昇し続け、熱によって体内のタンパク質に変性が起き、酵素（タンパク質でできている）や筋肉などの体タンパク質が障害を受け、死に至ることもある**。体温が上昇すると、運動機能が維持できなくなるだけではなく、身体が正常に機能しなくなるのだ。

体内の水を使って体温を下げても、体内の水がなくなってくると脱水となり、熱中症を引き起こす。

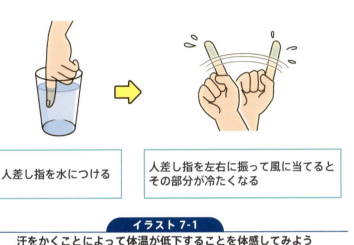

人差し指を水につける

人差し指を左右に振って風に当てるとその部分が冷たくなる

イラスト 7-1
汗をかくことによって体温が低下することを体感してみよう

皮膚からの体温調節の方法とは？

体温調節は身体の温度を感知する中枢性と末梢性の受容器の情報により、体温が恒常性維持の範囲内になるように皮膚、血管、骨格筋などの各器官で管理されている。中枢性の受容器は、熱受容器と冷受容器からの情報を中枢に伝える。受容体から伝えられた情報により、体温の上昇がある場合には、皮膚表面の血管が拡張し、末梢血流量を増加させることにより、皮膚表面からの熱の放散を多くし、体温を低下させる。発汗による熱の放散は、体表面に汗を分泌し、蒸発する際の気化熱を利用して熱を放散させる。これを**「温熱性発汗」**という。

温熱性発汗では、一部分の皮膚温が低いうちは、発汗が促されない。寒い日に、手足が冷たい状態で運動を始めると、手足が温まるまで汗が出てこないのを感じたことがあるだろう。また、温熱性発汗では、汗腺のエクリン腺から汗が多く出てくる。エクリン腺からの汗には、主に水と電解質が含まれており、手のひらや足の裏からの分泌は少ない。

発汗には、有効発汗と無効発汗がある。汗が地面に流れ落ちたり、タオルなどで拭きとってしまったりすると、汗を蒸発させることができず「無効発汗」となる。汗の蒸発が体温の低下に貢献した場合は、「有効発汗」と呼ばれる。

　運動中の発汗量は毎時１～1.5ℓに達することもあるが、長時間この状態が続くと、体温が上昇しても汗を十分に出せずに、熱を放散できなくなる。また暑熱環境にあったり湿度が高かったりする場合には、汗が蒸散しにくく、熱を十分放散できない。**すると体温上昇と脱水状態になり、さまざまな症状が出現する。**表7-1には、体重あたりの水分損失率と現れる主な症状を示した。ここで、知ってほしいことは体重の50％以上も水を蓄えているにもかかわらず、１％水を失っただけでも「のどが渇いた」と感じることだ。**２％を失うと、「ぼんやりする」などの意識症状も始まる。**このため、アスリートや消防士のように汗を大量にかく人たちは、**運動中（作業中）に２％以上の脱水にならないことがポイント**になるのだ。

表7-1　体内の水分損失率と現れる主な脱水症状

水分損失率	主な症状
１％	大量の発汗、のどの渇き
２％	強い渇き、めまい、吐き気、ぼんやりする、重苦しい、食欲減退、血液濃縮、尿量減少、血液濃度上昇
３％	汗が出なくなる
４％	全身脱力感、動きの鈍り、皮膚の紅潮化、イライラする、疲労及び嗜眠（半ば眠ったような状態）、強い吐き気、精神不安定、無関心
６％	手足のふるえ、ふらつき、熱性抑うつ症、混迷、頭痛、熱性こんぱい、体温上昇、脈拍・呼吸数の上昇
８％	幻覚、呼吸困難、めまい、チアノーゼ、言語不明瞭、疲労増加、精神錯乱
10～12％	筋痙攣、ロンベルグ徴候（閉眼で平衡失調）、失神、舌の膨張、興奮状態、不眠、循環不全、血液濃縮及び血液減少、腎機能不全
15～17％	皮膚がしなびてくる、飲み込み困難（嚥下不能）、目の前が暗くなる、目がくぼむ、排尿痛、聴力損失、皮膚の感覚鈍化、舌がしびれる、眼瞼硬直
18％	皮膚のひび割れ、尿生成の停止
20％以上	生命の危険、死亡

※脱水症状は小児の場合で５％ほど不足すると起こり、成人では２～４％不足すると顕著な症状が現れ始める
出典：『基礎栄養学』山本孝史（南江堂）、P227,2012

3％で汗がいったん出なくなるのは、体温保持のためだけに汗をたくさんかいて体内の水を放出すると、溶解作用や運搬作用のために使える水が少なくなり、正常に機能しなくなることから、汗をかいて水を失うことにストップをかけるものと考えられる。

この時点で水分補給をすれば重篤な状態にならなくてすむことが多いが、水分補給をせずに４％以上に達すると、通常の状態では動くことができなくなる。この症状は、体温が高い状態を維持しないように、あるいは、上昇し続けないように、身体の動きを止める意味があると考える。例えば、こんな経験はないだろうか？　運動中に給水するのを忘れていて、運動後にのどが渇いていたことを感じて飲んだら、動いていないのに急に汗が出てきたといった経験だ。これは、水分損失率が３％を超えていたために汗が止まっていて、水分が補給されたことで体温を下げるために汗が出てきたと考えられる。気づかぬうちに、汗が止まった状態になっていることもあるのだ。夢中になって運動することは悪くないが、給水を定期的にすることを忘れず習慣化しなければならない。

自分の体重の２％の脱水というのは、実際はどれくらいの量になるのかを計算してほしい（**計算方法→P181**）。運動前後の体重の差が２％以上であった場合には、良好なコンディションで運動をしていなかったことを示す。

ときどき練習後に体重が３kg減った、などと自慢しているアスリートがいるが、質の低い練習をしていることを自ら話していることになり、いつ熱中症になっても不思議でない状態だったことを反省すべきである。

機能が未熟だからこそ要注意！子どもの脱水

子どもは、成人に比べて脱水しやすい。その理由は、**体温調節機能や水分の代謝機能が成人よりも劣っている**からだ。さらに**子どもは身長が低いために、成人に比べて体表面積が少なく、放熱しづらい**と考えられる。身長が伸びるにしたがって体表面積は大きくなり、放熱しやすい状態になる。

そのうえ子どもは成長のために代謝が高いことから基礎代謝量が高く、安静時でもエネルギー代謝が活発に働く。エネルギー代謝が高まれば、体温が高くなる。**体温を一定に維持するために頭部や胴体部分の皮膚血流量を多くして汗をかいて体温を下げようとする**。赤ちゃんが常にびっしょりしているのは、このためだ。子どもは水分の貯蔵量を多くして体温の上昇に対応しようとしているものの、発汗機能や体温を下げるための血管調節の機能が大人より未発達のため、汗だけでは体温を低下させられない。

そこで、頻繁に休憩を入れたり、暑いときの運動は避けたりと環境面を整える必要があるのだ。脱水症状は、成人では体重の２～４％の水分が不足すると顕著な症状が現

れ始めるが、**小児の場合は体内の水分量が多い分、5％ほど不足してから症状が出る**。

　子どもは、大人が耐えうることでも、耐えることはできない。気温や湿度が高いなどの環境の変化にも対応できない。屋外も室内も車中も関係ないのだ。運動中の場合、大人は体重の2％分の水分を飲もうとしたら、体重60kgの人は1200mlを飲まなくてはならず、なかなか飲みきれない。このため7割くらいを飲むことを推奨しているが、体重25kgの子どもの場合には、500ml飲めば2％の脱水を回避することができる。成人よりも子どものほうが、脱水の予防はしやすいのだ。

　事故が起こらないように、最大の注意を払って運動する環境を整えるとともに、指導者や保護者は、ジュニアアスリートに水分補給の重要性を学ぶ機会を与え、一生涯、熱中症とは無縁の状況を作り出してあげてほしい。

発汗の種類には精神性発汗もある

　精神性発汗は、緊張や興奮による発汗のことをいう。この発汗による汗は、毛穴とともにあるアポクリン腺から分泌され、水と電解質だけではなく、脂質なども含まれる「さらっとしていない汗」だ。手のひらや足の裏、脇、陰部などから多く出てくる。体温の上昇がなくても緊張や興奮によって出てくる。例えば、大勢の人の前で緊張して話したときに、手に汗をかいたり、脇から汗が出たりしたことがあるだろう。緊張したときには唾液の種類も変わって、さらっとした唾液ではなくねばついた唾液が出てくることから口の中が渇いたような状態になる。

　試合のときなどは、温熱性発汗にプラスして精神性発汗も加わり、練習時よりも発汗量が多くなる可能性が高い。つまり、練習時よりもさらに水分補給が重要となるのだ。

　温熱性発汗と精神性発汗以外には、「味覚性発汗」といって辛い物を食べたときに起こる発汗もある。

汗だけで水分が失われるのではない！1日の水分出納

　成人（体重70kg程度）の場合、1日中安静にしているときの水分摂取量は1日で約2500ml、排泄量も約2500mlと言われている。水分摂取として食物、飲水、代謝水（→**P175**）、排泄として尿、大便、不感蒸泄がある（**表7-2**）。不感蒸泄とは、肺からの呼吸に伴う水蒸気としての排泄や皮膚から

表7-2　成人における水分の出納量

摂取量(ml)		排泄量(ml)	
食物	1000	尿・大便	1600
飲水	1200	不感蒸泄	900
代謝水	300	合計	2500
合計	2500		

出典：環境省『熱中症環境保健マニュアル2018』

の汗としての排泄など、意識することなく常に肺や皮膚から排泄される水分のことである。

表7-2からもわかるように、安静を保持していたとしても、息を吸ったり吐いたりしているだけ（不感蒸泄）で水分を1ℓ失っているのだ。身体活動の増加によって汗をかくだけではなく、呼吸数が増えることによっても水分を失う。運動量が多くなったり、強度が高くなったりするほど、呼吸が荒くなり、体温も高くなって汗をかき、体内の水分を失うのだ。これが脱水である。

代謝水は、主に糖質や脂質が体内で代謝されると生じる水のことだ。例えば、ブドウ糖（$C_6H_{12}O_6$）が代謝されることにより、エネルギー源となるとともにCO_2とH_2O（代謝水）が発生する（→P44）。**運動することで体温が上がって水を余分に必要とするが、エネルギーを体内で産生すれば水も作ることができる**のだ。気温や湿度、また運動強度が高くなくて水を失う量が少なく、水を産生する量と平衡している場合には、脱水しない。

暑くない日にたくさん歩いても、そんなにのどが渇かないのは、失った水と、作った水がだいたい同じくらいだからと考えることができる。

シニア期の水分補給の留意点

運動時だけではなく、活発に動いていない人でも熱中症になることがある。**特にシニア期の人は、頻尿となり、飲むと尿意の頻度が高くなると考え、飲まなくなって脱水しやすい。また、暑さを感じにくい、口渇感が起きにくい、飲んだときにむせるなどの嚥下障害があるといったことから、水分の摂取量が低くなり、熱中症になりやすい。**

アスリートの場合は1回の運動で体重の約3％の水分が一気に失われ、熱中症になることがあるが、あまり動くことがない高齢者の場合は急激に脱水状態になることは少なく、少しずつ脱水が進んでいく。動かないのだから脱水することはないと考えるかもしれないが、**表7-2**を見てもわかるように息を吸ったり吐いたりするだけ（不感蒸泄）で1日1ℓも水を失うのだ。飲む水の量が少なくなれば、その分が毎日脱水することになる。

例えば1日0.2％程度の脱水をしたとしても、それだけでは問題ないが、10日程度続くと2％の脱水となり、何となく不調を感じるようになる。それでも放置して2週間以上その状態が続くと約3％の脱水となり、熱中症となるのだ。少しずつ脱水していくため、本人も周囲の人も気づきにくく、見過ごされてしまうのが問題となる。シニア期は自分で口渇感や暑さを感じにくいので、本人も周りも意識して水分補給に取り組むことが大切だ。

水分補給以外の対策とは？
熱中症とその予防

運動によって大量の熱を産生するアスリートにとって、不可欠なのが熱中症予防だ。まずは熱中症について知ることが、予防の第一歩となる。

熱中症は4つの病型に分類される

　熱中症とは暑熱環境下で発生する暑熱障害の総称で、熱射病、熱疲労、熱痙攣、熱失神などに分類される。熱中症になったことがある場合に、「熱中症の何になりましたか？」と質問されるのはこのためだ。

　運動中は大量の熱が産生されるため、比較的短時間の暑熱環境下であっても、またそれほど気温が高くない状況であっても発症することがある。運動中の熱中症は予防できることから、運動前や運動中の水分補給を十分に行うなどの正しい知識を身につけ、一生涯、熱中症にならないようにしよう。そうはいっても自分だけではなく周りのアスリートが熱中症になったときの処置を身につけることも大切だ。**熱中症は命にも関わるため、「死」を意識した予防と対処が必要だ。**

　熱射病、熱疲労、熱痙攣、熱失神それぞれの原因と症状を**表7-3**に示した。解説していこう。

❶**熱射病**は、比較的短時間に大量の発汗があり、汗が止まってしまうような状況にあっても給水をしない場合に起きやすい。現場では、意識症状が先に出ることが多く、例えば「ちょっと具合が悪い」などと指導者に言ってくる。そのときに、ウエアが濡れていなかったら汗をかいていない、つまり3％以上の脱水だと確認ができる。また、触って熱ければ汗が出なくて体温がこもっている状態だと確認できる。どちらにしてもすぐに救急車を呼ぶことを含め、救急処置をしなくてはならない。様子を見ている時間などなく、救急処置が必要であり、遅れることで死亡事故となる危険性があることを知っておく必要がある。

❷**熱疲労**は、比較的ダラダラと脱水がすすんでいくイメージだ。給水をしてはいるのだが、脱水の進みには追いつかず、徐々に症状が出てくる。例えば、暑い日の練習後に頭が痛くなったり、吐き気があったり、食欲が落ちたりしたことはないだろうか？　また、ドライブ中に渋滞を気にしてトイレに行かないように水分摂取を極端に控えていたら、夕方になって頭が痛くなったというようなこともないだろうか？　これらは、熱疲労だ。まだある。冬にこたつの中で居眠りをしたときや電気毛布の

表7-3　熱中症の病型とその原因・症状

病名	原因	症状
❶熱射病	発汗による脱水、循環血液量の減少に続き、皮膚血管が収縮し、発生した熱が体表面から放出できず、体温上昇が急激に進行。脳にある体温調節中枢に障害が及ぶことにより起こる。	40℃を上回る体温、意識障害、めまい、ショック状態、吐き気などがある。適切な処置がなされない場合、多臓器不全を起こし、死亡することもある。
❷熱疲労	発汗が顕著で、脱水と塩分不足により起こる。	全身倦怠感、脱力感、頭痛、めまい、吐き気、血圧低下、頻脈、皮膚の蒼白。
❸熱痙攣	大量の発汗にともなった塩分の喪失によって起こる。運動時に大量の汗をかき、給水に電解質を含まない水分のみを大量に補給したときに起こりやすい。	筋肉の興奮性が亢進し、四肢や腹筋などに痛みをともなった痙攣が生じる。また、腹痛や嘔吐がみられることもある。
❹熱失神	運動終了直後に発生することが多く、運動を急にやめることにより静脈還流の低下が生じ、一過性に脳貧血による立ちくらみが起こる。また、長時間、直射日光の下での発汗による脱水と末梢血管の拡張が起こり、相対的に全身への循環血液量が減少する。	頻脈、頻回の呼吸、皮膚の蒼白、唇のしびれ、めまいや失神。

温度が高かったときなど、起きると頭が痛い。これも熱疲労だ。

このように暑い夏だけではなく、冬にも起こり、アスリートだけではなく、一般の人にも起こる。夏場の頭痛は、熱疲労かもしれないと疑ってみるとよい。熱疲労になったかどうかは、尿指標の**図7-1**（→**P178**）を見て、尿の量と色から確認できる。熱疲労だと確認したら、水分を補給し、色の薄い尿が大量に出るように脱水を改善させるとよい。アスリートの場合、気温に関係なくいつも同じ量の給水しか準備していないと、暑い日に熱疲労になるのは当たり前だ。気温や湿度を考えた給水の準備をすべきだ。熱疲労が進行した場合、熱射病に進む可能性が高い。

❸**熱痙攣**は、水分補給をする際、塩分の補給がないか少ない場合に起こる。水やお茶、薄めたスポーツドリンクを飲んでいるときに起こりやすい。汗には、水分と電解質が含まれる（→**P183**）。発汗量が多くなると、電解質の中でも塩分を大量に失うことになる。人間の神経伝達や筋肉の収縮・弛緩は全て電気刺激で行われるが、収縮する場合、脳から神経細胞を通って筋肉細胞へ筋肉を収縮させる信号が送られると、細胞内のカリウムと細胞外のナトリウムが入れ替わることで電気が発生し、これが刺激となって筋肉が収縮する（弛緩の場合にはこの反対の現象となる）。しかし、脱水しても水分だけで塩分が補給されないときには、細胞内液と外液のナトリウムとカリウム濃度に不均衡が起き、電気刺激が正常に行われず、筋痙攣のような症状が起こるのだ。熱痙攣の前兆症状としては、脚がつったり（こむら返り）、手が

尿の色から知る脱水リスクと適切な水分補給量
～自分の尿の色を下記の尿指標に当てはめ、適切な量の水分を補給しよう～

尿の色と量は脱水に関係している。尿の色が濃く、少量であるほど脱水の状態が進んでいることが疑われる。尿の色が薄く多量に出るようであれば、体内水分貯蔵量が十分であるといえる。尿の色と量から脱水状態を把握しよう。熱中症予防には、運動前から常に体内水分貯蔵量を十分な状態にしておくことが重要だ。

 CHECK 　男性用小便器⇒便器を流れ落ちる尿の色
　　　　　　　　　　個室トイレ⇒便器に溜まった尿の色

尿の色 ／ 水分補給推奨量（体重50～80kgの場合）

脱水リスク：危険
体重の約2%か、2%以上の脱水
2.5Y 7/6（JIS標準色票）
2.5Y 8/6（JIS標準色票）
 1～2ℓ程度の水分補給をしよう

脱水リスク：警戒
体重の約1.5%の脱水
5Y 9/4（JIS標準色票）
 1ℓ程度の水分補給をしよう

脱水リスク：注意
体重の約1%の脱水
5Y 9/3（JIS標準色票）
 500㎖～1ℓ程度の水分補給をしよう

脱水リスク：低い
5Y 9/2（JIS標準色票）
 尿量が少ないときにはコップ1杯程度の水分を追加しよう

脱水リスク：なし
2.5Y 9/1（JIS標準色票）
 こまめな水分補給を続けよう

※実際の色はJIS標準色票を参考にしてほしい

著者オリジナル

図 7-1　脱水状態把握のための尿指標および水分補給量の図

こわばったりする。練習や試合中に脚を伸ばすストレッチのようなことを始めたアスリートがいたときには、熱痙攣ではないかと疑い、水分補給の状態を確認するとともに積極的に補給させなくてはならない。

❹**熱失神**は、体温の上昇によって皮膚表面に血液が集められるために循環血液が減少している状態で、急に運動を止めることによって、静脈血の循環が悪くなり、脳貧血のような症状を呈することである。汗をかいて脱水した状態で動きを急に止めると、熱失神になる可能性を知ることが大切である。また、急に止まらないように脈拍が落ち着くまで、歩行したり、足踏みをしたりするなどの対処法も心得ておくことが必要だ。

熱中症は、夏でも冬でも"いつでも"、屋外でも室内でも"どこでも"、アスリートでもそうでなくても、赤ちゃんから高齢者まで"誰でも"、発症するのだ。予防するには水分補給を正しく行い、脱水しないことだ。

覚えておきたい熱中症予防8ヶ条

公益財団法人日本スポーツ協会は、『スポーツ活動中の熱中症予防ガイドブック』に熱中症予防8ヶ条を**表7-4**のように示している。現在は更新されて、熱中症予防5ヶ

表7-4　熱中症予防8ヶ条

1．知って防ごう熱中症
2．あわてるな、されど急ごう救急処置
3．暑いとき、無理な運動は事故のもと
4．急な暑さは要注意
5．失った水と塩分取り戻そう
6．体重で知ろう健康と汗の量
7．薄着ルックでさわやかに
8．体調不良は事故のもと

出典：財団法人日本体育協会（現日本スポーツ協会）発行『スポーツ活動中の熱中症予防ガイドブック』、2006

条となっているが、私は更新前の8ヶ条を勧めたい。

「**1．知って防ごう熱中症**」は、教育なしに予防できないということだ。正しい知識とスキルをもって予防しよう。

「**2．あわてるな、されど急ごう救急処置**」は、熱中症が生命の危機を招く疾病であることから、適切な対処をしなくてはならないことを示している。

表7-5　熱中症予防のための運動指針

WBGT（℃）	湿球温（℃）	乾球温（℃）		
31	27	35	運動は原則中止	WBGT31℃以上では、皮膚温度より気温の方が高くなり、体から熱を逃がすことができない。特別の場合以外は運動を中止する。
28	24	31	厳重警戒	熱中症の危険が高いので、激しい運動や持久走などは避ける。体力の低いもの、暑さに慣れていないものは運動中止。運動する場合は積極的に休息をとり、水分補給を行う。
25	21	28	警戒	熱中症の危険が増すため、積極的に休息をとり、水分を補給する。激しい運動では30分おきくらいに休息をとる。
21	18	24	注意	熱中症による死亡事故が発生する可能性がある。熱中症の兆候に注意しながら、運動の合間に積極的に水分を補給する。
			ほぼ安全	通常は熱中症の危険は少ないが、水分の補給は必要。市民マラソンなどではこの条件でも熱中症が発症するので注意する。

WBGT（湿球黒球温度）とは、人体の熱収支に影響の大きい気温、湿度、輻射熱の3つをとり入れた指標で、乾球温度、湿球温度、黒球温度の値を使って計算する。
出典：公益財団法人日本スポーツ協会のホームページをもとに作成

「**3．暑いとき、無理な運動は事故のもと**」とあるが、この「暑いとき」とはどのくらいの気温のことを指すのか。**表7-5**を参考にしてほしい。気温（乾球温）24℃以上は「注意」レベルとなり、運動中に積極的に水分補給をしなければ熱中症によって死亡する危険性があることを示している。さらに雨上がりや台風が去ったあとなど湿度が高い場合（湿球温）には、18℃以上でも「注意」レベルとなる。真冬のすごく寒いとき（概ね12〜2月）以外は、ずっと熱中症予防期間といえる。

「**4．急な暑さは要注意**」とあるように、身体は暑さに徐々に順応していく（暑熱順化）ため、暑さに慣れていない夏以外の季節も熱中症になりやすい。前日との気温差が、5℃以上あるときには注意が必要だ。冬の春のような日、春の初夏のような日、梅雨明け、秋の夏戻りなどがあげられる。急に暑くなった日や暑いところへの遠征のときなどは、練習量を減らしたり、飲みたいと思わなくても水分補給を十分に行ったりなどの調整が必要だ。

「**5．失った水と塩分取り戻そう**」のように、熱中症予防のカギとなるのが水分と塩分の補給だ。運動時の体温上昇は水分の摂取により、効果的な発汗を促し、熱を放散させることによって、抑制される。しかし、水だけ飲んでいてもだめなのだ。水分補給のタイミングやその内容についての詳細は、**P183〜**を参考にしてほしい。

「**6．体重で知ろう健康と汗の量**」とあるように、水分補給が十分にできているかどうかを知る手がかりとなるのが、体重だ。運動中の体重の変化は体内の水分量の変化と考えてよい。なぜなら、糖質や脂質をエネルギー源として使った量は「g」であらわされる程度の量でしかないからだ。運動前後に体重を測定することで、失われた水分

量を知ることができる。運動中も脱水率を2％以内の減少にとどめることがポイントだ。1時間当たりの発汗量と脱水率は次の計算でわかる。

▶ **1時間当たりの発汗量の計算**

$$発汗量 = \frac{運動前の体重(kg) - 運動後の体重(kg) + 飲水量(ℓ)}{運動時間（時間）}$$

例：$\frac{運動前(60kg) - 運動後(59kg) + 飲水量(1ℓ)}{運動時間(2時間)} = 発汗量1ℓ/時$

▶ **脱水率の計算**

$$脱水率 = \frac{運動後の体重 - 運動前の体重}{運動前の体重} \times 100$$

例：$\frac{運動後(59kg) - 運動前(60kg)}{運動前(60kg)} \times 100 = 脱水率 - 1.7\%$

※体重1kgの減少を水1ℓとして計算する

「**7．薄着ルックでさわやかに**」は、冬季でも衣服を着こんでいたり、断熱性の高い服を着ていたりすると熱中症を起こすことがあるためだ。身体を温めるためにアップの最初のときだけ断熱性の高い服を着るのはわかるが、汗をたくさんかくために着続けても、脱水になり熱中症のリスクを高めるだけで、ダイエット効果を促進することは期待できない。汗をかき始めたら薄着にし、無駄な汗をかかないようにしたい。

「**8．体調不良は事故のもと**」とあるように、同じ環境下で同じ練習をしていても熱中症になる人とならない人がいるのは、その日の体調の影響もある。風邪ぎみで体温が高めだったり、咳や痰やくしゃみ、嘔吐や下痢などで水分を失っている状況であったりしないか、疲労がたまっていないか、睡眠が不足していないかなど練習前に必ず体調をチェックし、自己管理を徹底したい。

体温を下げて発汗を少なくする努力も必要

発汗は、体温が下がれば止まる。汗が落ちたり、拭いてしまったりすると、体温低下には貢献しなくなる（無効発汗）。できるだけ無効発汗は抑えたいので、汗をかいたらそのまま風を当てて皮膚表面が冷えるようにするとよい。また、大きな血管が皮膚の表面近くにある脇の下、鼠径部、ひざ裏などをアイスパックや保冷剤などで冷やすことも効果がある。司令塔である脳を冷やすために、頭を冷やすことも効果的だ。

冷たい飲み物で、消化管から冷やしていくことも効果的だが、消化管への刺激が強いと下痢などを引き起こす可能性もあるので注意しよう。

暑いところだけではない寒冷環境での脱水に注意

寒冷地では、体温の維持とともに体水分量の管理を行う。寒いので、脱水のリスクが低いと考えるかもしれないが、「寒さによる口渇感減少」「利尿促進」「トイレへのアクセスが悪いためトイレに行かないように給水を控える」「運動中には暑くなり汗をかく（着こんでいることもある）が運動後すぐに体温が下がるので水分をとろうとする欲求が下がる」「高地の場合には呼吸数が増加するため不感蒸泄が増える」など、脱水になる理由は多い。**寒い環境下においても、体重の２％以上の脱水にならないように、水分補給をしなくてはならない。**

熱中症になりやすい人となりにくい人の違いとは？

同じ練習をしているのに、熱中症になる人とならない人がいるのはなぜだろう？「小学校の体育の授業中にクラスのうち４名が熱中症で搬送された」というニュースを耳にして「なぜクラス全員ではないのだろう」と思ったことはないだろうか？

小学校の体育の授業は、その謎を解く手がかりとなる。例えば、体育の授業が４時間目のお昼に近い場合には、朝食の状況が、熱中症のリスク要因として関わってくる。座っているだけでも汗が出てくるような気候ではない場合には、朝食をしっかり食べていれば、通常は４時間目（授業内容の説明などを含めて45分間の授業として）であっても熱中症のリスクは低いと考える。なぜなら、食べたものが消化されずに、胃や小腸の中に残っているからだ。朝食でとった食塩が残っていれば、水を飲むだけでも汗で失った水分と塩分を補えて、糖質が残っていればエネルギー源となる。朝食を欠食していたり、バランスが偏っていたり、量が少なかったり、早朝に食べていて胃の中に残っていなかったりすると、水を飲むだけでは対処できず熱中症を引き起こすリスクが高くなる。

このように、食事の量・内容・タイミングが熱中症のリスクにも関係する。３食欠食することなくしっかり食べることが、熱中症の予防にもつながることを覚えておいてほしい。

また、体調が悪い状態で運動をすれば、リスクは高くなる。

さらに、熱中症になりやすい体格としては、皮下脂肪量の多い人があげられる。汗をかくことで皮膚を冷たくし、その下を流れている血液を冷やして体温を下げるが、皮下脂肪が多いと、血管内の血液を冷やしづらくなるからだ。

熱中症の予防は、水分補給だけではないのだ。

3 水分補給法

アスリートが必ず身につけておきたい知識

運動時の水分補給は、パフォーマンスを維持するための大切な要素となる。
そのタイミングや量、内容は、アスリートにとって必須の知識だ。

汗をかくと水とともに電解質が失われる

　運動中のパフォーマンスを高いレベルで維持するためにも、熱中症予防のためにも、水分補給は重要である。

　汗の成分は、99％が水で1％が電解質である。電解質とは血液や体液中で電離してイオンになる物質のことで、栄養素ではナトリウムや塩素、カリウム、マグネシウム、カルシウムなどのミネラルのことを指す。電解質は、神経伝達や筋収縮の機能、体液の恒常性の維持（pHや浸透圧の調節）に関わる。これらは、腎臓での排泄と保留や体液中の電解質濃度が一定であると、正常に機能する。汗の成分は、0.05％が塩分で、カリウムなどの電解質のほかに鉄分や乳酸が含まれている。汗をかき始めたときは塩分0.05％の割合だが、発汗量が多くなると徐々に水分の割合が減り、塩分は約10倍程（0.5％）にまで濃縮されるといわれている（**表7-6**）。

　運動によって発汗量が多くなれば、体内から水分とともに電解質も失われ、体液中の電解質濃度が減少する。減少することによって機能が失われないように調整するものの、発汗量が短時間で急激に多くなったり、電解質の補給が十分でなかったり、補給の内容に問題があったりしたときには症状が出現する。このため、**運動時の飲料は水だけではなく、電解質も含まれていることが重要**なのだ。体内の水分が少なくなると、細胞外液中のナトリウム濃度が高くなるが、細胞内液と外液の浸透圧を一定に保

表7-6　汗中の主な電解質の量と発汗量の増加に伴う濃度変化

上昇	濃度（mM）	発汗量の増加に伴う濃度変化
ナトリウム	30～120	上昇
塩素	10～100	上昇
カリウム	5～35	低下
マグネシウム	< 2.0	低下
カルシウム	1～10	低下

出典：『スポーツと栄養と食品』朝倉書店P35,1996

つ働きが強まり、内液から外液に水分が引っ張られ細胞内の水分が減った状態となる。そうなると水を排泄しないように抗利尿ホルモンが分泌されて尿量を減少させるとともに、水分補給の信号が脳に送られ口渇感が起こる。水を飲み過ぎた場合には、抗利尿ホルモンの分泌が抑制されて過剰な水分を尿として排出するよう促す。

　発汗によって塩分を失う量が多いからといって、食塩をたくさんとればよいということではない。**表7-7**には、電解質の推奨量と至適量(効果的な量)を示している。スポーツドリンクは、体液(ナトリウム約0.85%)よりも薄く、汗によって失われた量を補う目的で設定しなくてはならない。熱中症の予防のための電解質の補給について、公益財団法人日本スポーツ協会では、**塩分の濃度が0.1〜0.2%(ナトリウムに換算した場合には40〜80mg/100mℓ)である飲料を推奨している。**また、細胞内液の塩分濃度が高くなると、細胞外へナトリウムを排出し、細胞外に存在するカリウムをとり込むことで、浸透圧を一定に保つため、同時にカリウムを補えるスポーツドリンクもある。

　食塩については、汗として失った量を補う意識が必要だ。失ったら補うのであって、食事で多めにとっておくことは意味がない(→P68)。

表7-7　スポーツ時の糖質および電解質の供給を考えた水溶液組成

推奨量		至適量	
糖質	30〜100g/ℓ [a]	塩素	最大1,500mg/ℓ
ナトリウム	最大1,100mg/ℓ	カリウム	最大225mg/ℓ
浸透圧	最大500mOsm/ℓ 望ましい濃度≦等張性	マグネシウム	最大100mg/ℓ
		カルシウム	最大225mg/ℓ

糖質源	糖質最大量 (高張とあまりに高すぎる濃度を避けるため)[b]
果糖	35g
グルコース	55g
ショ糖	100g
麦芽糖	100g
複合多糖	100g
可溶性デンプン	100g

[a] 水分の吸収が約30g/ℓで最大になる。これは糖質/エネルギー代謝に何らかの効果が期待できる最大糖質量である。上限値(100g/ℓ)は胃内排出率と水分の利用率が高濃度になることで低下するためである。さらに糖質濃度が100g/ℓ以上の水溶液を摂取すると真の水分吸収を抑制することが多くなる。より高濃度の溶液の摂取は水分補給とは考えづらく、むしろそれは糖質補給のためのものになる。

[b] 単糖である果糖は35g/ℓ以上で消化管にかなりの負担となるようである。この値はほかの糖質(例えばショ糖)と同時にとった場合ではない。

出典：Brouns, F.: Nutritional Needs of Athletes. P70, John Wiley & Sons, 1993.を一部改変

糖質の適した濃度は4〜8％程度

　スポーツドリンクには、糖質が含まれる。この糖質は、運動中に発汗によって失った電解質の補充とともに、エネルギー源の回復を目的としている。また、糖質が含ま

れることにより、腎臓でのナトリウムの再吸収能力を高め、体水分の回復に貢献することがわかっている。

スポーツドリンクに含まれる糖質の目的がエネルギー回復ならば、スポーツドリンクの糖質は運動量が多くなるにしたがって多くする必要があると考えるかもしれないが、多くできない理由がある。なぜなら、運動中の水分補給の目的の優先順位第一位が、水分の回復だからだ。水分の回復は、胃に食べた固形物がどのくらい残っているか、スポーツドリンクに含まれる糖質と電解質の濃度がどのくらいかなどが影響する。

水分は、小腸と大腸で吸収されることから、できる限り早く胃から小腸へ移動することによって吸収されるまでの時間を短くできる。運動中、できるだけ早く水分が吸収されるようにするためには、胃での停滞時間を短くして小腸に到達させなくてはならない。図7-2のグラフを見てほしい。**糖質の濃度が高ければ高いほど水分吸収が抑えられる。**このグラフからもわかるように、**速やかに小腸へ移動させることができる糖質の濃度は、4～8%といえる。**また、糖質の濃度が体液よりも高いと浸透圧が高くなり（高張液）、それを調整するために補給した糖質が腸内に移動した際に小腸から水分が分泌されて、糖質の濃度を薄めてから吸収するようになる。つまり水分を補給しているのに、小腸から脱水が起こる。小腸などの消化管は身体の中にあるが、口から肛門までつながったトンネルなので身体の外であるともいえる（→P212）。小腸から水分が分泌されるということは、皮膚から汗をかくのと同じことになるのだ。甘いものを食べたり飲んだりしたときにのどが渇くのは、小腸の脱水によるものだ。運

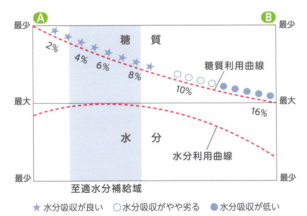

糖質は水分の補給を促進する（図左A）。糖質濃度が高くなると、消化管での移動を抑え、水分分泌を促すため、真の水分吸収が抑えられる（図右、B）。Aでは高い水分－低い糖質の利用が、Bでは高い糖質－低い水分の利用がそれぞれ誘導される。水分の恒常性を阻害しないで糖質の利用が最大となるのは、60～80g/ℓの糖質を含んだ飲み物である。飲み物を選ぶときは、スポーツが行われる気象条件と生理学的特性を考慮するのがよい。

出典：小林修平・樋口満『アスリートのための栄養・食事ガイド』第一出版、2014
データ：Brouns, F.: Nutritional Needs of Athletes, 1993, John Wiley & Sons, Chichester, England

図 7-2
糖質濃度と水分吸収の関係

動中に汗として出た水分を補おうと、糖質の多いドリンクなどをとることで小腸で脱水しては本末転倒になる。このため、**スポーツドリンクに適した糖質の濃度は、甘みを抑えた、体液よりも低い濃度(低張液)となる。**

吸収は糖質の種類によっても変わる。エネルギー量が同じであれば、溶液中の粒子数(モル濃度)がより少ない糖質のほうが吸収は速くなる。**表7-7**には、糖質の種類による吸収抑制されない量を示している。スポーツドリンクの糖質は、家庭にもある砂糖(ショ糖)で対応できることがわかる。

1時間以内の運動の場合には、運動中に摂取し、吸収されるまでの時間を考えると糖質の補給は基本的に必要ないといえる。ただし、食事をしてから時間が経っているのであれば、摂取したほうがいい場合もある。

こうしたことから、運動時の飲料は水分補給を優先させ、糖質は体液よりも低濃度に含まれているものを選びたい。通常は胃の中に食べたものが残った状態で運動するはずで、それが糖質と電解質を補うのに役立つため(→**P182の囲み**)、具体的には6％程度の糖質が望ましいと考える。市販されているスポーツドリンクの多くは、水分補給を優先していて、糖質の濃度は体液よりも低い。運動時の飲料は自分で作るのもおすすめだ(**イラスト7-2**)。

イラスト7-2
自分で作るスポーツドリンク

運動時の具体的な水分補給法

運動前

運動前は、汗をかいていない状況なので、基本的に水かお茶を飲めばよい。運動前に体内の水分量を100％の状態にして運動を開始することが重要だ。**尿が適切に排泄されることはそのまま100％水分が貯蔵されていると評価できる。図7-1**(→**P178**)

のように、体内の水分量が十分にある場合は、尿の色が薄く、多量に排尿される。練習前に尿の色が薄く多く出れば、体内に水分が十分にある証拠となる。

とはいっても、水中毒のリスクもあるので（→**P188**）、水分をただ大量に飲んでおけばいいというものでもない。練習前に100％の状態にするためには、2～3時間に1度くらいトイレに行きたくなるように定期的に適量の水分を補給しておくとよい。

運動直前や開始直後に糖質の摂取量が多くなると、血液中のインスリンレベルが高くなり、一時的に低血糖となって、パフォーマンスが低下する可能性がある。また、インスリンの作用により脂質ではなくグリコーゲンが利用される割合が高くなり、疲労を招くことから、水分の内容には注意が必要だ。

運動中

1時間以上継続して運動する場合は、スポーツドリンクを定期的に飲む。のどが渇く前に飲むのがポイントだ。しかし、競技種目によっては、定期的に補給できない場合もあるので、その場合には、飲めるときに十分に飲んでおくしかない。

飲む量は、気温、湿度、風などの環境面のほか、運動の状況、緊張や興奮の状況、体調など、さまざまな要因で発汗量が変わるため、「このくらい飲めばよい」とはいえない。そこでまず、**練習のたびに練習前後の体重を測定する。**また、練習中に飲んだスポーツドリンクの量も概算でよいので計測する。これにより日々の脱水状況を把握して、**水分損失率が2％以内に収まっていることを確認する。**確認したら、その日のコンディション、練習の善し悪しの感じ、練習量、環境、体調と関連づけて考える。このアスリート自身のデータや経験の蓄積から、練習時に「今日は暑くて、湿度も高くて、風が少ししか吹いていないから、予定している練習をするとしたら練習中1ℓくらいは飲まないといけない」というように水分量の管理ができるようになる。ただし、できるようになっても、データは常にアップデートされていくべきなので、確認作業は必要だ。練習前後に体重を測定できるように、体重計はぜひ設置してほしい。

スポーツドリンクの内容は、前述したように塩分と糖質が含まれるものを飲むとよい。**スポーツドリンクを薄めた場合には、糖質の摂取が少なくなるだけではなく、塩分も薄まってしまう。そのため、熱痙攣など熱中症のリスクが高まることに加え、失った水分の回復も遅くなる。**スポーツドリンクを薄める理由として「甘いから」というアスリートが多いが、薄めると塩分も薄まる。スポーツドリンクを飲んだときに口の中に甘さが残ってイヤな場合には、飲んだ後に水で口をゆすぐなどすればよい。

運動後

運動後は、脱水している水分を回復させなくてはならない。運動後に発汗が止まっているときには、減った体重を取り戻すくらいの量を飲むとよい。運動後の飲水量

は、練習後1時間以内に排尿したくなるかどうかで評価できる。**練習後3時間経っても尿意がないのであれば、余分な水分がないことを示し、水分が回復していないことになる。**つまり運動後の水分補給が失敗だったといえる。ただし、自発的脱水といって、血液中の余分な水分は尿として排泄して血液の浸透圧を維持しようとするため、必要以上に飲むことは、逆効果といえる。

飲料の内容は、糖質の回復を促すために、糖質濃度の高いドリンクを飲み(例えばコップ1杯など決まった量)、回復する量にまで達しない場合には、スポーツドリンクを飲んで補うようにする。

スポーツドリンクと経口補水液の違いは?

経口補水液は、熱中症になったとき、あるいは、熱中症の症状が現れたときに利用する。経口補水液は、食事を十分にとることができない人のために開発された飲料であり、アスリートのために開発されたわけではない。1ℓの水に対して塩3g(塩分0.3%程度)、砂糖40gで作ることができる。スポーツドリンクの塩分は0.1〜0.2%なのに対して、食事を十分にとることができない人のために、薄い味噌汁と同等の食塩が入っている。**脱水を補い、熱中症を予防するには、原則としてスポーツドリンク**で十分であり、経口補水液は必要ない。ただし、例外として、運動が長時間に及んだ場合には、汗の塩分濃度が高くなっているため、経口補水液を活用する必要があるときもある。

水分のとり過ぎによる水中毒とは?

水中毒とは、運動中、水を飲み過ぎることによって、低ナトリウム血症となり発症するといわれている。軽度の場合は無症状のこともあるが、倦怠感、吐き気、嘔吐、筋肉のこむら返りなどの症状がみられ、重症になると肺水腫(肺に水がたまった状態)や脳浮腫(脳がむくんだ状態)から呼吸困難や意識障害などの症状が起こり、死に至ることもある。

運動中は、汗をかいたら水分を補うのであって、たくさん飲めばよいということではない。運動の強度は低いが長時間であったり、意識しすぎて飲む量が多くなったり、寒くて汗をかいていなかったりしたときにはより注意を払って、体重が増えてしまうほどの水分は飲むべきではない。

第8章

栄養素・エネルギー・消化吸収の基礎

私たちの身体は食べたものでつくられている。
日々摂取している栄養素にはどのような働きがあり、
体内でどのように消化・吸収されているのか。
それらをよく知ることで、食事や自分の身体に対する
意識も高まっていくはずだ。

知っておきたい栄養素の基礎知識
栄養素の種類

私たちは、食べ物を食べることによって、栄養素を摂取し、生命維持や身体活動を行っている。栄養素について理解しよう！

身体にとって必要な五大栄養素

エネルギー源となる三大栄養素「糖質、脂質、タンパク質」に、代謝に必要な「ミネラル、ビタミン」を加え、五大栄養素と呼ぶ。五大栄養素の働きは、エネルギー源、身体の構成、免疫・代謝の調節である（**表8-1**）。

また、水、食物繊維は五大栄養素には含まれていないが、食物中に含まれる生体にとっては必要な栄養素だ。

表8-1 五大栄養素の働き

	五大栄養素				
	三大栄養素			微量栄養素	
	糖質	脂質	タンパク質	ミネラル	ビタミン
エネルギー源	◎	◎	○		
身体の構成		◎	◎	○	
免疫・代謝の調節			○	○	◎

エネルギー源として最も使われやすい　糖　質

糖質とは？

糖質は炭水化物と呼ばれることもあるが、炭水化物は、糖質のほかに構造上糖質の仲間である食物繊維の両方を指すことが多い。糖質は、エネルギー源となるが、食物繊維は消化酵素では消化されないため、エネルギー源にはならず、糖質と区別する。

糖質の種類

糖質は大きく3つに分類することができる。1つは、これ以上分解できない糖質の最小単位である「単糖類」、2つ目は単糖類が2〜10個程度結合している「少糖類」、3つ目は多数の単糖類が結合して連なった「多糖類」だ（**表8-2**）。

糖質の働き

働き1　エネルギー源になる

糖質は、体内で1gあたり4kcalのエネルギー源と

エネルギー 4 kcal /g
糖質は1g 4kcalのエネルギー源となる

表8-2　糖質の種類

単糖類		グルコース（ブドウ糖）、フルクトース（果糖）、ガラクトース、リボース、デオキシリボースなど
少糖類	二糖類	マルトース（麦芽糖）、スクロース（ショ糖）、ラクトース（乳糖）、セロビオース、トレハロースなど
	その他	フラクトオリゴ糖、ガラクトオリゴ糖など
多糖類		デンプン（アミロース・アミロペクチン）、デキストリン、グリコーゲンなど

なり、脂質やタンパク質よりもエネルギー源として使われやすい。

　脳、脂肪組織、筋肉、肝臓などの組織では、つねにグルコースやグリコーゲンなどの糖質代謝が行われている。糖質は生命維持のために、欠かせない栄養素なのだ。

働き2　肝臓と筋肉に貯蔵される

　体内では糖質をグリコーゲンとして主に肝臓と筋肉に貯蔵している。貯蔵グリコーゲンの量は、肝臓では100g程度、筋肉では250g程度と限界がある。

働き3　血糖として利用される

　血液中のグルコースを血糖、グルコースの濃度を血糖値という。血糖値を一定の範囲内に維持するため、体内ではさまざまなホルモンが働いている。健康な人の血糖値は空腹時で70～110mg/dℓ、食後は一時的に120～130mg/dℓまで上昇するが、約2時間後には空腹時のレベルまで戻る。糖尿病は、これらの範囲を超えて高い値になった状態である。

　脳は、基本的に血糖をエネルギー源としている。

働き4　ほかの栄養素との関係

❶タンパク質との関係

　糖質や脂質からのエネルギー供給が不足して、飢餓状態になるとエネルギー源としてタンパク質が多く使用されるようになる。タンパク質を効率よく利用するためには、糖質を十分に摂取する必要がある（→**P23**）。

❷脂質との関係

　糖質を過剰摂取した場合には、過剰分がグリコーゲンとして貯蔵されることはなく、脂質（中性脂肪）に変換されてエネルギー源として貯蔵される。しかし、脂質をグルコースやグリコーゲンに変換することはできない。

　糖質の摂取が少ない場合には、エネルギー代謝において、脂質からの脂肪酸利用の割合が高くなる。その結果、ケトン体の産生が増えてケトーシス（体内のケトン体の量が異常に増えた状態）になる。

❸ビタミンや酵素との関係

　糖質からのエネルギー代謝過程では、補酵素としてビタミンB_1、B_2、ナイアシン、パントテン酸などのビタミンが必要となる（→**P50**）。

　糖質は、「アミノ基転移反応」により、「糖原性アミノ酸」に変換される。また、糖原性アミノ酸は、飢餓状態などで糖質の摂取が減少したときに、糖新生のための材料となる（→**P23**）。

糖質の消化・吸収・代謝

　食物中の糖質（単糖類と二糖類以外）は、口腔内で唾液の中にあるプチアリンにより、また、小腸内では、膵液中のアミラーゼによって二糖類まで消化される。これらは、腸液中の二糖類分解酵素（マルターゼ、スクラーゼ、ラクターゼ）によって単糖まで消化されると同時に吸収される（膜消化）。吸収された単糖は、肝臓に運ばれる。

　肝臓に運ばれた糖質は、肝臓と筋肉でグリコーゲンとして蓄えられる。肝臓のグリコーゲンは、主に血糖値の維持のために使われ、また、筋肉中のグリコーゲンは、筋肉運動のためのエネルギー源として使われる（→**P19**）。また、グリコーゲンは核酸の構成成分の「リボース」や脂肪酸の構成成分の「グリセロール」にも合成される。

糖質の2倍以上のエネルギー源となる **脂　　質**

脂質とは？

水に溶けず、有機溶媒に溶解する化合物である。脂質にはさまざまな種類があるが、栄養学的に重要なのは、脂肪酸、トリグリセリド（中性脂肪）、リン脂質、糖脂質、ステロイドだ。

脂質の種類

脂質は、単純脂質、複合脂質、誘導脂質などに分類することができる（**表8-3**）。一般にトリグリセリド（中性脂肪）を脂肪と呼び、1分子のグリセリン（グリセロール）に3分子の脂肪酸がエステル結合して構成されている（**図8-1**）。脂肪酸の種類によって脂肪の性質に違いが現れる。

脂肪酸は、飽和脂肪酸と不飽和脂肪酸の2つに分類される。飽和脂肪酸は、動物性の脂肪に多く含まれ、常温では固体で、化学構造に二重結合をもたない。一方、不飽和脂肪酸は、常温では液体で、化学構造に二重結合をもつ。二重結合の数が1つの場合を「一価不飽和脂肪酸」といい、植物性の脂肪に多く含まれる。二重結合が2つ以上の場合には、「多価不飽和脂肪酸」といい、魚油に多く含まれる（**表8-4**）。

不飽和脂肪酸は二重結合の場所によって、n-3（ω3）、n-6（ω6）、n-9（ω9）の系列に分類することがある。n-6系とn-3系の脂肪酸は体内では合成することができない必須脂肪酸であり、多価不飽和脂肪酸のリノール酸、α-リノレン酸、アラキドン酸、エイコサペンタエン酸（EPA）、ドコサヘキサエン酸（DHA）などがある。

コレステロールは誘導脂質の1つである「ステロイド」に分類される脂質の一種である。細胞膜の構築、維持のほか、脂溶性ビタミンの代謝の補助やホルモンの材料などとして、生体内で重要な役割を担っている。

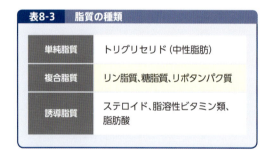

表8-3　脂質の種類

単純脂質	トリグリセリド（中性脂肪）
複合脂質	リン脂質、糖脂質、リポタンパク質
誘導脂質	ステロイド、脂溶性ビタミン類、脂肪酸

図8-1　中性脂肪の構造

表8-4　脂肪酸の種類

	脂肪酸	系列	炭素数	二重結合の数	主な含有脂肪
飽和脂肪酸	パルミチン酸		16	0	動物性脂肪
	ステアリン酸		18	0	
一価不飽和脂肪酸	オレイン酸	n-9	18	1	植物性脂肪
多価不飽和脂肪酸	リノール酸	n-6	18	2	
	アラキドン酸	n-6	20	4	
	α-リノレン酸	n-3	18	3	
	エイコサペンタエン酸	n-3	20	5	魚油
	ドコサヘキサエン酸	n-3	22	6	

脂質の働き

働き1　エネルギー源となる

脂質は1gあたり9kcalのエネルギーを発生させる。糖質やタンパク質は1gあたり4kcalなので、2倍以上のエネルギー源となる。

働き2　貯蔵脂肪として蓄積される

過剰なエネルギーはトリグリセリドとなって、貯蔵脂肪として皮下、腹腔・筋肉間結合組織などに蓄積する。同じ量のエネルギーを貯蔵する場合、脂肪は糖質やタンパク質の半分ほどの重さですむため、機能的といえる。

働き3　ビタミンB_1を節約する

糖質の代謝過程（解糖系）ではビタミンB_1が必要となるが、脂質のエネルギー代謝過程では不要で、ビタミンB_1を節約できる（→P45）。

働き4　生体膜の構成成分となる

リン脂質、糖脂質、コレステロールは、生体膜の構成成分として広く分布している。また、脂質は、皮脂として皮膚を保護したり、脂溶性ビタミンの供給源となったりする。このため、腸管からの脂溶性ビタミン吸収時にも大切な役割を担っている。

働き5　細胞膜機能を維持する

多価不飽和脂肪酸は細胞膜機能の維持に重要な役割を果たしていて、欠乏すると皮膚炎、脱毛、腎変性などが生じる。

α-リノレン酸やEPAなどのn-3系列の不飽和脂肪酸には血中トリグリセリド値の低下、血管内皮細胞の機能改善、血栓生成防止などの作用があることがわかっている。アラキドン酸はプロスタグランジンやロイコトリエンなどの体内で生成される生理活性物質のもととなる物質（前駆体）である。

働き6　胃内滞留時間を延長する

脂質は、胃での消化を抑制させる作用があり、脂質を多く含んだ食物は胃内滞留時間が長く、空腹感の軽減となる。

脂質の消化・吸収・代謝

脂質（中性脂肪）は、咀嚼や胃内の筋肉運動により「脂

エネルギー 9kcal/g

脂質は1g9kcalのエネルギー源となる

肪滴」となり、表面積を増やして、十二指腸に運ばれてから本格的な消化が始まる。十二指腸では、胆汁により乳化され、膵液と腸液の「リパーゼ」により、脂肪酸2分子と「モノグリセロール」にまで消化される。これらは、腸管から吸収されると、腸壁の細胞内で再び脂質を構成し、「リン脂質」や「コレステロール」「脂溶性ビタミン」とともにリポタンパク質の一種である「キロミクロン」を形成してリンパ管を経て血液中に放出される。

このため脂質は、吸収される量が多いほど、血液中にも多くなる。構造上、サイズの小さい「短鎖脂肪酸」や「中鎖脂肪酸」は、糖質やタンパク質と同じように吸収されて、門脈から肝臓に送られる。

脂質の代謝には、中性脂肪やコレステロールの分解と合成などがある。脂肪酸は、「β酸化」により、「アセチルCoA」となり、エネルギー代謝のTCA回路に入り、エネルギーを産生する（→P48）。

重要な機能を果たすコレステロールの働き

コレステロールの摂取量と体内合成量を比べると、食事からの摂取は約200～400mg/日、体内での合成量は12～13mg/kg体重/日（体重50kgの人で600～650mg/日）であり、体内の合成量のほうが多い。

コレステロールは、生体膜の構成成分であり、肝臓における胆汁酸や副腎皮質ホルモン、性ホルモンのようなステロイドホルモンの生成材料として使われる。

このように、コレステロールは重要な機能を果たしているため、血中のコレステロール値が低すぎても問題となり、増加した場合には、動脈硬化などの原因となる。

筋肉や臓器などの構成成分となる タンパク質

タンパク質とは？

タンパク質は多数のアミノ酸がペプチド結合して構成されている高分子化合物である。また、糖質や脂質と同様、炭素、水素、酸素原子からなる化合物だが、糖質や脂質と異なり、必ず窒素も含んでいる。

生体のアミノ酸は20種類あり、アミノ酸が2個以上結合したものをペプチド、一般に約10個以下のものをオリゴペプチド、それ以上のものをポリペプチドという。タンパク質はアミノ酸が約80個以上結合したものである。

アミノ酸の種類

アミノ酸のうち、体内で合成されない、もしくは合成されてもそれが必要量に達しないために、必ず食物からとり込まなくてはならないものを「必須アミノ酸」という。また、体内で十分に合成されるものを「非必須アミノ酸」という（**表8-5**）。アミノ酸の構造を**図8-2**に示した。

タンパク質の働き

働き1　身体を構成し、機能を維持する

筋肉や臓器などを構成する最も重要な栄養素である。例えば、筋肉の構成成分となるアクチンやミオシン、骨重量の約20%を占める骨と骨との結合部・皮膚・腱などに含まれるコラーゲン、靱帯などに含まれるエラスチン、毛髪・爪・皮膚に含まれるケラチンもタンパク質で構成される。

また、タンパク質は生体機能を担うさまざまな物質の材料となる。例えば、生体内反応の触媒である酵素、インスリン・グルカゴン・成長ホルモンなどのペプチドホルモン、ヘモグロビン・アルブミン・リポタンパク質・トランスフェリンなどの運搬タンパク質、生体防御反応に関与する免疫グロブリン、血液凝固に働くフィブリノゲンなどはすべてアミノ酸から作られる。

働き2　エネルギー代謝に関わる

タンパク質は、糖質や脂質と同様にエネルギー源（1gあたり4kcal）としても利用される。また、糖質や脂質に比べて、特異動的作用（食事誘発性熱産生）が大きく、体温の維持に役立つ（→**P38**）。

エネルギー 4 kcal /g
タンパク質は飢餓状態などのときに1g 4kcalのエネルギー源となる

表8-5	必須アミノ酸と非必須アミノ酸
必須アミノ酸	バリン、ロイシン、イソロイシン、トレオニン、リシン、メチオニン、フェニルアラニン、トリプトファン、ヒスチジン
非必須アミノ酸	グリシン、アラニン、セリン、アスパラギン酸、グルタミン酸、アスパラギン、グルタミン、アルギニン、システイン、チロシン、プロリン

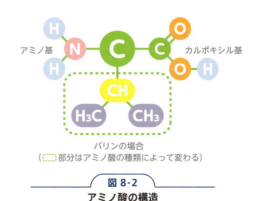

図8-2　アミノ酸の構造
バリンの場合
（点線部分はアミノ酸の種類によって変わる）

タンパク質は体構成成分として重要な働きをするが、飢餓状態では生命維持のために身体を構成しているタンパク質が分解され、エネルギー源となる。つまり、エネルギーの供給を糖質や脂質から十分に行うことができれば、タンパク質を必要最小限の摂取で有効に利用することができる。これを糖質や脂質の「タンパク質節約作用」という。

体内のタンパク質の動態

図8-3は、体内におけるタンパク質の動態を示している。体内では、窒素を含んだ化合物は、タンパク質(アミノ酸)であることから、タンパク質の合成や分解の状況を窒素の量を見ることにより推察できる。食事からの窒素の摂取量と便や尿および汗による窒素の排泄量の差を「窒素出納」という。

摂取した窒素量よりも排泄した窒素量のほうが少ない場合を窒素出納が「正」であるといい、成長期や妊娠期、トレーニングなどによる筋肉の増加時、病後の回復期などにみられる。

一方、窒素の排泄量が摂取量を上回った場合には、窒素出納が「負」であるといい、摂取量が少ないときや飢餓状態、強制的安静状態、熱傷、外傷時などにみられる。

健康な成人は通常、窒素出納の収支がほぼ等しい状態であり、この状態を「窒素平衡」という。

食品中のタンパク質の栄養価

食品中のタンパク質の栄養価は、必須アミノ酸の組成から求めるアミノ酸スコア(アミノ酸価)で評価する。

必須アミノ酸の摂取に関する考え方は、**イラスト8-1**(→P196)に示すように、体タンパク質の合成をするために必須アミノ酸がすべて十分にそろっていることが重要である。しかしアミノ酸スコアの低いタンパク質(食品)でも不足しているアミノ酸を補充すること、あるいは不足しているアミノ酸を多く含むタンパク質(食品)を組み合わせることによって、食事としてのアミノ酸スコアを高めることができる(**表8-6**)。

タンパク質の消化・吸収・代謝

タンパク質は、口腔で消化は行われないが、噛み砕くことで表面積を多くし、その後の消化液がかかる部分を多くする。胃内で消化酵素の「ペプシン」によって「ポリペプチド」となり、小腸では消化酵素の「トリプシン」や「キモトリプシン」によって「トリペプチド(アミノ酸が3つ結合した状態)」、あるいは、「ジペプチド(アミノ酸が2つ結合した状態)」にまで消化される。さらに膜消化によってアミノ酸まで消化されると同時に吸収され、門脈を経て肝臓に送られる。

吸収されたアミノ酸は、筋肉や結合組織などの主成分のほか、酵素、免疫グロブリン、インスリンやグル

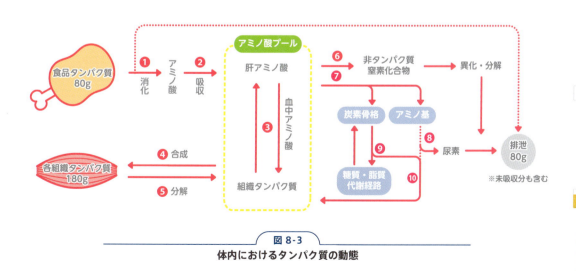

図8-3　体内におけるタンパク質の動態

カゴなどの一部のホルモンの合成に利用される。例えば、牛肉を食べると、身体は牛肉のタンパク質をそのまま筋肉に利用するのではなく、牛肉のタンパク質をアミノ酸までバラバラに消化（分解）してから、筋肉に使用するためのタンパク質を最初から作っていく。

ここで覚えておきたいのは、タンパク質をたくさん食べた分だけ、筋肉も増加するシステムではないということ（→**P28** タンパク質の過剰摂取）。また、アミノ酸は、エネルギーとして代謝されることもある（→**P45** 図2-1）。

体内のタンパク質はつねにこうした代謝をくり返している。**図8-4**は、各臓器のタンパク質の「代謝回転」を示している。この図から体内のタンパク質が、常に新しく作りかえられていることがわかる。

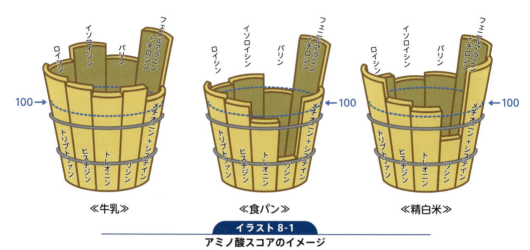

イラスト 8-1
アミノ酸スコアのイメージ

表8-6 食品タンパク質のアミノ酸スコア
（2007年評点パターンより算出）

食品	アミノ酸スコア	食品	アミノ酸スコア
鶏卵	100	サケ	100
牛乳	100	マグロ	100
牛肉	100	精白米	61
鶏肉	100	食パン	36
豚肉	100	ジャガイモ	77
イワシ	100	トウモロコシ	33

色の濃い部分は代謝回転の遅い成分を表し、薄い部分は代謝回転の速い成分を表している。（ ）内はタンパク質が生まれ変わるのに要する日数。

出典：片山眞之、片山洋子『図解 栄養生理学・生化学』P136, 産業図書, 1997

部位	遅い成分	速い成分
人体全体として	47%（130日）	53%（22日）
脳	54%（150日）	46%（16日）
肝臓	3%（140日）	97%（12日）
腎臓	8%（180日）	92%（11日）
筋肉	40%（100日）	60%（16日）

図8-4
各臓器のタンパク質の「代謝回転」

体内ではほとんど合成されない栄養素

ビタミン

ビタミンとは？

生命維持のための重要な働きをする生体に不可欠な有機化合物のうち、微量なものを指す。体内ではほとんど合成されないか、合成されても必要量に満たないために必ず外界から摂取しなくてはならない栄養素と定義される。

主に生理機能を正常に維持するための栄養素や代謝の補酵素として働いていて、エネルギーや身体の構成成分にはほとんどならない。

ビタミンの種類

ビタミンは、脂溶性ビタミンと水溶性ビタミンとに大別される。ビタミンの定義からもわかるように、摂取量が少ない場合には欠乏症を引き起こす。**表8-7（→P198）は、ビタミンの種類や主な作用、多く含む食品、欠乏症などをまとめたものである。**

水溶性ビタミンは、過剰摂取しても水に溶けるため尿中に排泄されやすいが、脂溶性ビタミンは、体内に蓄積され、過剰症を引き起こしやすい（**イラスト8-2**）。

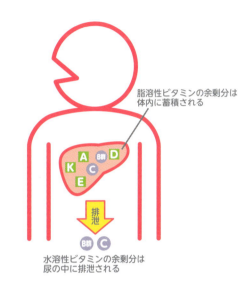

イラスト8-2
ビタミンの摂取余剰分の処理イメージ

脂溶性ビタミンの種類と働き

1. ビタミンA

動物性食品に多く含まれるビタミンA。植物性の食品からは、カロテノイドとして摂取される。カロテノイドはビタミンAの前駆体であり、プロビタミンAとも呼ばれる。カロテノイドの1つであるカロテンのうち、β-カロテンはビタミンAとしての生理的作用が最も強く、緑黄色野菜などの野菜や果物に含まれている色素である。

成長や視覚、皮膚や粘膜の形成などに関わっており、欠乏症には成長障害、暗順応の反応性低下（夜盲症）、角膜軟化症、角膜乾燥症、皮膚の乾燥、免疫機能の低下などがある。

過剰症には頭痛、肝障害、胎児の発育異常などがあげられるが、プロビタミンAであるβ-カロテンの摂取による過剰症の可能性はほとんど考えられないといわれている。サプリメントとしてビタミンAそのものを摂取する場合には、注意が必要である。

2. ビタミンD

ビタミンD$_2$（エルゴカルシフェロール）とビタミンD$_3$（コレカルシフェロール）に分けられ、体内での働きはほぼ同じであり、一部は体内で合成される。酵母やキノコ類に含まれるエルゴステロールと動物の表皮に存在する7-デヒドロコレステロールはビタミンDのもとになるプロビタミンDであり、紫外線に当たることによってビタミンD$_2$とビタミンD$_3$になる。

ビタミンDが機能を発揮するためには、肝臓と腎臓で水酸化され活性型ビタミンDとなる必要がある。活性型ビタミンDは、腸管からのカルシウムとリンの吸収を促進し、骨形成などのカルシウムの代謝に関与する。

日本においては、普通の食事をしている場合には欠乏することがない。欠乏症は、幼児期ではくる病（幼児）、テタニー、成人では骨軟化症を引き起こす。過剰症は、高カルシウム血症や腎障害、幼児の場合には食欲不振、成長遅延などを呈する。

表8-7　ビタミンの種類と化学名、主な作用、多く含む食品、欠乏症

	種類	化学名	主な作用	多く含む食品	欠乏症
脂溶性ビタミン	ビタミンA	レチノール	明暗順応、成長促進	ウナギ、レバー、卵黄、バター、カロテンでの摂取では、緑黄色野菜	夜盲症、角膜軟化症、角膜乾燥症
	ビタミンD	コレカルシフェロール、エルゴカルシフェロール	骨形成、カルシウムの恒常性の維持	魚、キノコ類、酵母など	くる病(幼児)、テタニー
	ビタミンE	トコフェロール	抗酸化作用	小麦胚芽、ダイズ油、ヌカ油、綿実油など	溶血性貧血、神経障害
	ビタミンK	フィロキノン、メナキノン	止血、血液凝固	カリフラワー、ホウレン草、ニラ、トマト、イチゴ、納豆、海藻など	出血傾向、血液凝固低下
水溶性ビタミン	ビタミンB_1	チアミン	糖質代謝の補酵素に変換される	豚肉、胚芽、落花生、ゴマ、ノリなど	脚気、ウェルニッケ脳症
	ビタミンB_2	リボフラビン	糖質代謝と脂質代謝の補酵素に変換される	胚芽、レバー、乳、卵、肉、魚、アーモンド、酵母、ノリ、乾シイタケなど	成長停止、口角炎、口唇炎、舌炎、角膜炎、脂漏性皮膚炎
	ビタミンB_6	ピリドキシン、ピリドキサール、ピリドキサミン	アミノ酸代謝と脂質代謝の補酵素に変換される	ヒラメ、イワシなどの魚、レバー、胚芽、ゴマ、肉、クルミ、ニンニクなど	口角炎、皮膚炎
	ビタミンB_{12}	シアノコバラミン	アミノ酸代謝と脂質代謝の補酵素に変換される	ニシン、サバなどの魚、貝、レバー、肉、海藻など	巨赤芽球性貧血
	ナイアシン	ニコチン酸、ニコチンアミド	酸化還元反応の補酵素に変換される	カツオ節、魚、乾シイタケ、レバー、肉、酵母など	ペラグラ
	パントテン酸	―	糖質代謝と脂質代謝の補酵素に変換される	レバー、ソラ豆、納豆、落花生、サケ、卵など	通常の食生活では起こらない
	葉酸	プテロイルグルタミン酸	アミノ酸代謝と核酸代謝の補酵素に変換される	レバー、新鮮な緑黄色野菜、豆類など	巨赤芽球性貧血
	ビオチン	―	糖質代謝と脂質代謝の補酵素に変換される	レバー、卵黄、カキ、ニシン、ヒラメ、エンドウなど	通常の食生活では起こらない
	ビタミンC	アスコルビン酸	抗酸化作用、鉄の吸収促進、抗凝固因子	新鮮な野菜や果物など	壊血病

出典:『系統看護学講座 栄養学』P27、医学書院

3. ビタミンE

ビタミンEは、8種類の同族体があるが、生体内のビタミンEの約90%を占めるα-トコフェロールの生理活性が最も高い。

抗酸化作用があり、細胞膜などを構成しているリン脂質中の多価不飽和脂肪酸や膜タンパク質の酸化を防止するのに役立っている。

植物性食品に多く含まれ、不足することは少ない。しかし、未熟児や脂肪吸収障害の場合は、溶血性貧血や神経障害などが現れるとされている。過剰摂取による健康への影響についてはさまざまな報告があるが、現在のところ明らかになっていない。

4. ビタミンK

ビタミンKには、植物由来のビタミンK_1(フィロキノン)と微生物由来のビタミンK_2(メナキノン)がある。

血液凝固因子のプロトロンビンなどを活性化し、血液の凝固を促進させる作用がある。また、カルシウム代謝に関与していて、歯や骨の形成に影響を与える。

腸内細菌からも合成されるため、通常、成人では欠乏症は起こらない。ただし抗菌薬の長期大量投与の場合には、ビタミンKが不足し、出血傾向になることがある。また、新生児は腸内細菌叢が未熟で、ビタミンKが胎盤を通過できないため欠乏しやすい。ビタミン

Kが欠乏すると消化管や頭蓋内などに出血を呈する（新生児メレナ）ため、現在は新生児に対してビタミンKが投与される。

過剰症はほとんどないが、ワルファリンなどの血液凝固阻止薬を服用している場合には、ビタミンKの摂取量が多くならないように注意する必要がある。

水溶性ビタミンの働き

1. ビタミンB_1

補酵素として、糖質代謝やアミノ酸の代謝に関与している。不足すると、代謝系が停滞し、ピルビン酸や乳酸が蓄積し、疲労感が生じ、消化管の運動が鈍くなるため、食欲不振が起こる。

欠乏症は、脚気、ウェルニッケ脳症などがある。通常の食品を摂取している人で過剰症はないとされている。

2. ビタミンB_2

補酵素としてエネルギー代謝や酸化還元反応に関与している。また、成長ホルモンの合成にも関与している。

不足すると、成長障害や口腔内外の炎症、皮膚炎、眼の充血などが起こる。このため、欠乏症には、成長停止、口角炎、口唇炎、舌炎、角膜炎、脂漏性皮膚炎などがある。通常の食品を摂取している人で過剰症はないとされている。

3. ビタミンB_6

補酵素としてアミノ酸代謝や神経伝達物質の生成に関与している。腸内細菌によって合成されるため、通常不足することはないが、欠乏すると、口角炎、皮膚炎などが起こる。大量に長期間摂取した場合は、感覚神経障害などを起こす恐れがある。

4. ビタミンB_{12}

動物性食品中に含まれるが、植物性食品中にはない。吸収されるためには、胃で合成・分泌される内因子と結合する必要がある。ビタミンB_{12}には、核酸の合成や脂質・アミノ酸の代謝に関与する補酵素としての役割がある。

動物性食品を含む食事をしている人は通常欠乏することはないが、厳秘な菜食主義者や胃切除を受けた人などでは、欠乏症として巨赤芽球性貧血（悪性貧血）を呈する。尿中に排泄されるため、通常の食品を摂取している人で過剰症はないとされている。

5. ナイアシン

ニコチン酸とニコチンアミドの総称。アミノ酸のトリプトファン60mgからニコチンアミド1mgが合成される。糖質代謝、脂質代謝、アミノ酸代謝における多くの酸化還元酵素の補酵素の構成成分として機能している。

ごはんやパンを主食とする食生活では通常欠乏することはないが、トリプトファン含有量の少ないトウモロコシを主食とする地域では、ナイアシンの欠乏症であるペラグラが起こる。ペラグラとは、皮膚炎や下痢、精神・末梢神経障害などが起こる疾患だ。

一方、大量に長期間摂取した場合に、消化管・肝障害の恐れがある。

6. パントテン酸

糖質代謝に重要な役割を果たすコエンザイムA（CoA）の構成成分であり、糖質代謝や脂質代謝などの反応に関与する。

動植物性食品に広く含まれ、食物から摂取する以外にも腸内細菌が合成したものが供給されるため、通常の食生活で不足することはない。不足した場合は、成長の停止や末梢神経障害、消化管の異常、皮膚炎などが起こる。過剰症は、知られていない。

7. 葉酸

核酸合成やアミノ酸代謝において重要な役割を果たしている。欠乏症には、巨赤芽球性貧血がある。ただし、食品中に広く分布し、腸内細菌からも合成されるため、欠乏症は起こりにくい。

妊娠可能な女性は胎児の神経管閉鎖障害の発症および再発を予防するために、受胎前後3カ月以上の間、母体において葉酸が十分な栄養状態であることが望ましいとされている。通常の食事による過剰症は、ほとんど知られていない。

8. ビオチン

カルボキシラーゼの補酵素として、炭酸固定反応に必須であり、糖新生、脂肪酸の合成、アミノ酸代謝などに関与している。

食品中に広く分布し、腸内細菌からも合成されるため欠乏症は起こりにくい。また、過剰症は明らかになっ

ていない。
　ビオチンは、生卵白中のアビジンという糖タンパク質と結合しやすく、結合すると不溶性となり、腸管からの吸収を阻害され、皮膚炎や脱毛、体重減少などの卵白障害が起こる。

9. ビタミンC

　抗酸化作用、コラーゲン合成のための補酵素としての作用、腸管からの鉄の吸収率上昇作用などがある。また、ストレス下において分泌量が増加する副腎皮質ホルモンと副腎髄質ホルモンの合成にも補酵素として関わる。
　欠乏症には、壊血病があり、出血、全身倦怠感、関節痛、骨形成阻害による骨粗しょう症などの症状が出現する。過剰症は通常の食品を摂取している人では、ほとんど知られていない。

ビタミンの吸収・代謝

　脂溶性ビタミンは、通常、脂質とともに存在し、吸収される際も脂質に混ざって腸管から吸収される。このため、脂溶性ビタミンを多く含む食品は、油を用いた調理法にしたり、肉などの脂を含む食品を同時に食べたりすることにより、吸収率が高くなる。吸収された脂溶性ビタミンは、脂質とともにリポタンパク質の一種である「キロミクロン」を形成し、リンパ管を経て血液中に放出される。
　水溶性ビタミンは、そのまま小腸で吸収され、門脈を通って肝臓に運ばれる。
　腸内細菌によって作られたビタミンは、大腸で吸収され、各組織で利用される。薬などの影響で腸内細菌が少なくなると、ビタミンの供給量が減少し、欠乏症となることもある。
　ビタミンは、各組織で利用される。多くのビタミンの「半減期(体内にためてある量が半分になるまでの期間)」は半日であるため、まる1日、ビタミンの摂取を行わなかった場合、体内のビタミンが欠乏した状況となってしまう。つまり、ビタミンはこまめに補充しなくてはならない。また、たとえ1日3回の食事で補充しても、少量だと何日か経つと足りなくなる。このように、食生活の偏りによって、栄養素の摂取不足がおきたときに、最も早く症状が現れるのがビタミンである。そのためか、ビタミンの欠乏症はほかの栄養素に比べて明確になっている。

ミネラル
骨や酵素の構成成分となる

ミネラルとは？

　生体を構成する元素のうち、酸素(O)、炭素(C)、水素(H)、窒素(N)を除く元素の総称。生体内元素の約4％を占め、骨などの組織や酵素の構成成分、体液中の電解質などとして重要な役割を担っている。

ミネラルの種類

　ミネラルは、体内の存在量に応じてマクロミネラル(多量ミネラル)とミクロミネラル(微量ミネラル)に分類することができる(**表8-8**)。ミネラルは必要量としてはわずかだが、欠乏や過剰によってさまざまな症状をきたす。

ミネラルの働き

　ミネラルには大きく分けて骨や歯など「生体組織の構成成分」としての役割と体液の恒常性を維持するなど「生体機能を調節する」働きがある。一般的機能は**イラスト8-3**に、種類や多く含む食品、欠乏症・過剰症は**表8-9**にまとめた。

表8-8	マクロミネラルとミクロミネラル
マクロミネラル	カルシウム(Ca)、リン(P)、カリウム(K)、硫黄(S)、ナトリウム(Na)、塩素(Cl)、マグネシウム(Mg)
ミクロミネラル	鉄(Fe)、マンガン(Mn)、銅(Cu)、ヨウ素(I)、セレン(Se)、亜鉛(Zn)、クロム(Cr)、モリブデン(Mo)、ケイ素(Si)、スズ(Sn)、バナジウム(V)、ヒ素(As)、コバルト(Co)、フッ素(F)

1. カルシウム（Ca）

カルシウムは、生体内で最も多量に存在するミネラルであり、体重の1～2%を占める。その約99%が骨や歯に、約1%が細胞内、約0.1%が血液中に存在する。

骨はカルシウムの貯蔵庫としての役割もあり、ホルモンの作用によって骨中のカルシウムの出し入れが行われ、血液中のカルシウム濃度は一定の範囲内に維持されている。血液中のカルシウムの調節は、器官としては骨、腎臓、腸管、ホルモンとしては副甲状腺ホルモン、カルシトニン、活性型ビタミンDなどが関わっている。

カルシウムは、骨や歯の主成分であるだけではなく、神経の刺激の伝達や筋肉の収縮にとっても必要であり、不足すると神経の興奮性が高まり、筋肉は弛緩する。また、血液凝固や細胞の情報伝達、酵素の活性化、体液のpHの調節などにも関わっている。

カルシウムが欠乏すると生じる症状として、幼児ではくる病、成人では骨軟化症、骨粗しょう症などがある。低カルシウム血症では、テタニー（手足のしびれなど）となる。

健康な人の場合、通常の食事からカルシウムを多量に摂取しても、健康障害が発生することはまれだが、サプリメントの利用などによる過剰摂取により、泌尿器系結石やミルク-アルカリ症候群（慢性の腎臓障害）、ほかのミネラルの吸収抑制を引き起こすことがある。

また、カルシウムの過剰摂取によってマグネシウムやリン酸などの吸収が妨げられることがあるため、摂取量はカルシウム：マグネシウムが2：1、カルシウム：リン酸が1：1が理想的といわれている。

2. リン（P）

リンは、生体内のすべての組織と細胞に存在し、体重の約1％を占め、ミネラルのなかではカルシウムの次に多い。生体内のリンのうち、約85％がカルシウムとともに骨や歯に存在する。リンの血中濃度は、2.5～5.0mg/dlと広い範囲で維持され、食事からのリンの摂取量により増減し、尿中への排泄によって調節されている。

骨や歯、細胞膜（リン脂質）、核酸、ヌクレオチド、高エネルギーリン酸化合物（ATP、クレアチンリン酸）、ビタミンから合成される補酵素の構成元素としての役割があり、生体内のさまざまな機能に関わっている。

通常、リンの摂取量は食事により不足することはない。問題となるのは過剰摂取で、栄養補助食品や清涼飲料水にはリンが多量に含まれていることがあり、加工食品には添加物としてリン酸塩が使用されていることも多い。長期的にリンを過剰摂取すると、副甲状腺機能が亢進し、カルシウムの吸収阻害や腎不全、腎結石、骨密度の低下などを引き起こす。

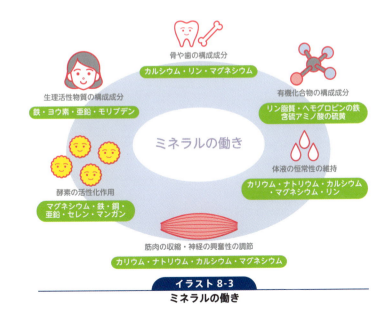

イラスト 8-3
ミネラルの働き

表8-9　ミネラルの種類と多く含む食品、欠乏症、過剰症

ミネラル名	多く含む食品	欠乏症	過剰症
カルシウム	牛乳やヨーグルトなどの乳製品、しらす干しなどの小魚、ダイズ製品、種実類、藻類	くる病（幼児）、骨軟化症、骨粗しょう症、テタニー	泌尿器系結石、ミルク-アルカリ症候群、ほかのミネラルの吸収抑制
リン	魚介類、アーモンド、落花生、チーズ、脱脂粉乳	通常不足することはない	副甲状腺機能亢進、カルシウムの吸収阻害、腎不全、腎結石、骨密度の低下
マグネシウム	ノリ、ヒジキなどの藻類、精製加工していない食品	血清中のトリグリセリドやVLDL・LDLコレステロール濃度の上昇、骨粗しょう症、低カルシウム血症、神経疾患、運動失調、精神疾患	尿中に排泄されるため、起こらない
カリウム	野菜類、イモ類、藻類、種実類	低カリウム血症	高カリウム血症
ナトリウム	漬物、塩蔵品	食欲不振、吐き気、血液濃縮、筋肉痛	浮腫、高血圧症
塩素	塩分の多い食品	※	※
鉄	レバーなどの内臓、肉類、貝類、藻類、納豆、コマツナ	鉄欠乏性貧血	鉄沈着症
銅	ゴマ、牛レバー、ホタルイカ、イイダコ	貧血	通常は起こらない
亜鉛	カキ、豚レバー	成長障害、免疫機能低下、味覚障害、性腺の発育・機能障害、皮膚炎、慢性下痢、低アルブミン血症	通常は起こらない
セレン	カツオ、イワシ、ホタテ貝、鶏卵、ゴマ	成長阻害、筋肉萎縮、肝障害、不妊症、免疫機能の低下	疲労感、毛髪・爪の変化、吐き気・嘔吐、腹痛、心筋梗塞
クロム	ヒジキ、ワカメ、マイワシ（丸干し）、アナゴ	耐糖能異常、成長障害、タンパク質の代謝異常	通常の食品では起こらない
ヨウ素	コンブ、ワカメ、ヒジキ	甲状腺腫、甲状腺機能低下症	甲状腺腫、甲状腺機能亢進症の悪化
コバルト	干しワラビ、ヒジキ、ハマグリ	巨赤芽球性貧血	吐き気・嘔吐、食欲不振、発疹
マンガン	アオノリ、干しエビ、アーモンド	成長阻害、骨形成異常、血液凝固能の異常、生殖能力の欠如、運動失調、脂質と糖質の代謝異常	疲労感、倦怠感、不眠、精神障害、歩行障害
硫黄	卵類、肉類、魚類	通常不足することはない	通常は起こらない
モリブデン	キノコ、大豆、落花生	通常不足することはない	銅の吸収阻害
フッ素	イワシ、エビ、藻類	通常不足することはない	慢性フッ素中毒

※塩素の欠乏や過剰摂取は、食塩の摂取量に影響される

3. マグネシウム（Mg）

　マグネシウムは、生体内に約25g存在し、そのうち約50～60％が骨中、約27％が筋肉中にある。そのほか、腎臓、脳、肝臓、肺などの組織、血液、細胞外液に存在する。

　酵素の活性化や体温調節、神経の興奮、筋肉の収縮、副甲状腺ホルモンの分泌、脂質代謝に関わっている。神経の興奮と筋肉の収縮においては、カルシウムの作用をお互いに打ち消し合うことがある。

　欠乏すると、血清中のトリグリセリドやVLDL・LDLコレステロール濃度の上昇、骨粗しょう症、低カルシウム血症、神経疾患、運動失調、精神疾患などをきたすが、通常は欠乏することはない。摂取量が多い場合には尿中に排泄されるため、通常の食品を摂取している人で過剰症は起こらない。

4. カリウム（K）

　カリウムは、細胞内に約98％、細胞外に約2％存在し、細胞内で最も多い陽イオン（カリウムイオン[K+]）である。

　細胞内の浸透圧の維持とpHの調節、膜輸送、筋肉の収縮、酵素の活性化などに関わっている。カリウムを摂取することでナトリウムの排泄が促されるため、血圧低下や脳血管障害予防に効果があるという報告がある。

通常の食生活では、欠乏症や過剰症は起こらない。しかし食事量が減少した場合のカリウムの摂取不足や糖尿病や腎臓疾患による尿からのカリウムの喪失、下痢や嘔吐によるカリウムの損失によって、低カリウム血症を発症することがある。また、腎臓疾患によるカリウムの排泄異常などによって、高カリウム血症を発症することもある。

5. ナトリウム(Na)

ナトリウムは、細胞外液に約50%、骨中に約40%、細胞内液に約10%存在する体液中の主要な陽イオンである。生体のナトリウム量は、ナトリウムの排泄と摂取によって調節されている。

血漿中のナトリウムイオンは、塩化物イオンとともに、浸透圧・間質液量・pHの調節、細胞内外の電位差の維持、グルコースやアミノ酸の吸収に関わる。

欠乏すると、食欲不振、吐き気、血液濃縮、筋肉痛などが起こる。食塩の過剰摂取は、ナトリウムの過剰につながり、細胞内液と外液のバランスを失って、細胞外液の水分量が増すことにより、浮腫を呈することもある。また、長期間の過剰摂取は、高血圧の原因となる。

6. 塩素(Cl)

塩素は、約70%が細胞外液に、約30%が細胞内液に塩化物イオンとして存在し、細胞外液中の陰イオンの約60%を占めている。

塩化物イオンは、炭酸水素イオン(重炭酸イオン)とナトリウムイオンとともに浸透圧・間質液量・pHの調節を行っていて、胃酸(塩酸)の主要な構成成分でもある。

塩素の欠乏や過剰摂取は、食塩の摂取量に影響される。食塩の多い食品を食べることで摂取量が増加する。

7. 鉄(Fe)

成人の体内に約3g存在する。鉄の代謝は、循環を繰り返している。

体内の鉄はヘモグロビンやトランスフェリンなどの「機能鉄」とフェリチンやヘモジデリンなどと結合した「貯蔵鉄」の大きく2つに分けられ、男性と女性ではその割合も大きく異なる。成人男性の場合、機能鉄と貯蔵鉄の比率がおよそ3:1であるのに対して、月経で鉄を失いやすい成人女性の場合は9:1と貯蔵鉄の割合が著しく低くなっている。

鉄はヘモグロビン鉄として血液中の酸素運搬、ミオグロビン鉄として筋肉中の酸素貯蔵、カタラーゼやシトクロムの構成成分として細胞の酸化反応に関わっている。

鉄が欠乏すると、まず貯蔵鉄が少なくなり、さらにヘモグロビン鉄も減少して鉄欠乏性貧血となる。

一方、鉄が体内に過剰となると、毒性が認められるため、鉄剤やサプリメントによって過剰摂取とならないように注意が必要である。過剰症としては、組織に鉄が沈着する鉄沈着症がある。

8. 銅(Cu)

体内に約80mg存在し、骨、筋肉、肝臓などに分布している。酸化還元反応を触媒する酵素や、鉄代謝に関わる酵素の構成成分となる。

銅の摂取不足は、鉄の代謝に影響を及ぼし貧血となる。過剰症は、通常の食品を摂取している人では見られない。

9. 亜鉛(Zn)

亜鉛は、体内に約2g存在し、血液、筋肉、肝臓などに広く分布している。

200種類以上の酵素の構成成分であり、成長や免疫、味覚、生殖などの機能維持に関与している。また、皮膚タンパク質やコラーゲンの生合成、骨代謝にも関与している。

亜鉛が欠乏すると、成長障害や免疫機能低下、味覚異常、性腺の発育・機能障害、皮膚炎、慢性下痢、低アルブミン血症などが起こる。

過剰症は、日常の食事では起こらないとされている。しかし、高濃度の亜鉛を含む飲料を飲むことによって、中毒症状が見られるとの報告がある。

10. セレン(Se)

セレンは、成人の体内に約13mg存在し、血清中のセレン濃度は、約14μg/dlである。

生体の抗酸化システムを担っているグルタチオンペルオキシダーゼという酵素などの構成成分として存在して、SODやカタラーゼとともに酸化障害を防いでおり、その作用はビタミンEの生理作用に似ている。

摂取量が不足すると、成長阻害や筋肉萎縮、肝障害、不妊症、免疫機能の低下などの症状が出る。欠乏症は、中国のセレン欠乏地域において、心疾患を呈する克山病(こくざんびょう)が明らかにされている。

過剰症には、疲労感や毛髪・爪の変化、吐き気、嘔吐、腹痛、心筋梗塞などがある。

11. クロム(Cr)

成人の体内に約2g存在し、広く分布する。

糖、脂質、タンパク質の代謝、結合組織の代謝に関与している。このため、インスリン作用の増強、血中脂質バランスの正常化、免疫反応の改善にも関与している。

欠乏すると耐糖能異常や成長障害、タンパク質の代謝異常などが起こる。なお、通常の食品に含まれる三価クロムと異なり、六価クロムは栄養素として認められておらず、中毒症状が報告されている。

12. ヨウ素(I)

ヨウ素(ヨード)は、成人の体内に約15mg存在し、約70〜80％が甲状腺に含まれる。

甲状腺ホルモンの構成成分として、エネルギー代謝やタンパク質の合成などに関与している。

欠乏症には、甲状腺腫や甲状腺機能低下症があるが、海藻類を食べる日本人に欠乏症はほとんど見られない。

一方、過剰症には、甲状腺腫や甲状腺機能亢進症の悪化などが報告されている。

13. コバルト(Co)

成人の体内に約2mg存在する。

ビタミンB_{12}の構成成分であり、赤血球性の形成に関与するとされているが、生体内での役割は明確になっていない。

欠乏症は、ビタミンB_{12}の欠乏症である巨赤芽球性貧血があると考えられている。過剰症は、吐き気、嘔吐、食欲不振、発疹などがある。

14. マンガン(Mn)

成人の体内に約12〜20mg存在し、そのうちの約25％が骨中に、次いで肝臓、膵臓、腎臓などに分布している。

生理作用には、SODなどのマンガン含有酵素としての機能と酵素反応を活性化させる補助因子としての機能がある。

欠乏すると、成長阻害、骨形成異常、血液凝固能の異常、生殖能力の欠如、運動失調、脂質と糖質の代謝異常などが起こる。

一方、過剰症には、疲労感、倦怠感、不眠、精神障害、歩行障害などがある。

15. 硫黄(S)

含硫アミノ酸の構成成分であり、タンパク質中に存在する。肝臓での解毒や酵素の活性を調節する機能があり、毛髪や爪の発育に必要となる。

メチオニンなどのアミノ酸に含まれるため、タンパク質の摂取が十分であれば、健康上の問題は起こらないと考えられている。

16. モリブデン(Mo)

体内に約9mg存在し、主に肝臓などに含まれる。キサンチンオキシダーゼなどの酵素の構成成分である。

通常は不足しにくいが、長時間の中心静脈栄養施行時に欠乏症が発症したとの報告がある。過剰に摂取すると、銅の吸収を阻害し、銅の欠乏症を発症する。

17. フッ素(F)

成人の体内に約2.6g存在し、その約95％が骨と歯に含まれる。歯の石灰化を促進するほか、口腔内の細菌および細菌が産生する酵素が活性するのを抑制するため、むし歯予防の働きがある。

過剰摂取は、慢性フッ素中毒となる。

ミネラルの吸収・代謝

ナトリウムと塩素の多くは、食塩として摂取され、そのほぼ全量が吸収される。

カルシウムは、小腸上部で能動輸送、下部で受動輸送により吸収される。ビタミンDは吸収を促進するが、リンを過剰摂取すると吸収が抑制される。

鉄は、肉や魚に多く含まれるヘム鉄が吸収されやすく、ビタミンCが鉄の吸収を促進する。

サプリメントなどで、1種類のミネラルを過剰に摂取すると、体内でのバランスを保てなくなり、影響を受けたミネラルは欠乏状態となることもある。このためミネラルの摂取は、多ければよいというものではない。

ミネラルは、各組織で利用され、尿中に排泄されたり、再利用されたりする。このため、毎日摂取する量は、それほど多くなくてもよい。ミネラルの種類によって代謝回転の時間や体内での利用量は異なる。

消化管を通過することで健康維持に役立つ

食物繊維

食物繊維とは？

炭水化物の1つで、化学構造上多糖類の仲間だが、ヒトの消化酵素では消化されないため、エネルギー源にならない。

食物繊維は不溶性と水溶性に分類される。不溶性食物繊維は、植物性食品や野菜、甲殻類の外皮、キノコ類、ゴボウ、ニンニクなどに含まれる。水溶性食物繊維は果実や野菜、大麦・オーツ麦、コンニャク、コンブ、紅藻類などに含まれる。

食物繊維の働き

食物繊維は、消化・吸収されずに消化管を通過することで、さまざまな機能を発揮する（**イラスト8-4**）。

不溶性食物繊維は、水分を吸収してふくらみ、腸を刺激して便通を促す働きがあり、水溶性食物繊維は粘性があるため、胃・腸内の滞留時間を延長させたり、糖質や脂質などを吸着し、吸収を緩やかにしたりする作用がある。どちらも大腸内で発酵・分解されて、腸内環境を整える働きもある。

食物繊維は種類が多く、その生理作用は多様である。便秘の解消や便秘からの大腸憩室の予防、大腸がんの予防、毒性成分の吸収阻止、耐糖能の改善、食事性血糖上昇の抑制、血清コレステロールの是正などによって、健康維持に役立っている。

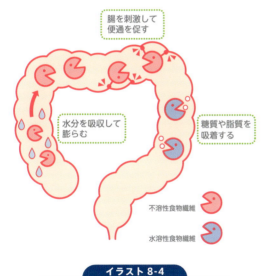

イラスト8-4
食物繊維の働き

脳の視床下部で行われる摂食の調節

食物を食べたいという欲求には、空腹を満たすための空腹感によるものと、視覚、嗅覚、味覚、過去の経験によるものがあり、両方を含めて食欲という。

ヒトの摂食の調節は、空腹感と満腹感という身体の要求に応じて摂食とその中断を繰り返すことによって行われている。

脳の視床下部にある摂食中枢は、空腹を感じて摂食行動を起こさせ、また、満腹中枢は、食物の摂取が行われることにより、満腹感を感知する。この機能が障害を受けると摂食異常をきたす。摂食中枢が機能しない場合は拒食になり、満腹中枢が機能しない場合は過食となる。

2 各食品のエネルギー量を算出する方法
食品のエネルギーとは？

糖質、脂質、タンパク質を摂取することで得られるエネルギー。それぞれの食品のエネルギー量はどのように定められているのか、知っておきたい。

三大栄養素のエネルギー

　三大栄養素である糖質、脂質、タンパク質はいずれもエネルギー源となる。しかし食品は100％消化・吸収されないので、食品がもつすべてのエネルギー量が生体内で利用されているわけではない。このため、食品から実際に利用できるエネルギー量を考える際には、糖質、脂質、タンパク質の消化吸収率とタンパク質の一部が尿中に排泄されることによるエネルギーの損失量から生理的燃焼価を求めた指数が用いられている。

　アメリカの生理学者、アトウォーターは栄養素1gを摂取したとき、それが体内に吸収され燃焼して発生するエネルギー量を、糖質が4kcal、脂質が9kcal、タンパク質は4kcalとした。これをアトウォーターのエネルギー換算係数（アトウォーターの指数）といい、一般的に用いられている。

さまざまな食品のエネルギー量がわかる　エネルギー換算係数

　エネルギー摂取量は、食品中の糖質、脂質、タンパク質から得られるエネルギーの総和である。食品に含まれる栄養素の組成から、食品別にエネルギー換算係数（kcal/g）を求めることができる。このエネルギー換算係数に食品の量を乗じると、食品の持つエネルギー量を計算することができ、食べる量を乗じると、エネルギー摂取量を計算することができる。おもな食品の100gあたりのエネルギー量の算出例は**表8-10**に示した。

　食品ごとの成分を示したものに「日本食品標準成分表」がある。「日本食品標準成分表2015年版（七訂）」では、エネルギー換算係数から食品100gあたりのエネルギー量を算出して示している。

　ここで用いられているエネルギー換算係数は、原則としてFAO/WHO（国連食糧農業機関/世界保健機関）合同特別専門委員会が報告した値を適用しているが、穀類、動物性食品、油脂類、ダイズ、およびダイズ製品のうち主要な食品については、日本人の消化吸収率を考慮した値を適用している（**表8-11**）。

　このほか、アルコールを含む食品についてはアルコールのエネルギー換算係数として7.1kcal/gを、酢酸を多く含む食品については酢酸のエネルギー換算係数として3.5kcal/gを適用している。

　コンニャク・キノコ類、海藻類に関しては、実験的に求められた被検者ごとのエネルギー利用率の測定値の変動が大きいことなどから、エネルギー換算係数は定められていない。そこで目安として、暫定的にアトウォーターのエネルギー換算係数を適用して求めた値に0.5を乗じて、エネルギー値が算出されている。

表8-10　主な食品（100g）についてのエネルギーの算出例

食品	区分	炭水化物	脂質	タンパク質	合計
めし	含有量	37.1g	0.3g	2.5g	
	換算係数	4.20	8.37	3.96	
	エネルギー	156kcal	3kcal	10kcal	168kcal
鶏（むね肉、皮なし）	含有量	0.1g	1.9g	23.3g	
	換算係数	4.11	9.41	4.22	
	エネルギー	0kcal	18kcal	98kcal	116kcal
納豆	含有量	12.1g	10.0g	16.5g	
	換算係数	4.07	8.46	4.00	
	エネルギー	49kcal	85kcal	66kcal	200kcal

表8-11　「日本食品標準成分表の改訂に関する調査」（科学技術庁）に基づくエネルギー換算係数

食品群	タンパク質 (kcal/g)	脂質 (kcal/g)	炭水化物 (kcal/g)	調査した食品
1.穀類	3.47	8.37	4.12	玄米
	3.78	8.37	4.16	半つき米
	3.87	8.37	4.20	七分つき米
	3.96	8.37	4.20	精白米
	3.74	8.37	4.16	胚芽精米
	4.32	8.37	4.20	小麦粉
	3.83	8.37	4.16	そば粉
4.マメ類	4.00	8.46	4.07	ダイズ（煮マメ）、納豆
	4.18	9.02	4.07	豆腐、生揚げ、油揚げ、凍り豆腐、湯葉
	3.43	8.09	4.07	きな粉
6.野菜類	4.00	8.46	4.07	エダマメ、グリンピース、ソラマメ、ダイズモヤシ
10.魚介類	4.22	9.41	4.11	魚肉
	4.22	9.41	3.87	アユ、アンコウ、ウナギ、コイの内臓
11.肉類	4.22	9.41	4.11	鶏肉、豚肉、牛肉などの肉類
	4.22	9.41	3.87	内臓
12.卵類	4.32	9.41	3.68	卵類
13.乳類	4.22	9.16	3.87	牛乳・チーズ
14.油脂類	—	9.21	—	植物油
	4.22	9.41	—	動物脂
	4.22	9.16	3.87	バター
	4.22	9.21	3.87	マーガリン

出典：『日本食品標準成分表2015年版（七訂）』

1つの食品にはさまざまな栄養素が含まれている
食品の特徴と分類

食品とは、栄養素の集合体であり、栄養素を1つだけしか持っていない食品は存在しない。例えば水には、「何も入っていない」と思われるかもしれないが、実際にはカルシウムやカリウムなどの栄養素が含まれている。牛乳と聞けば、「カルシウムとタンパク質」と考えがちだが、そのほかにも、糖質、ビタミン、ミネラルなどさまざまな栄養素が含まれている。

18のグループに分けられる食品群

食品に含まれている栄養素を特徴別にグループに分けたものを「食品群」という。日本では、「日本食品標準成分表」にて、18の食品群が示されている。

食品には栄養素のほか、色素、香味成分、食品添加物、非栄養素の生理活性成分などが含まれている。ここでは食品群ごとに解説しよう。

1 穀類

イネ科植物の種実で、米・小麦・大麦・ソバ・トウモロコシ、さらにこれらを原材料とするごはん・パン・めん・小麦粉などの加工食品をさす。

原材料となる種実は、その成分の約70％がデンプン、タンパク質が8〜13％程度、脂質が約2％、また食物繊維や各種のビタミン・ミネラルも含まれる。穀類の精製や加工が進むと、一般的に食物繊維や各種のビタミン・ミネラルの含有量が少なくなる。

2 いも及びでん粉類

野菜の中では根菜類にあたり、植物の地下茎や根の一部が肥大した部分だ。サツマイモ・ジャガイモ・サトイモ、加工品としてコンニャクなどがある。エネルギー源であるデンプンを多く含むため、ほかの野菜とは区別して分類されている。

イモ類の多くはデンプンを主成分とし、タンパク質

や食物繊維、ビタミンC、ミネラルを含む。コンニャクは食物繊維のグルコマンナンを主成分とする。イモ類や穀類から精製したデンプンを加工したものに、かたくり粉や異性化糖がある。

3 砂糖及び甘味類

砂糖はショ糖を主成分とする甘味料である。

甘味類には砂糖に酵素を作用させた転化糖、ソルビトールやマルチトールなどの糖アルコール、フラクトオリゴ糖やダイズオリゴ糖などのオリゴ糖、南米原産の植物からとったステビオサイド、L-アスパラギン酸とL-フェニルアラニンが結合したアスパルテームなどがある。転化糖の代表はハチミツである。糖アルコールやオリゴ糖はエネルギー源となるが、ステビオサイド・アスパルテームなどはエネルギー源にならない。

4 豆類

マメ科に属する一年生および越年生草木の種実。ダイズ・アズキ・インゲンマメ・エンドウ・ソラマメ・落花生などがある。

栄養素はタンパク質や脂質、糖質、食物繊維、ビタミンなどを含む。また、豆類の色素には抗酸化作用となる成分も含まれている。

ダイズの加工品には豆腐、納豆などが、アズキを加工したものに餡がある。

5 種実類

種実類とは植物の種実の中で穀類と豆類を除いたものを指す。ナッツ類ともいわれ、アーモンド、カシューナッツ、ココナッツ、クリ、クルミなどがある。

種子類は植物の種子をそのまま食べる場合をいい、ゴマ、アサの実、エゴマ、カボチャの種、ケシの実などがある。種実類、種子類には多量の脂質とタンパク質、ビタミン、ミネラルが含まれている。

6 野菜類

草本性植物の総称。利用する部位によって葉菜類・茎菜類・根菜類・果菜類・花菜類に分類される（**表8-12**）。野菜類は全般的に水分、糖質、食物繊維、ビタミン、ミネラルを含む。とくにカロテンの多い野菜を総称して緑黄色野菜と呼び、ビタミンやミネラルが豊富に含まれている。

7 果実類

果実類には、ミカン・リンゴ・ナシ・モモ・ブドウ・サクランボなどがある。イチゴ・バナナ・パイナップル・スイカ・メロンなどは本来、果菜類であるが、糖度が高いため一般的に果実類に分類される。

果物の成分は水分が約80〜90％で、そのほか糖質・食物繊維・ビタミンC・カリウムなどを含んでいる。

表8-12　野菜の分類と含有成分の特徴

種類	野菜	特徴
葉菜類	ホウレンソウ、コマツナ、パセリ、キャベツ、ハクサイ	緑黄色野菜にはビタミン・ミネラルが多い
茎菜類	アスパラガス、ウド、セロリ、タマネギ、タケノコ、ニンニク、ネギ	糖質・食物繊維が多い
根菜類	ダイコン、カブ、ゴボウ、ニンジン	ビタミン・ミネラルは少ない。貯蔵性にすぐれている
果菜類	オクラ、カボチャ、キュウリ、トマト、ナス、ピーマン	糖質・ビタミン・ミネラルが多い
花菜類	ブロッコリー、カリフラワー、ミョウガ	ビタミン・ミネラルが多いものもある

出典:『系統看護学講座 栄養学』P99, 医学書院, 2018

糖質としてはグルコース、フルクトース、スクロースなどが含まれる。

8 きのこ類

きのこ類とは、菌類に属する生物の子実体(しじったい)の総称である。シイタケ・シメジ・エノキタケ・マッシュルーム・マツタケ・ナメコなどがある。

きのこ類には1～4%程度のタンパク質と食物繊維が含まれる。なお、シイタケには体内でビタミンDとなるエルゴステロールが含まれている。

9 藻類

水中に生育し、光合成を営む隠花植物のこと。一般に食用にされるのは緑藻類のアオノリ、褐藻類のコンブ、ワカメ、ヒジキ、モズク、紅藻類のアサクサノリ、テングサなどである。藻類には食物繊維と各種のミネラルが豊富に含まれている。

10 魚介類

魚類や貝類、エビ・カニなどの甲殻類といった水産動物の総称である。いずれも良質のタンパク質を15～20%、脂質を1～25%程度含み、ビタミンやミネラルなども比較的多く含んでいる。

魚類の脂質は、n-3系多価不飽和脂肪酸であるエイコサペンタエン酸(EPA)・ドコサヘキサエン酸(DHA)を多く含む。ウニ、イクラ、カニ、エビ、イカ、タコなどには、コレステロールが多く含まれている。

11 肉類

牛肉・豚肉・鶏肉・鯨肉などと、その内臓類、さらにこれらの加工品のこと。食肉類はタンパク質を15～25%、脂質を3～30%程度含み、ビタミンやミネラルも含まれている。脂質としては、飽和脂肪酸やコレステロールが多い。

12 卵類

卵類には、ニワトリ・ウズラ・アヒルなどの卵がある。卵類は脂質を10～13%、良質のタンパク質を約12%、そのほかビタミン、ミネラルを含む。

13 乳類

哺乳動物の乳のことで一般的には牛乳が利用される。

主な成分はタンパク質のカゼインで、脂質は飽和脂肪酸が比較的多く、糖質はラクトース(乳糖)が含まれる。ラクトースはラクターゼにより、分解されるが、ラクターゼは乳児の小腸粘膜表面に多く存在し、加齢とともに減少する。ラクターゼの減少によりラクトースの分解が低下すると下痢や腹痛を起こすことがあり、これを乳糖不耐症という。

ウシからしぼった生乳を放置すると、上層のクリー

ム層と下層の脱脂乳の2層に分離する。クリーム層から脂肪分だけを集めたものがバターである。また、クリームやほかの乳製品を主原料として、糖類・乳化剤・安定剤・香料などを加えて凍結したものがアイスクリーム、牛乳のタンパク質と脂肪を熟成し固形化するとチーズ、脱脂乳（または牛乳）を原料にして乳酸発酵させたものがヨーグルトである。

14 油脂類

油脂類とは、グリセリン（グリセロール）と脂肪酸がエステル結合したもので、植物性油脂と動物性油脂に大別される。

植物性油脂には、大豆油、菜種油、綿実油、コーン油、サフラワー油、米ぬか油、紅花油、パーム油、オリーブ油、ゴマ油などがある。一方、動物性油脂には、豚脂、牛脂、魚油などがある。

植物性油脂にはオレイン酸やリノール酸などの不飽和脂肪酸が多い。動物性油脂の中でも豚脂や牛脂にはパルミチン酸・ステアリン酸のような飽和脂肪酸が多く、魚油にはEPAやDHAのような多価飽和脂肪酸が多く含まれている。

15 菓子類

砂糖・小麦粉・餡・バターなどを用いた加工食品のこと。和菓子に含まれる主成分は糖質で、脂質は非常に少ない。洋菓子や中華菓子には、糖質のほかに脂質が多く含まれる。

16 し好飲料類

し好飲料類には、アルコール飲料、茶、コーヒーなどがある。アルコール飲料とは、1％以上のエチルアルコール（エタノール）を含有する飲料である。ワイン、ビール、清酒（日本酒）などの醸造酒、焼酎、ウイスキー、ブランデーなどの蒸留酒、さらにリキュール・薬酒などの混成酒がある。茶はツバキ科の茶樹の若芽や若葉を加工したもので、製造法によって非発酵の緑茶、半発酵のウーロン茶、発酵した紅茶に分類される。コーヒーはコーヒー樹の種子を炒って粉末にし、熱湯で成分を抽出したものである。コーヒーの苦味成分は、カフェインやクロロゲン酸である。

17 調味料及び香辛料類

調味料には食塩、しょう油、みそ、食酢、ソース、ドレッシング、マヨネーズ、だしなどがある。

香辛料には、コショウ、ワサビ、トウガラシ、からしなどがある。

18 調理加工食品類

食品を調理・加工した冷凍食品やレトルト食品、びんづめ・缶づめのほか、インスタント食品などがある。

消化管の働き

口腔から肛門までの食物の通り道

食べたものは、身体の中でどのように消化・吸収されるのか——この流れを知ることにより、さらなる栄養・食管理の充実につながる。身体の消化・吸収システムをしっかり理解しよう。

消化管と消化腺からなる消化器系

食物の摂取、消化、吸収および排便のための臓器を消化器系とよぶ（**イラスト8-5**）。消化器系は、口腔から食道、胃、小腸、大腸、肛門までの「消化管」と消化液を分泌する「消化腺」や消化・吸収に関わる肝臓や膵臓、胆のうからなる。消化液は、1日に約8ℓ分泌され、その中には多くの消化酵素を含む。また、消化管からは、消化管ホルモンも分泌される。消化は、噛む、切るなどの物理的に起こる「機械的消化」と消化液による分解の「化学的消化」から成り立っている。

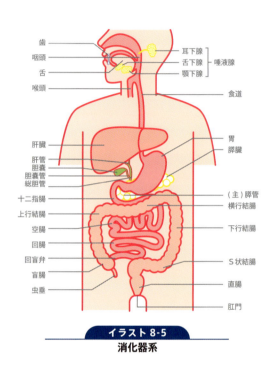

イラスト 8-5
消化器系

口腔の働き
歯で噛み砕き、舌で味わう

口腔では、歯で食物を噛み砕き、唾液と混ぜる咀嚼が行われる。唾液には、「プチアリン（唾液アミラーゼ）」と「ムチン（粘液）」が含まれていて、耳下腺、舌下腺、顎下腺（**イラスト8-5**）の3カ所の唾液腺から1日1200mℓ程度分泌されている。プチアリンは、デンプンなどの糖質を分解する酵素で、ご飯を噛んでいると甘くなるのは、このプチアリンの作用によるものだ。食べたものを噛み砕いて、唾液とまぜることにより、食べ物の中に入っていた糖質が、化学反応を起こして分解され、二糖類になると、舌に甘みを感じるようになる。ムチンは、粘液で、緊張したときに出る唾液の中に多く含まれる。梅干しを頭に描いたときに出るサラサラした唾液にはムチンが少ないが、緊張したときに出る唾液にはムチンが多く、口の中が粘ついたり、乾いたような感じになったりする。

味覚は、舌にある「味蕾」で感知し、「舌神経」と「舌咽神経」によって味覚中枢に伝えられる。

咀嚼された食物は、反射的に飲み込まれ（嚥下）、食道に送られる。食道は、食物を筋肉の収縮による蠕動によって胃に送る。

胃の働き
胃液で食物を殺菌する

　食道から胃に運ばれた食物は、胃液の酸によって殺菌される。胃液は、1日に2ℓ程度分泌される。また、胃は、胃液の分泌を促進する消化管ホルモンの「ガストリン」、消化酵素の「ペプシノーゲン（ペプシン）」、ビタミンB_{12}の腸での吸収に不可欠な糖タンパク質の一種である「内因子」や粘液などを分泌する働きもある。ペプシンは、タンパク質を分解する酵素で、タンパク質の化学的消化は、胃の中から始まる。

　食物の胃内での停滞時間は、固体を食べたときには通常3～6時間程度。胃の筋肉運動によって消化液と粘液の混和が行われ、小腸の一部である十二指腸に2～3分に1回の割合で少量ずつ送る。

　また、胃では、アルコールや鉄の一部をはじめ、少量の塩分やブドウ糖を吸収する。

小腸の働き
消化のゴール地点

　小腸は、「十二指腸」「空腸」「回腸」からなり、腸液を分泌する。また、膵臓から膵液（→**P214**）、胆のうから胆汁（→**P214**）が小腸内に分泌され、蠕動運動や分節運動、振子運動（**イラスト8-6**）によって、これらの消化液と食物が混和される。これで食物の消化が完了する。

　腸液は、消化酵素が含まれるほか、胃から送られた酸性となった食塊（消化途中の食物）をアルカリ性の「炭酸水素ナトリウム」で中性に中和する働きがある。また、食物が滑らかに小腸を移動するための粘液も含まれている。食塊は小腸の筋肉の運動により粉々にされ、最終的には粥状になる。

　また、小腸からは、「コレシストキニン」や「モチリン」といった消化管ホルモンも分泌される。消化管ホルモンは、小腸の運動や腸液などの分泌調節をしている。

　食べたものは胃でとどまるため、十二指腸に大量の食物が一度に送られることはなく、効果的な消化が行われる。たくさん食べたときに胃がぽっこりと前に出ることがあるが、十二指腸が出ることがないのは、このためである。

　ほとんどの栄養素の吸収は、主に空腸と回腸で行われる。エネルギーをかけずに行う受動輸送（単純拡散）とエネルギーを使って吸収する能動輸送がある。

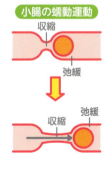
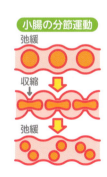
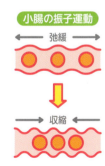

イラスト8-6　小腸の筋肉運動

大腸の働き
便を形成し、排出する

　大腸は、「盲腸」「上行結腸」「横行結腸」「下行結腸」「S状結腸」「直腸」で構成されている。大腸の主な機能は、未消化物の処理と排泄である。小腸の回腸から送られた粥状の食塊は、まず盲腸に運ばれる。そして上行結

腸から横行結腸の上部で便として適度なやわらかさになるまで水分が吸収される。その量は、1〜2ℓといわれる。

また、大腸前半部では、水分以外にも、ナトリウムなどのミネラルの吸収を行う。さらに、大腸内に生活する腸内常在菌により、いくつかのビタミン類が合成され、吸収される。大腸後半部分では、形成された便が、S状結腸でたまっていき、ある程度の重さになったときに便意が起こる。便意に対して脳がOKサインを出すと、便は、直腸から肛門へと移動し排便が起こる。

食べたものの種類や個人差によって大きく変動するが、食べたものが盲腸に到達するまでには5時間程度かかり、そこから直腸に到達するまでには24時間かかる。下痢の場合には、水分の吸収などが途中の状態で短時間で出て行くことになる。

胃の中に食べ物が入ってくると、大腸では、大腸内にある便のもとが大きく動き、移動する。これは「胃-大腸反射」と呼ばれ、朝食を食べることによる便意は、この反射も関係して起こる。

膵臓の働き
栄養素の消化に必要な膵液を分泌

膵臓では、膵液を十二指腸で分泌し、また、血糖値調節ホルモンである「インスリン(血糖値を低下させる)」や「グルカゴン(血糖値を上昇させる)」などのペプチド系ホルモンも分泌する。膵液に含まれる消化酵素の数は多く、糖質、脂質、タンパク質の最終消化のための消化液がすべて入っている。タンパク質を分解する酵素を「プロテアーゼ」、糖質を分解する酵素を「アミラーゼ」、脂質を分解する酵素を「リパーゼ」と総称する。

膵臓の機能が落ちると、栄養素の化学的消化が抑制される。このため膵臓は消化にはなくてはならない臓器といえる。

腎臓の働き
血液をろ過・再吸収する

腎臓は、左右に1対あり、片方の重さは約150gだ。腎臓は、血液をろ過したり再吸収したりする役割がある。これらの機能を直接担うのが腎臓内にある「ネフロン」(片方で約100万個)だ。血液中に存在する不要な物質や老廃物をろ過し、尿中に排泄する一方、必要な物質に関しては再吸収を行い、排泄を防いでいる。100%再吸収され、基本的に尿中に排泄されない物質は、ブドウ糖とアミノ酸である。

そのほかに腎臓は、造血に関係のあるホルモン「エリスロポエチン」や血圧の上昇を促すホルモン「レニン」を分泌する。また、骨代謝に影響を及ぼすビタミンDを活性化させる役割もある。

肝臓と胆のうの働き
休みなく働き続ける臓器

約1kgの重さがある肝臓は、代謝、分泌、解毒などの作用があり、生きるためになくてはならない臓器だ。
肝臓の代謝機能には、次の8つがある。

❶アミノ酸・タンパク質代謝
アミノ酸の代謝、タンパク質の合成と分解、アルブミン(血液に含まれるタンパク質の一種)や血液凝固因子の合成など。

❷脂質代謝
コレステロール、中性脂肪、脂肪酸、リポタンパク質、リン脂質の合成など。

❸糖質代謝

グリコーゲンの合成と貯蔵、血糖値が低下した際のグリコーゲンのブドウ糖への分解、グルコースの糖新生など。

❹ビタミン・ホルモンの代謝

ビタミンの活性化、脂溶性ビタミンの貯蔵、ホルモンの不活性化と分解など。

❺ミネラルの貯蔵

鉄は、非ヘム鉄複合体である「フェリチン」や「ヘモジテリン」として肝臓に貯蔵される。また、銅、亜鉛、セレンなどのミネラルも貯蔵されている。

❻分泌機能

胆汁、コレステロール、リン脂質、ビリルビンなどの分泌がある。

❼解毒機能

アルコールの代謝、アミノ酸を分解することで生じるアンモニア(体内で毒性がある)の処理と尿素の合成(尿素回路)。

❽抱合機能

異物や薬物をほかの物質と結合させて無毒化する(抱合)ことなどがある。

このように肝臓の仕事は多岐にわたり、血糖値の維持など、1日中調節を続けなくてはいけないような仕事も多いことから、心臓と同様、休みなしで働く臓器といえる(**イラスト8-7**)。また、腸で吸収された栄養素の多くは肝臓で代謝されることから、消化と吸収が終了した後もその処理のために働き続けることになる。つまり消化に時間のかかる食べ物を大量摂取することは、肝臓を疲れさせるのだ。

さらに体内で解毒が必要なアルコールのような物質を摂取することにより、肝臓はオーバーワークとなり疲労することも覚えておこう。

胆汁は、主に胆汁酸と胆汁色素を含んでいて、肝臓で分泌され、胆のうに貯えられる。

胆汁の機能は、脂肪の消化だ。脂肪の表面張力を低下させて脂肪の1粒1粒を小さくし(乳化)、消化されやすいようにする。

胆のうに蓄えられた胆汁は、摂取した脂肪の量に応じて、十二指腸に放出される。

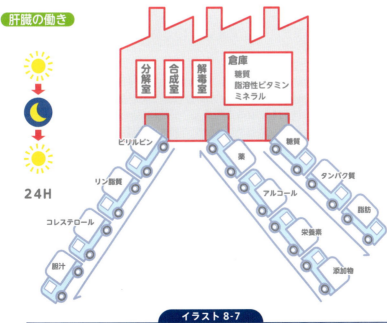

イラスト8-7
1日中多くの仕事をこなす肝臓のイメージ

COLUMN

メリットとデメリットを知って上手に付き合おう！
アルコールとパフォーマンスの関係

　そもそもアルコールは、「栄養成分」ではあるけれど「栄養素」ではない。栄養素とは生きるために必要な物質を指すが、アルコールはなくても生きていくことができるからだ。昔は、「明け方まで飲んでいたから、朝練は酒を抜くために丁度いい」なんて自慢しているアスリートもいたが、最近では、このようなことを言うアスリートは少なくとも私の周りにはいなくなった。世界で勝つためのトレーニングの質、量は、毎日、飲酒してもできるものではないことがわかる。

　アルコールは、嗜好飲料である。飲むことによって得られるメリット、デメリットを理解する必要がある。

　メリットは、
- 人付き合いのため（「チームの交流として」も含む）
- プライベートも含めて競技中心の生活を送る中、アルコールを飲むという行為が競技から離れたプライベートの選択肢の1つになっていてストレス発散になる。
- 明るい気分になれる、解放感が出る。
- 入眠をサポートする。

　などであろうか。

　デメリットは、
- アルコールは、1gあたり約7kcalのエネルギーとなる。このため、考えている以上にエネルギー摂取量が多くなる可能性が高くなり、体重の増加につながるかもしれない。もしも、アルコールのエネルギーを気にして、食事量が減った場合には、栄養状態が悪くなり、さらなる悪影響を引き起こす。
- 食欲が増し、食事量が多くなる人もいる。
- アルコールの分解には、時間がかかる。アルコール分解速度は、1時間の平均で男性約9g、女性約6.5g程度である。意識的にはアルコールの影響がないと思っても、分解には長い時間がかかる。ビール350mL缶を1本飲むとすると、分解に2～3時間かかる。どれくらいの量であればトレーニングに差しさわりがないかということは、考えればわかるはずだ。
- アルコールは肝臓で分解するため、摂取すると肝臓でのほかの作業は抑制され、回復が遅れることになる（→P214）。
- アルコールは抗利尿ホルモンを抑制するため、尿が出過ぎて脱水状態となることがある。

　こうしたアルコールの影響については、酒造メーカーのホームページなどでより詳しく確認できる。

　デメリットを多く挙げたが、アルコールを飲んではいけないと言っているわけではない。飲むタイミングや量、アルコールの種類を考慮すべきであることを知り、上手な付き合い方をしてほしい。

さくいん

太字＝解説等をしているページ

あ

- 亜鉛 126,**203**
- 悪性貧血 199
- アクチン 194
- アスコルビン酸 126
- 汗 048,**183**
- アセスメント 132
- アセチルCoA 044
- アデノシン三リン酸（ATP） 044
- アミノ基 028
- アミノ酸 023,**194**
  - ―スコア 195
  - ―プール 023
- アラキドン酸 192
- アルブミン 194
- アルコール 094,**216**
- 安静時代謝 **038**
- 安静時代謝量 036,038
- アンモニア 028

- 硫黄 202,**204**
- イソロイシン 023
- インスリン 027
- インスリン抵抗性 164
- インピーダンス法 142

- ウエイトコントロール 074

- エイコサペンタエン酸（EPA） 192
- 衛生管理 149
- 栄養教育 068
- 栄養調査 095
- 栄養補助食品 037
- エストロゲン 195
- エネルギー
  - ―換算係数 **206**
  - ―消費量 015
  - ―摂取量 160
  - ―代謝 018,044
  - ―の供給 195
  - ―バランス 042
  - ―必要量 018,042
  - ―比率 038
  - ―不足 018
  - ―補給 017,**034**
- エリスロポエチン 214
- エルゴカルシフェロール 197
- エルゴジェニックエイド 072
- 塩素 183,**203**
- 塩分 **068**

か

- オーバートレーニング 134
- オギザロ酢酸 047
- オレイン酸 192
- 温熱性発汗 083,**171**

- 壊血病 198
- 解糖系 **044**
- 過酸化脂質 030
- 加速度計法 **040**
- カタラーゼ 030
- 脚気 198
- 活性型ビタミンD 031,197
- 活性酸素 030
- 活動代謝量 036,**039**
- 果糖 184
- カフェイン 038
- カリウム 177,**202**
- カルシウム 028,**201**
- カルシトニン 201
- カロテノイド 031
- 肝臓 025,**214**
- 間接的測定法 **039**
- 含硫アミノ酸 028

- キサンチン酸化酵素 031
- 希釈性貧血 126,**128**
- 基礎代謝 038
  - ―基準値 **036**
  - ―量 **036**
- 機能鉄 **203**
- 休養 131,**150**
- 吸収率 032
- 牛乳・乳製品 056,058
- キロミクロン 193
- 期分け 146
- 筋グリコーゲン **019**
- 筋合成 023,**026**
- 筋収縮 183
- 筋線維 048
- 筋力 134

- クエン酸 047
- 果物 030,**058**
- グリコーゲン 016
  - ―の合成 215
  - ―の再補充 025
  - ―ローディング法 081,**082**
- グリセミック・インデックス（GI） 097
- グリセリン 192
- グリセロール 028
- グルカゴン 194
- グルコース 044
- グルタチオン 031
- グルタチオンペルオキシダーゼ 031
- くる病 197
- クレアチン 048
- クレアチンリン酸 048
- クロム 202,**204**

- 経口補水液 **188**
- 欠乏症 126,197
- 血液脳関門 **027**
- 月経 037,**153**
- 血漿 128
- 血清 202
- 血糖 080,**191**
- 血糖値 018
- ケトン体 191
- 下痢 074,**096**
- 減量 055,**136**

- 交感神経 012
- 口角炎 198
- 国際オリンピック委員会（IOC） 028
- 国立スポーツ科学センター（JISS） 036
- 高血圧 068
- 抗酸化作用 030
- 抗酸化物質 030
- 甲状腺ホルモン 037
- 高脂肪食 038
- 高張液 185
- 高糖質食 038
- 行動変容 068
- 公認スポーツ栄養士 075
- 骨格筋量 135
- 骨粗しょう症 014
- 骨密度 134
- 抗利尿ホルモン 184
- コラーゲン 194
- コレカルシフェロール 197
- コレシストキニン 197
- コレステロール 193
- コンディショニング 143
- コンディション 142
- コバルト 204

さ

- 菜食主義 165

217

細胞内液 177	睡眠時代謝量 **038**	デキストリン 191
サプリメント 012,**071**	水溶性ビタミン 030,**199**	鉄 **203**
サルコペニア 055	スーパーオキシドジスムターゼ	―過剰 126
酸化還元反応 198	030	―欠乏性貧血 125
酸化ストレス 095	スクロース 191	―不足 125
	スタミナ 088	電解質 **183**
シアノコバラミン 198	ストレス 030	電解質濃度 183
時間調査法 040	スポーツドリンク 019,188	添加物 201
持久性運動 017	スポーツ栄養マネジメント 148	電子伝達系 044
持久性トレーニング 061	スポーツ貧血 125	デンプン 082
持久力 125		
自己管理 181	精神性発汗 **174**	銅 203
脂質 044,**192**	成長ホルモン 131	糖原性アミノ酸 191
視床下部 151	摂食中枢 206	糖質制限 016
至適水分補給域 185	セルフマネジメント **142**	―濃度 185
自発的脱水 188	セレン **203**	―補給 019
脂肪酸 028	セロトニン 027	―利用曲線 185
脂肪組織 037	潜在性鉄欠乏 125	糖新生 016
脂肪滴 193		糖尿病 191
シュウ酸 126	相対的エネルギー不足 116	ドーピング 108
主菜 014,**058**	臓器・組織別エネルギー代謝量	特異動的作用 **038**
主食 014,058	**038**	ドコサヘキサエン酸（DHA） 192
受動輸送 075	増量 **110**	トコフェロール 198
脂溶性ビタミン 031,**197**		トランスフェリン 194
ショ糖（スクロース） 085	**た**	トランス脂肪酸 022
十二指腸 073	体液 **170**	トリグリセリド 192
消化管 073,**212**	体液の恒常性 183	トリプシン 195
消化・吸収 212	体温調節 **170**	トリプトファン 027
食環境整備 098	体脂肪量 140	
食教育 156	代謝水 044,**175**	**な**
食事	多価不飽和脂肪酸 193	ナイアシン **199**
―時間 071	脱水 078,**083**	ナトリウム **203**
―調査 035	脱水症状 172	
―のタイミング 096	脱水率 181	ニコチンアミド 198
―のバランス 139	多糖類 190	ニコチン酸 198
―誘発性熱産生 038	短鎖脂肪酸 193	二重標識水法 **039**
食物繊維 206	炭酸水素ナトリウム 213	二糖類 191
食欲 066	単糖類 191	日本アンチ・ドーピング機構 108
食欲不振あるいは亢進 078	タンニン 126	乳酸 048
除脂肪体重 036	タンパク質合成 164	乳酸性機構 048
女性アスリートの三主徴		乳糖 210
116,154	チアミン 198	尿酸 031
女性ホルモン 135	窒素 195	尿素 028
暑熱環境 172	窒素出納 **195**	尿素回路 028
暑熱順化 180	窒素平衡 **195**	
心拍数 038	中鎖脂肪酸 111	熱痙攣 **179**
浸透圧 183	中枢性疲労 025	熱失神 **176**
神経管閉鎖障害 199	中性脂肪 028	熱射病 **176**
身体組成 036	朝食 076	熱中症 **176**
身体活動量 012	調理 066	熱疲労 **177**
	直接的測定法 039	
水素 028	貯蔵鉄 203	能動輸送 213
推定エネルギー必要量 042		
水分出納 **174**	低血糖 167	**は**
水分補給 174	低張液 186	排便 076
水分利用曲線 185	低ナトリウム血症 188	発汗 083
睡眠 039,150	テーパリング **079**	発汗量 083

ハプトグロビン	127
バリン	023
パントテン酸	050, **199**
ビオチン	050, **199**
脾臓	127
ビタミン	**197**
—A	**197**
—B₁	**199**
—B₂	**199**
—B₆	**199**
—B₁₂	**199**
—C	**200**
—D	**197**
—E	**198**
—K	**198**
必須アミノ酸	194
必須脂肪酸	021
非乳酸性機構	048
皮膚血流	173
非ヘム鉄	128
ピリドキサール	198
ピリドキサミン	198
ピリドキシン	198
ビリルビン	215
ピルビン酸	044
疲労回復	072
疲労骨折	**134**
貧血	**125**
貧血予防	125
フィチン酸	126
フィロキノン	198
フェリチン	125
副菜	056, **058**
副腎髄質ホルモン	037
フッ素	200, **204**
ブドウ糖	016
不飽和脂肪酸	021, **192**
フルクトース	085
分岐鎖アミノ酸	**023**
ペプシン	195, **213**
ペプチド	072, **194**
ヘム鉄	126
ヘモグロビン	125
便秘	076
飽和脂肪酸	021, **192**
補食・間食	**059**

ま

マウスリンス	**017**
マグネシウム	032, **202**
マンガン	032, **204**
満腹中枢	205
ミオグロビン	125
ミオシン	194
水中毒	187, **188**
ミネラル	014, **200**
ミネラル摂取	032
無月経	014
無効発汗	**172**
無酸素性機構	**048**
メッツ	**040**
メナキノン	198
免疫機能	030
モニタリング	137
モリブデン	200, **204**

や

夜食	111
有効発汗	**172**
溶血性貧血	198
葉酸	074, **199**
ヨウ素	200, **204**

ら

リカバリー	**016**
リノール酸	192
リボフラビン	198
利用可能エネルギー (energy availability)	119
リン	031
レチノール	198
ロイコトリエン	193
ロイシン	023
老廃物	170

欧文

ATP（アデノシン三リン酸）	044
α-トコフェロール	198
α-リノレン酸	192
BMI	123
β-カロテン	**197**
β酸化	**048**
CP	048
DHA	193
DNA	030
energy availability (EA)	**119**
EPA	193
Female Athlete Triad (FAT)	116
LDLコレステロール	202
METs	**040**
SOD	030
TCA回路	**044**
VLDL	202

参考文献

1. 小野章史他.『専門基礎分野 栄養学』医学書院.2018.
2. 亀井明子他. JAPANESE JOURNAL of ELITE SPORTS SUPPORT.Vol.8-1:41-52.2016.
3. 川原貴.日本医師会雑誌.106(7):1086.1991.
4. 厚生労働省.『日本人の食事摂取基準(2020年版)』
5. 厚生労働省.eヘルスネット
6. 塩崎宏子他. 成人期と生活習慣病.39:756-760,2009.
7. 塩崎 宏子他.日本内科学会雑誌.99:1213-1219.2010.
8. 下村吉治.日本栄養・食糧学会誌.65：97-103.2012.
9. 順天堂大学女性スポーツ研究センター.ジュニア女子アスリート ヘルスサポート マニュアル2018.
10. 杉浦令子他. 小児保健研究.75(2):242-246.2016.
11. 鈴木志保子.『基礎から学ぶ！スポーツ栄養学』ベースボール・マガジン社.2008.
12. 鈴木志保子. 日本栄養士会雑誌.52:4-8.2009.
13. 鈴木志保子.『健康づくりと競技力向上のためのスポーツ栄養マネジメント』日本医療企画.2011.
14. 寺田新.『スポーツ栄養学』.東京大学出版会.2018.
15. 鳥居俊他.陸上競技研究紀要.6:148-152.2010.
16. 鳥居俊他.陸上競技研究紀要.9:141-143.2013.
17. 日本高血圧学会.『高血圧治療ガイドライン2014』
18. 日本鉄バイオサイエンス学会治療指針作成委員会編.『鉄剤の適正使用による貧血治療指針.改訂第2版』響文社.2009.
19. 樋口満.栄養学雑誌.55:1-12.1997.
20. 樋口満.『新版コンディショニングのスポーツ栄養学』市村出版.2017.
21. 丸山智美他.思春期学.26:50-54.2008.
22. 溝口秀昭編. 『イラスト血液内科 第2版』文光堂.50-53.2004.
23. 宮下充正.『NHK市民大学 トレーニングを科学する』日本放送出版協会.1988.
24. 宮崎志帆他.陸上競技研究紀要.9:136-140.2013.
25. 文部科学省.『日本食品標準成分表2020年度版(八訂)』
26. 吉野 聡.産科と婦人科.75:574-579.2008.
27. Academy of Nutrition and Dietetics. Sports Nutrition: A Handbook for Professionals, 6th Ed.2017.
28. Ahlborg G et al.J Clin Invest.53:1080-1090.1974.
29. Akermark C et al.Int J Sport Nutr.6:272-84.1996.
30. American Psychiatric Association.Diagnostic and Statistical Manual of Mental Disorders,5th Edition.2013.
31. Anders H. Forslund et al.Am J Physiol Endocrinol Metab 275:E310-E320.1998.
32. Areta JL et al.J Physiol.591(pt 9):2319-2331.2013.
33. Babij P et al.Eur J Appl Physiol Occup Physiol.50(3):405-11.1983.
34. Bartlett JD et al.Eur J Sport Sci.1-10.2014.
35. Beard J et al.Am J Clin Nutr.72(2 suppl):594S-597S.2000.
36. Beelen M et al.Am J Physiol Endocrinol Metab.295(1):E70-E77.2008.
37. Beelen M et al.Int Sport Nutr Exerc Metab.20(6):515-532.2010.
38. Berardi JM et al.J Int Soc Sports Nutr.5:24.2008.
39. Bergström J et al.Acta Physiol Scand.71(2):140-150.1967.
40. Betts JA et al.Sports Med.40(11):941-959.2010.
41. Biolo G et al.Diabetes.48(5):949-57.1999.
42. Blom PC et al.Med Sci Sports Exerc.19(5):491-6.1987.
43. Brown RC et al.Med Sci Sports Exerc.30(12):1677-83.1998.
44. Burden RJ et al.Br J Sports Med.49(21):1389-1397.2015.
45. Burke LM et al.Am J Clin Nutr.64(1):115-9.1996.
46. Burke LM et al.Clinical Sports Nutrition.5th ed.McGraw-Hill Pty Ltd.493-591.2015.
47. Burke LM et al.Eur J Sport Sci.15(1):29-40.2015.
48. Burke LM et al.J Appl Physiol.75:1019-23.1993.
49. Burke LM et al.J Appl Physiol.78(6):2187-92.1995.
50. Burke LM et al.J Sports Sci.22(1):15-30.2004.
51. Burke LM et al.J Sports Sci.29(suppl 1):S17-S27.2011.
52. Burke LM et al.Scan J Med Sci Sports.20(suppl 2):48-58.2010.
53. Burke LM et al.Sports Med.45(1):33-49.2015.
54. Cermak NM et al.Sports Med.43(11):1139-1155.2013.
55. Cheuvront SN et al.The Encyclopaedia of Sports Medicine,an IOC Medical Commission Publication.1st ed.John Wiley & Sons Ltd.425-438.2014.
56. Churchward-Venne TA et al.J Physiol.590(pt 11):2751-2765.2012.
57. Cole M et al.Int J Sports Med.35(3):265-269.2014.
58. Costill DL.Int J Sports Med.9:1-18.1988.
59. Cox GR et al.J Appl Physiol.109(1):126-134.2010.
60. Coyle EF.J Sports Sci.9:29-51.1991.
61. De Souza MJ et al.Br J Sports Med.48(4):289.2014.
62. Draeger CL et al.J Int Soc Sports Nutr.11(1):4.2014.
63. Driskell J et al.Sports Nutrition: Vitamins and Trace Elements.CRC/Taylor & Francis.203-216.2006.
64. Etheridge T et al.Appl Physiol Nutr Metab.33(3):483-488.2008.
65. Farajian P et al.Int J Sport Nutr Exerc Metab.14(5):574-585.2004.
66. Fogelholm GM et al.Br J Sports Med.25:41-4.1991.
67. Garner DM.Psychological Assessment Resources.2004.
68. Garthe I et al.Int J Sport Nutr Exerc Metab.21(2):97-104.2011.
69. Goforth HW Jr et al.J Appl Physiol.82:342-7.1997.
70. Guebels CP et al.Int J Sport Nutr Exerc Metab.24(1):37-46.2014.
71. H.Gayer et al.Int J Sports Med.25:124-129.2004.
72. Haralambie G et al.Eur J Appl Physiol Occup Physiol.36(1):39-48.1976
73. Hartman JW et al.Am J Clin Nutr.86(2):373-381.2007.
74. Havemann L et al.J Appl Physiol.100(1):194-202.2006.
75. Hawley JA et al.J Appl Physiol.110(3):834-845.2011.
76. Hawley JA et al.Sports Med.24:73-81.1997.
77. Health Canada.Eating Well with Canada's Food Guide.
78. Hew-Butler T et al.Clin J Sports Med.25(4):303-320.2015.
79. Hoffman JR et al.Amino Acids.38(3):771-778.2010.
80. Institute of Medicine,Food and Nutrition Board. Dietary Reference intakes.The National Academies Press.2005.
81. International Olympic Committee.Sports Nutrition Conference.2015.
82. International Olympic Committee.Nutrition for Athletes.2016.

83. ISO/IEC.General requirements for the competence of testing and calibration laboratories,Switzerland. ISO.2005.
84. Ivy JL et al.Int J Sports Nutr Exerc Metab.13(3):382-395.2003.
85. Ivy JL et al.J Appl Physiol.64(4):1480-5.1988.
86. Jeukendrup AE.Curr Opin Clin Nutr Metab Care.13(4):452-457.2010.
87. Josse AR et al.Med Sci Sports Exerc.42(6):1122-1130.2010
88. Josse AR et al.J Nutr.141(9):1626-1634.2011.
89. Kang J et al.Int J Sport Nutr.5:329-43.1995.
90. Kenefick RW et al.Nutr Rev.70(suppl 2):S137-S142.2012.
91. Kiens B et al.Am J Clin Nutr.63(1):47-53.1996.
92. Koehle MS et al.Clin J Sports Med.24(2):120-127.2014.
93. Lagowska K et al.J Int Soc Sports Nutr.1:21.2014.
94. Lanham-New S et al.Sport and Exercise Nutrition. Wiley-Blackwell.210-232.2011.
95. Larson-Meyer DE et al.Curr Sports Med Rep.9(4):220-226.2010.
96. Lemon PW et al.J Appl Physiol.73(2):767-75.1992.
97. Lewis RM et al.Int J Sports Nutr Exerc Metab.23(5):431-440.2013.
98. Louise Burke et al.Clinical Sports Nutrition.McGraw-Hill Australia.p79.2006.
99. Luc J. C. van Loon.Sports Med.44(suppl 1):S105-S111.2014.
100. Lukaski HC.Nutrition.20(7-8):632-644.2004.
101. Maughan RJ et al.Sports Nutrition,The Encyclopaedia of Sports Medicine,an IOC Medical Commission Publication.John Wiley & Sons, Ltd.72-87.2013.
102. Maughan RJ et al.Sports Nutrition,The Encyclopaedia of Sports Medicine,an IOC Medical Commission Publication.1st ed.John Wiley & Sons Ltd.2014.
103. Mettler S et al.Med Sci Sports Exerc.42(2):326-337.2010.
104. Meyer NL et al.J Sports Sci.29(suppl 1):S127-S136.2011.
105. Moore DR et al.Am J Clin Nutr.89(1):161-168.2009.
106. Moore DR et al.Clinical Sports Nutrition.5th ed.McGraw-Hill Education.94-113.2015.
107. Moran DS et al.Sports Med.43(7):601-611.2013.
108. Morley JE et al.J Am Med Dir Assoc.2010.
109. Mountjoy M et al.Br J Sports Med.46(11):800-804.2012.
110. Mountjoy M et al.Br J Sports Med.48(7):491-497.2014.
111. National Research Council.Recommended Dietary Allowance,10th ed.National Academy press.1989.
112. Nattiv A et al.Med Sci Sports Exerc.39(10):1867-1882.2007.
113. Naude CE et al.PLoS ONE 9(7).2014.
114. Nickols-Richardson SM et al.J Am Diet Assoc.106(7):1095-1101.2006.
115. Niekamp RA et al.Int J Sport Nutr.5:45-55.1995.
116. Okano G et al.Int J Sports Med.17:530-4.1996.
117. Ormsbee MJ et al.Nutrients.6(5):1782-1808.2014.
118. Pemow B et al.In Muscle Metabolism During Exercise.Plenum Press.289-305.1971.
119. Pennings B et al.Am J Clin Nutr.93(5):997-1005.2011.
120. Peternelj TT et al.Sports Med.41(12):1043-1069.2011.
121. Phillips SM et al.Am J Physiol.273(1Pt1):E99-107.1997.
122. Phillips SM et al.Int J Sport Nutr Exerc Metab.17(suppl 17):S58-S76.2007.
123. Phillips SM et al.J Sports Sci.29(suppl 1):S29-S38.2011.
124. Phillips SM.Br J Nutr.108(suppl 2):S158-S167.2012.
125. Phillips SM.Sports Med.44(suppl 1):S71-S77.2014.
126. Philp A et al.Am J Physiol Endocrinol Metab.302(11):E1343-E1351.2012.
127. Pitsiladis YP et al.Br J Sports Med.30:226-31.1996.
128. Pizza FX et al.Int J Sport Nutr.5:110-6.1995.
129. Pojednic RM et al.Exerc Sport Sci Rev.42(2):76-81.2014.
130. Position of the Academy of Nutrition and Dietetics et al.J Acad Nutr Diet.116:501-528.2016.
131. Rauch LH et al.Int J Sport Nutr.5:25-36.1995.
132. Rehrer NJ et al.Int J Sports Nutr.2(1):48-59.1992.
133. Rosenbloom CA et al.Sports Nutrition:A Practice Manual for Professionals.5th ed.Academy of Nutrition and Dietetics.75-105.2012.
134. Roubenoff et al.J Gerontol A Biol Sci Med Sci.55:M716-24.2000.
135. Ruohola JP et al.J Bone Mineral Res.21(9):1483-1488.2006.
136. Sawka MN et al.Med Sci Sports Exerc.39(2):377-390.2007.
137. Schoenfeld BJ et al.J Strength Condition Res.28(10):2909-2918.2014.
138. Scott McKenzie et.al.Am J Physiol Endocrinol Metab.278:E580-E587.2000.
139. Sherman WM.Med Sci Sports Exerc.24:S336-9.1992.
140. Sherman WM et al.Am J Clin Nutr.57:27-31.1993.
141. Spriet LL.Sports Med.44(suppl 1):S87-S96.2014.
142. Stellingwerff T et al.Am J Physiol Endocrinol Metab.290(2):E380-E388.2006.
143. Stellingwerff T et al.J Sport Sci.29(suppl 1):S79-S89.2011.
144. Sundgot-Borgen J et al.J Sport Sci.29(suppl 1):S101-S114.2011.
145. Sundgot-Borgen J et al.Br J Sports Med.47(16):1012-1022.2013.
146. Tarnopolsky MA et al.J Appl Physiol.64(1):187-93.1988.
147. Tarnopolsky MA et al.J Appl Physiol.73(5):1986-95.1992.
148. Tarnopolsky MA et al.J Appl Physiol.78:1360-8.1995.
149. Tarnopolsky MA et al.J Appl Physiol.91(1):225-30.2001.
150. Tipton KD et al.Am J Physiol Endocrinol Metab.281(2): E197-E206.2001.
151. Tipton KD et al.Clin Sports Medicine.26(1):17-36.2007.
152. US Department of Health and Human Services and US Department of Agriculture.2015 e 2020 Dietary Guidelines for Americans.8th Edition.2015.
153. Van Essen M et al.Med Sci Sports Exerc.38(8):1476-1483.2006.
154. Volek JS et al.Eur J Sport Sci.1-8.2014.
155. Watson TA et al.Int J Sports Nutr Exerc Metab.15(2):131-146.2005.
156. Williams C et al.Eur J Appl Physiol Occup Physiol.65:18-24.1992.
157. Woolf K et al.Int J Sport Nutr Exerc Metab.16(5):453-484.2006.
158. Yaspelkis BB 3d et al.Int J Sports Med.14:13-9.1993.
159. Zawadzki KM et al.J Appl Physiol.72:1854-9.1992

おわりに

　本書を最後まで読んでくださりありがとうございます。スポーツ栄養の世界はいかがでしたか？楽しんでいただけましたか？

　この本を書き終えて、私の脳内にあるスポーツ栄養や栄養サポートのすべてを見せてしまったようでちょっと恥ずかしいです。読んでくださった皆さんは、私の脳内をどう評価したのか、どのような感想を持ったのか、とても興味があります。書いていてわかったのですが、私は「身体の不思議」に魅了されていて、ちょっとしたことでも「何だろう」とか、「なんでだろう」とか考えています。特に、私にはできない動きや信じられないくらいたくさんの運動量を軽々とこなしてしまうアスリートの身体がほんとうに魅力的で不思議でたまらないのです。スポーツ栄養で生きていくことを決意してから20年経っても、現場では常に不思議に出合うことができます。この不思議に出合っている限り、これからもスポーツ栄養を研鑽し続けると感じました。そのため、本書も定期的にちょこちょこと書き換える可能性があることをお許しください。

　この本の中には、「やってみたくなること」がちりばめられていると思いますが、実際にやってみるときには自分用のアレンジが必要になります。本書は、主だったアレンジしか書くことができなかったので、もっと確実にやってみたい、ほんとうにこのようなやり方でよいのか疑問がある、より効果を高めたいと考えた方は、公認スポーツ栄養士の栄養サポートを受けてほしいと思います。本書の出版と同じ時期に、公認スポーツ栄養士の活動を支援する「一般社団法人　日本スポーツ栄養協会」を発足しました。アスリート、指導者、スタッフ、家族が公認スポーツ栄養士と出会い、質の高い栄養サポートを受けることができる事業も立ち上げる予定です。これからの活動を楽しみにしていてください。

　本書を読んでくれた公認スポーツ栄養士、管理栄養士、栄養士の皆さんには、スポーツ現場で仕事をしていなくとも、プロフェッショナルの「高い感性」を使って、目の前にいる対象者を「栄養の力」で元気にしてほしい

と思います。そのためには、今までの指導や考え方にとらわれていてはできないことを本書から感じ取ってくれたはずです。私たち栄養のプロフェッショナルは、「栄養の力」で日本中を元気にできるパワーがあることを忘れないでください。

　また、高校生や学生の「未来の公認スポーツ栄養士」の皆さんには、焦らずじっくりと専門的な学習を続けていくとともに、広い視野を持ってたくさんの人とかかわりあうことから人間性や感性を育て、寝なくても動けるくらいの体力もつけて、まずはたくましい管理栄養士になってほしいです。管理栄養士になったら、どのような職場でもよいので管理栄養士として勤め、公認スポーツ栄養士を目指してください。待っています。

　いままで私とかかわったアスリート、指導者、スタッフの皆様、私の先生方、先輩、同僚、仲間、友達、後輩、ゼミ生の皆様のおかげで本書を執筆ことができました。心より感謝いたします。本書を担当くださった日本文芸社の坂裕治様、一緒に本書を手掛けてくださった光成耕司様、中寺暁子様、山田奈穂様、ブレインズネットワークの皆様、アイムの皆様、ほんとうにありがとうございました。時間がかかってしまいすみませんでした。最後に、私を支えてくれた家族に深く深く感謝します。

　スポーツ栄養は、今後も進化を続け、アスリートの競技力向上、国民の健康の維持・増進に貢献します。高い貢献ができるように私自身も進化を続けたいと思います。

　これからもよろしくお願いいたします。

平成30年7月　鈴木志保子

著 者
鈴木志保子
（すずき・しほこ）

東京都出身。公立大学法人神奈川県立保健福祉大学大学院保健福祉学研究科　研究科長。
管理栄養士。公認スポーツ栄養士。
実践女子大学卒業後、同大学院修了。
東海大学大学院医学研究科を修了し、博士（医学）を取得。
2000年より国立鹿屋体育大学体育学部助教授、2003年より神奈川県立保健福祉大学栄養学科准教授、2009年4月より教授を経て、2021年4月より栄養学科長、2023年4月より現職。
（公社）日本栄養士会副会長、（一社）日本スポーツ栄養協会理事長、日本パラリンピック委員会女性スポーツ委員会委員、東京2020組織委員会飲食戦略検討委員、東京2020大会選手村メニューアドバイザリー委員会副座長。
マツダ株式会社陸上競技部、（一社）日本パラ水泳連盟、（一社）日本車いすバスケットボール連盟、車いすバスケットボールチームNO EXCUSEなど、数多くのトップアスリートの栄養サポートに従事。
『基礎から学ぶ！ スポーツ栄養学』（ベースボール・マガジン社）、『健康づくりと競技力向上のための　スポーツ栄養マネジメント』（日本医療企画）など著書多数。

理論と実践　スポーツ栄養学

2018年 7 月30日　第 1 刷発行
2024年10月 1 日　第11刷発行

著　者　　鈴木志保子
発行者　　竹村 響
印刷所　　株式会社　文化カラー印刷
製本所　　大口製本印刷株式会社
発行所　　株式会社　日本文芸社
　　　　　〒100-0003　東京都千代田区一ツ橋1-1-1　パレスサイドビル8F

Printed in Japan 112180713-112240918Ⓝ11　（210053）
ISBN978-4-537-21582-3
URL https://www.nihonbungeisha.co.jp/
ⒸShihoko Suzuki 2018
編集担当：坂　裕治

乱丁・落丁などの不良品、内容に関するお問い合わせは
小社ウェブサイトお問い合わせフォームまでお願いいたします。
ウェブサイト　https://www.nihonbungeisha.co.jp/

法律で認められた場合を除いて、本書からの複写・転載（電子化を含む）は禁じられています。
また、代行業者等の第三者による電子データ化および電子書籍化は、いかなる場合も認められていません。